R. GODEFROY

Professeur à l'École Normale Primaire de la Seine.

L'Éducation Scientifique

DANS LES PETITES CLASSES

40 LEÇONS DE CHOSES D'APRÈS LES CHOSES

TROISIÈME ÉDITION REVUE ET CORRIGÉE

PARIS

LIBRAIRIE HACHETTE ET Cⁱᵉ

79, BOULEVARD SAINT-GERMAIN, 79

1911

2 fr. 50

68807. — Imprimerie LAHURE, rue de Fleurus, 9, à Paris. — 5-1911

L'Éducation Scientifique

DANS LES PETITES CLASSES

R. GODEFROY

Professeur à l'École Normale Primaire de la Seine

L'Éducation Scientifique

DANS LES PETITES CLASSES

40 LEÇONS DE CHOSES D'APRÈS LES CHOSES

TROISIÈME ÉDITION REVUE ET CORRIGÉE

PARIS

LIBRAIRIE HACHETTE ET Cⁱᵉ

79, BOULEVARD SAINT-GERMAIN, 79

1911

L'ÉDUCATION SCIENTIFIQUE

dans les

PETITES CLASSES

Pour définir le caractère et la portée de l'éducation scientifique *dans les petites classes*, la première condition est de rappeler ce qu'il faut entendre par éducation scientifique. On ne s'en fait pas toujours une juste idée.

I. Le savoir scolaire et le savoir professionnel. — Un jeune homme s'imaginera volontiers avoir acquis une culture scientifique par le fait de s'être appliqué, plusieurs années durant, à l'étude des matières inscrites dans les programmes sous les rubriques : *physique, chimie, histoire naturelle*. On l'étonnerait, on le choquerait peut-être, si l'on insinuait que, sans avoir tant suivi de cours, ni tant feuilleté de livres, les gens voués aux travaux manuels possèdent, eux aussi, quelque compétence en ces matières.

Il n'est pas malaisé pourtant de montrer que l'exercice d'un métier exige un ensemble d'informations précises sur les phénomènes de la nature, et comporte des opérations fort semblables, dans le détail, à celles qu'on pratique dans les laboratoires. — La cuisinière, par exemple, sait distinguer les substances utiles, indifférentes ou nuisibles au point de vue alimentaire. Elle connaît — et mieux que de nom — les racines, les fruits, les graines dont l'usage est recommandable. Elle est assez familiarisée avec l'anatomie des animaux pour en discerner les différents organes, même séparés, mutilés, rendus méconnaissables par l'action de la chaleur, de l'eau ou des réactifs culinaires. Elle sait apprécier, dans les denrées, les qualités médiocres et les qualités de choix. Elle doit évaluer les rations alimentaires, et, dans ses diverses manipulations, sans cesse compter, mesurer, doser, peser. Les préparations mécaniques qu'elle fait subir aux aliments constituent en fait le premier acte de la digestion. Couramment elle effectue des dissolution à froid et à chaud, des imprégnations, des macérations, des infusions, des décoctions, des concentrations. Tantôt elle provoque des fermentations et tantôt les retarde ou les arrête. Les phénomènes de la combustion ont exigé de sa part une étude toute particulière. Elle est renseignée sur ce qui brûle bien et sur ce qui ne brûle pas dans les appareils de chauffage. Elle sait comment se consument les divers combustibles, comment il faut les disposer, leur distribuer l'air pour allumer le feu, l'aviver, le modérer ou l'éteindre. La cuisson d'un mets est une *expérience* délicate, qu'elle surveille attentivement pour l'interrompre au moment le plus propice. On ne tarirait pas si l'on voulait tout dire. Toutes ses occupations de cuisinière ressortissent de l'hygiène, de l'histoire naturelle, de la chimie, voire de la physique et de la mécanique. Après réflexion, nul n'oserait soutenir que le savoir professionnel de la cuisinière soit inférieur en qualité au savoir scolaire du bachelier. Bien différents, sans doute, mais également intéressants, ces deux savoirs procèdent *d'une éducation scientifique également incomplète.*

II. Insuffisance de l'éducation scientifique scolaire. — Certes le bachelier a été exercé à raisonner correctement. Sa logique est affinée. Sa curiosité, stimulée et disciplinée par une gymnastique intellectuelle bien conduite, le porte à rechercher le pourquoi des choses. C'est là une très heureuse disposition. Toutefois, s'il discute volontiers l'enchaînement des propositions, s'il sait déjà résoudre certains problèmes, il omet, le plus souvent, d'en contrôler les prémisses ou les données. Il a bien écouté, beaucoup lu, il a probablement été témoin de nombreuses expériences ; mais trop rarement il a expérimenté lui-même. En présence de la matière à traiter, il ne se sent pas ouvrier. Il connaît insuffisamment les précautions méticuleuses à prendre pour qu'un essai réussisse. Le fond de son savoir lui vient de témoignages étrangers, qu'il a reçus de ses maîtres avec une soumission en quelque sorte passive.

On dira que, par cette méthode, il a pu apprendre en peu de temps, et avec le minimum d'effort, un grand nombre de vérités. — D'accord, mais n'a-t-il pas du même coup pris l'habitude de s'en rapporter trop facilement et sans réserve à ceux qui sont réputés instruits? A-t-il bien conscience de l'écart qui existe entre les faits réels, toujours complexes, et leur traduction, toujours simplifiée? Soupçonne-t-il combien se déforment les représentations des choses et des phénomènes en passant d'un entendement à un autre? Et ne serait-ce pas un grand avantage s'il était plus enclin et plus apte à vérifier l'exactitude des notions qu'on lui enseigne?

III. La connaissance directe et la conviction. Conditions d'une bonne observation. — Pour acquérir la *connaissance directe, scientifique*, d'un fait, il faut d'abord le constater ou le vérifier par soi-même. Quand on s'en rapporte au dire d'autrui, on ne se forme qu'une *conviction*.

Tout enseignement dogmatique mérite le reproche de donner trop de convictions et trop peu de connaissances directes.

Il est inévitable, cela va de soi, que la connaissance scientifique tienne une place restreinte dans notre instruction générale. Ne pouvant mieux faire, nous avons raison de nous déterminer le plus souvent, dans nos actes, d'après de simples indications puisées à bonne source. Mais ce qui est infiniment moins justifié, c'est notre foi aveugle en nos convictions. Nous soutenons celles-ci, semble-t-il, avec une énergie d'autant plus grande qu'il leur manque l'appui de notre témoignage personnel. Une sorte d'instinct nous porte à préférer la discussion à la vérification, même lorsque celle-ci est possible. — *L'école est responsable de cette tendance.*

L'observation directe, il faut en convenir, n'est pas impeccable. Pour avoir quelque valeur, elle doit être suffisamment attentive :

Combien de fois ne nous arrive-t-il pas de saisir au vol quelques traits épars d'une scène, de les raccorder inconsciemment à l'aide de réminiscences plus ou moins confuses, et d'en faire un tableau que nous tenons de bonne foi pour l'expression de la réalité! — Cette collaboration désordonnée de nos sens et de notre imagination ne saurait rien produire qui mérite confiance.

La meilleure observation est, au contraire, celle où le propre sentiment de l'observateur a le moins de part, celle que l'on peut relater en termes précis, celle surtout qui se traduit par des nombres, car une mesure se prête à la vérification et non à la discussion. Au reste, pour se rendre maître des phénomènes et les reproduire à volonté, il faut nécessairement se placer dans des conditions bien précisées par des mesures.

La cuisinière expérimentée dont nous parlions plus haut a dû souvent se livrer à des observations de ce genre, puisqu'elle arrive à répéter si parfaitement ce qu'elle a vu faire. Son ordinaire besogne est une perpétuelle vérification des recettes qui lui ont été transmises ou qu'elle a inventées elle-même. Sa méthode est donc bien la meilleure et la plus sûre, celle dont l'école devrait moins timidement s'inspirer. On ne saurait dire pourtant que la cuisinière ait une véritable culture scientifique, car l'observation attentive et scrupuleuse, même appuyée sur l'autorité des nombres, ne représente que la première opération de la méthode scientifique.

IV. **Discussion des expériences; recherche des causes.** — La science ne se contente pas d'enregistrer le fait, ni même la concordance entre le mode opératoire et le résultat. Elle s'efforce encore de découvrir la raison immédiate de cette concordance. Plus tard elle voudra déterminer la raison de cette raison, puis en dégager une raison plus générale encore. — Indéfiniment elle progresse ainsi, sans espérer remonter jamais à la cause qui n'appelle plus aucune explication.

C'est une phase très délicate de la recherche scientifique que celle où le jugement intervient pour mettre en œuvre les matériaux fournis par l'observation. Entre des phénomènes comparables, il faut rapprocher la similitude des conditions de la similitude des effets, puis préciser de quelles conditions au juste dérivent les effets identiques; il faut établir la loi qui rattache la variation des résultats à celle des circonstances; il faut enfin essayer de prévoir ce qui arriverait au delà des limites entre lesquelles ont été réalisées les expériences.

Trop souvent ce travail est mal fait et les conclusions en sont émises à la légère. Telle est l'origine des préjugés fâcheux dont nous sommes tous imbus. Nous avons une malheureuse propension à considérer comme vérités acquises de simples *hypothèses* tirées de comparaisons forcément incomplètes et de généralisations plus ou moins osées. Non qu'il faille médire de l'hypothèse en général : elle est utile en provoquant des expériences nouvelles qui nous font avancer un peu plus dans la connaissance du monde. Mais un esprit scientifique se distingue en ce qu'il ne se déclare jamais satisfait pour avoir admis une hypothèse

V. Les trois facteurs de la recherche scientifique. — Dans l'étude scientifique des choses, le témoignage des sens, le raisonnement et la perspicacité sont mis en œuvre tour à tour : l'*observation* bien conduite nous fournit d'abord les données certaines; puis le *raisonnement* rigoureux, de forme mathématique, nous guide à pas assurés, de déduction en déduction, vers de nouvelles découvertes; l'*hypothèse* enfin nous entraîne hardiment au delà de ce qui est démontré, au risque de nous égarer parfois. L'observation et l'expérience doivent alors intervenir de nouveau pour réaliser les conceptions de notre logique et pour donner un corps aux fantômes de notre imagination. C'est une nouvelle étape de la recherche scientifique qui commence.

VI. Caractère de l'éducation scientifique, notamment dans les petites classes. — Ces vérités établies, pensera-t-on que l'éducation scientifique ait pleinement justifié le labeur qu'elle exige, lorsqu'elle a satisfait notre légitime curiosité au regard des choses de la nature, et lorsqu'elle a convenablement armé pour les luttes industrielles les travailleurs de demain? — Ou bien souhaitera-t-on qu'avant tout elle se préoccupe de *former* l'ESPRIT SCIENTIFIQUE, *défini par l'exactitude dans l'observation, la justesse dans le raisonnement, l'ingéniosité dans l'hypothèse?*

La réponse n'est pas douteuse.

Et ainsi comprise, l'éducation scientifique peut-elle être utilement commencée dès les petites classes?

Oui, certes, mais à condition de s'attacher surtout aux exercices d'observation, à peu près seuls accessibles aux jeunes intelligences. Sans négliger systématiquement les exercices de réflexion, il est bon de ne réserver à ceux-ci qu'un temps relativement court, et de ne pas les enchaîner en séries aussi souvent que le permettrait la logique. Revenir bien vite aux expériences, telle doit être notre grande préoccupation. Quant aux hypothèses, les enfants n'en imaginent qu'avec trop de facilité. Loin d'encourager chez eux ce penchant, on ne laissera passer aucune occasion de leur montrer à quelles inconséquences les conduisent des suppositions trop étourdiment formulées.

VII. Les leçons do choses. — Dans l'application, on se heurte tout d'abord à une difficulté réellement insurmontable. L'éducation scientifique est une œuvre de tous les instants, pour laquelle on doit tirer parti de toutes les circonstances, même les plus ordinaires. Elle est par essence occasionnelle. Elle s'encadre donc mal avec les autres exercices scolaires, sévèrement prévus et réglés quant à leur succession et quant à leur durée. L'idéal serait évidemment de confier chaque enfant en particulier à un précepteur de haute intelligence et de savoir étendu, libre de distribuer son temps à sa guise. Mais puisque l'instruction est donnée en commun, dans une salle de classe, il faut élaborer et suivre un programme réalisable en chambre, composé de tranches sensiblement équivalentes et servies à heure fixe. Malgré le danger de laisser croire aux élèves qu'il est des moments et un lieu spécialement déterminés pour observer, il faut se résigner à *faire des leçons de choses.*

D'abord, on choisira la matière de ces leçons parmi tout ce qu'il y a de plus commun dans le mobilier de la classe, l'outillage scolaire, les ustensiles du ménage. Les aliments, les vêtements fourniront aussi de bons sujets d'étude, ainsi que les roches usuelles. Pour ne pas s'en tenir à la nature brute, on pourra mettre encore à contribution les herbes, les fleurs, les fruits pendant la saison propice, les petits animaux et même certains organes de l'homme.

On ne se préoccupera pas outre mesure de l'importance présumée des questions, mais on se limitera étroitement à celles qui comportent des observations pouvant être faites directement par tous les élèves de la classe.

Il est facile de remplir cette condition sans trop réduire le nombre des sujets abordables, et d'atténuer, du même coup, le fâcheux caractère artificiel des leçons de choses. Il suffit d'*indiquer quelque temps d'avance les objets d'étude,* et d'inviter les élèves à en faire un examen préalable. Rarement cet appel reste sans écho. Les enfants, au contraire, sont incités par une remarquable émulation à expérimenter et à observer scrupuleusement par eux-mêmes, à interroger leurs parents, à solliciter au besoin leur aide. — Et l'on se trouve ainsi réaliser, dans une certaine mesure, la collaboration tant souhaitée de l'école et de la famille.

Il faut avoir eu la bonne fortune d'assister à des leçons ainsi préparées. Rien n'en saurait rendre l'animation, la libre allure, le charme, et certes elles dédommagent bien le maître de la peine qu'il a dû s'imposer pour les mettre au point.

Elles n'exigent, du reste, qu'un outillage bien rudimentaire. L'attirail ordinaire des laboratoires, la plupart des instruments en « mètre », les microscopes, les scalpels, les réactifs des chimistes n'ont rien à faire dans nos petites classes. Les yeux, les doigts, les dents, — exceptionnellement un canif, — la balance et le décimètre, une bougie ou une lampe à alcool, une petite provision d'eau suffisent en général aux premières recherches sur la couleur, l'aspect, la forme, les dimensions, le poids, la densité, bref les plus importantes propriétés des corps.

L'écueil qu'on évitera avec le plus grand soin sera de faire perdre à l'exercice son utilité propre, en le surchargeant, par exemple, de termes techniques qui ne lui donnent qu'une fausse précision, ou en s'étendant avec trop de complaisance sur les procédés industriels quand on s'occupe de produits fabriqués :

Dans les leçons de choses, il s'agit surtout de prendre contact avec les choses.

REMARQUES
CONCERNANT LES LEÇONS DE CE RECUEIL

Détachées d'une collection plus complète, les leçons qui suivent ne prétendent point englober la généralité des phénomènes utiles à connaître. Nulle règle rigoureuse ne préside non plus à leur ordonnance, car destinées, dans l'origine, à servir chacune d'introduction à des leçons plus élevées, leur enchaînement disparaît en dehors du programme de ces dernières. Pour les ranger plus méthodiquement (et, malgré tout, selon quelque convention arbitraire), il en eût fallu remanier le texte, sans aucun avantage appréciable. Pourvu qu'on s'inspire des principes rappelés dans les pages précédentes, il importe donc peu qu'on leur conserve le numérotage actuel, ou qu'on les groupe différemment, au mieux des circonstances, ou même qu'on les remplace par d'autres.

La forme dialoguée sous laquelle elles se présentent n'est qu'un artifice destiné à en rendre la lecture moins aride. On ne s'y trompera pas, car dans ces colloques fictifs on ne reconnaîtra ni le ton du maître, ni celui de l'élève : tout au plus pourra-t-on remarquer que le terme vulgaire est en général préféré à l'expression technique ou savante. C'est qu'en dehors de l'atmosphère de la classe, la rhétorique toute spéciale qui convient à l'enfance, les incorrections voulues et indispensables pour la clarté, les réflexions naïves, les erreurs mêmes, — parfois déconcertantes, — tout ce qui rend la leçon vivante et réellement éducative, perd sa saveur et sa vraisemblance. L'évocation d'un cours de sciences, avec ses mille incidents pro-

bables, pourrait être une œuvre littéraire intéressante, mais en tout cas d'un caractère bien éloigné de notre objectif actuel.

Il ne faut chercher ici que des plans détaillés.

Certains mots écrits en caractères gras jalonnent ces plans et en font ressortir la disposition générale. Leur choix a été réglé de manière à rappeler constamment au maître qu'il faut agir et expérimenter, et non pas se contenter de dire ce qui arriverait si l'on faisait telle ou telle expérience.

Des figures destinées à suppléer les choses absentes seraient ici un véritable contresens. Celles qui illustrent cet ouvrage n'ont souvent d'autre objet que de rompre la monotonie du texte. Un certain nombre d'entre elles pourtant contribuent aussi à en faciliter la lecture, ou bien sont des schémas à reproduire au tableau noir et sur les cahiers.

Afin d'éviter la fastidieuse répétition des mots demande et réponse, on a, dans la disposition typographique, adopté deux alignements : l'un pour les explications du maître, l'autre pour les réponses des élèves. Cette répartition comporte une forte dose d'arbitraire. En pratique, les rôles seront souvent intervertis ou confondus, et, bien plus volontiers qu'ici, les élèves interrogeront leur professeur, au lieu d'attendre ses questions.

Dans beaucoup d'écoles, on réunit pour la leçon de sciences des élèves d'âges différents. En prévision de cette circonstance, les explications réservées aux élèves les plus avancés seront distinguées par le signe }. Mais il ne faut voir là qu'une précaution prise pour éviter de déconcerter le lecteur par l'inégale portée des développements. C'est en présence des élèves eux-mêmes qu'on jugera de ce qui convient effectivement aux uns et aux autres.

On a omis à dessein les procédés ordinaires qui servent à fixer dans la mémoire le souvenir des leçons. Cet ouvrage manquerait son but s'il contrariait d'une manière quelconque l'initiative de chacun. Sa bien modeste ambition se limite à convaincre les maîtres des petites classes qu'ils ont sous la main, parmi les choses les plus vulgaires, des sujets d'étude dignes d'attention, se prêtant fort bien à des observations copieuses, variées, intéressantes et utiles, et que, sans instruments coûteux, sans installation spéciale, ils peuvent apporter une contribution précieuse à l'éducation scientifique des jeunes générations[1].

1. Voir, à la fin du volume, l'Index alphabétique des *Questions scientifiques* abordées dans ces quarante leçons.

LEÇONS

I. — L'ARDOISE

Les tablettes d'ardoise sont fort employées à l'école, surtout dans les petites classes. Les qualités de cette pierre, ses applications nombreuses, son origine en relation étroite avec les plissements de l'écorce terrestre, en font un bon sujet d'étude. Nous supposons ici que l'auditoire est composé de débutants et d'élèves déjà familiarisés avec l'observation méthodique.

Matériel de la leçon. — Ardoises intactes, ardoises brisées. — Crayons d'ardoise. — Une lame de verre, une brosse rude. — Un couteau. — Un petit morceau de marbre ou de métal. — Une petite pièce de flanelle. — Quelques échantillons de roches, telles que craie, argile, calcaire grossier, meulière, grès, granite, porphyre. — Des poids et une balance, avec un support quelconque pour porter celle-ci à hauteur convenable. — Un pot à eau. — Une épingle tordue en crochet. — Une ardoise restée à demi plongée dans l'eau pendant un jour.

Apprenez à vos petits camarades comment se nomme ce qu'ils ont devant eux sur la table.

— Tous les « nouveaux » ont devant eux une ardoise et un crayon d'ardoise.

Dites-leur à quoi cela sert?

— Cela sert à écrire et à dessiner.

Pourquoi fait-on écrire les débutants sur une ardoise et non sur un cahier?

— Parce qu'ils feraient trop de taches d'encre sur les cahiers.

Est-ce que l'ardoise ne peut pas servir encore aux grands écoliers?

— Nous faisons nos calculs sur des ardoises, ainsi que nos brouillons de cartes, nos croquis, et en général tout ce qui peut être effacé sans aucun inconvénient.

— 1re LEÇON —

Quelle est la **couleur de l'ardoise?**

— L'ardoise est foncée, grise....
— Elle est parfois violacée, ou bleutée, ou tachetée, avec des bandes plus claires et plus sombres.

Quel est l'aspect de sa surface?

— Celle-ci est peu luisante, parfois même tout à fait mate.

Mettez l'ardoise devant le jour.

— L'ardoise est tout à fait **opaque**, même sur les bords, ce dont il est facile de s'assurer avec une ardoise non encadrée ou brisée.

Les **bords** de l'ardoise sont-ils droits ou ronds?... Touchez un grand bord..., un petit?...
Quelle est la **forme** de l'ardoise?

— L'ardoise est rectangulaire, non carrée, car les quatre bords ne sont pas égaux.

Appréciez au jugé les **dimensions** de l'ardoise, puis contrôlez votre évaluation à l'aide du mètre....
Touchez une lame de verre, une brosse dure et une ardoise : Que remarquez-vous?

— Le verre est plus doux et la brosse plus rude que l'ardoise.
— L'ardoise est un peu **rugueuse.**

Donnez-vous de petits coups d'ardoise sur les doigts ou sur le front.

— L'ardoise est **dure.**

Pour apprécier la dureté d'un corps, on le frotte avec d'autres corps qui le rayent ou non. Ainsi le diamant raye tous les corps et n'est rayé par aucun : c'est donc le corps le plus dur. — Un corps est encore très dur quand il n'est pas rayé par l'acier. Il est au contraire très tendre quand il se laisse facilement rayer par l'ongle. — L'ardoise est moyennement dure; certaines qualités, mais non toutes, se rayent un peu **par l'ongle.** — Les **crayons d'ardoise** sont faits d'une variété tendre. Quand on les frotte contre la tablette d'ardoise, ils s'écrasent en laissant une trace grise aux endroits qu'ils ont touchés. On enlève facilement cette trace de poussière, soit en frottant, soit en mouillant l'ardoise.

— 1re LEÇON —

Comment peut-on **façonner** les lames d'ardoise? Faut-il les raboter comme des pièces de bois, les limer comme des métaux, les scier ou les polir comme la plupart des pierres? Une ardoise cassée nous permettra de deviner la réponse.

— La tranche se montre formée de feuillets très minces pressés les uns contre les autres. Il est facile, avec un couteau, ou même avec l'ongle, de séparer ces feuillets, tandis qu'au contraire l'ardoise se coupe difficilement en travers de son épaisseur. — Pour faire l'ardoise, il a bien fallu pourtant couper la pierre en long et en large, avec une scie, sans doute. — On a pu lui donner facilement son épaisseur, soit en collant ensemble plusieurs feuillets plus minces, soit en refendant une plaque plus épaisse, quitte à user ensuite la surface si cela était nécessaire, pour la rendre plus unie.

C'est votre dernière supposition qui est la bonne. — Les roches feuilletées et faciles à fendre, comme l'ardoise, se nomment des *schistes*. — L'ardoise est une roche schisteuse; c'est là sa propriété la plus remarquable et la plus importante.

Mettez sur la main un petit morceau de marbre, puis une pièce de flanelle, puis une lamelle d'ardoise.

— Le morceau de marbre semble froid, la flanelle semble chaude, l'ardoise est fraîche.

— L'ardoise est certainement plus **dense** que l'eau, car un morceau d'ardoise tombe au fond d'une terrine pleine d'eau.

Comme l'ardoise est une sorte de pierre, il est bon de la comparer à d'autres pierres. Au jugé déjà, on a l'impression que l'ardoise pèse plus, à volume égal, que la craie, l'argile, la pierre à bâtir ou le grès. On peut la considérer comme une pierre lourde qui, par la densité, se rapproche du cristal, du marbre, du granite ou du porphyre. Nous nous expliquerons bientôt cette particularité.

La comparaison que nous venons de faire entre la densité de l'ardoise et celle de quelques autres pierres est bien grossière en vérité. Aussi pouvons-nous obtenir à cet égard des renseignements beaucoup **plus précis :** Nous savons qu'un morceau de bois flotte, tandis qu'une pierre tombe au fond de l'eau. L'eau repousse le bois à sa surface, tandis qu'elle ne semble pas repousser de même la pierre vers le haut. Pourtant dites-moi ce que vous remarquez quand vous plongez dans l'eau ce fragment d'ardoise suspendu à un fil.

— 1re LEÇON —

— Il devient moins lourd.

Retirez-le de l'eau.

— Hors de l'eau, il reprend son poids.

Il vous semblerait de même moins lourd, évidemment, si je le soutenais avec la main. L'eau soutient ainsi tous les corps qu'on y jette. Parfois elle les soutient si bien qu'ils semblent ne plus rien peser et qu'ils flottent. Or, pour une même poussée, un corps qui pèse deux fois plus est deux fois plus dense, un corps qui pèse trois fois plus est trois fois plus dense, etc. — Pour mesurer la densité de ce morceau d'ardoise, nous allons chercher quelle poussée il éprouve dans l'eau, et quel est son poids. — **Pesons-le** d'abord.

— On trouve 57 grammes[1].

Rattachons-le à son fil, au moyen duquel nous allons le suspendre, par une épingle façonnée en crochet, au plateau de notre balance. Si l'équilibre n'était pas sensiblement rétabli, à cause du poids du fil et du crochet, nous mettrions dans l'autre plateau de petits corps pesants quelconques, pour *faire la tare*. Disposons maintenant ce **pot** contenant de l'eau, de manière que le fragment d'ardoise suspendu à la balance y plonge complètement quand le fléau sera horizontal....

— On voit d'abord la balance pencher en descendant à l'opposé du morceau d'ardoise dès que celui-ci pénètre dans l'eau.

Ce qui montre bien la poussée exercée par l'eau sur la pierre. Rétablissons l'équilibre par des poids ajoutés du côté même de l'ardoise.

— On trouve 20 grammes.

Ces 20 grammes mesurent la poussée de l'eau. Si 57 grammes d'ardoise éprouvent une poussée équilibrée par 20 grammes, le poids qui éprouverait une poussée équilibrée par un gramme....

— Serait 20 fois moindre.

Nous diviserons donc 57 par 20 pour avoir la densité de cette

---

1. On fera bien de tailler à l'avance un fragment d'ardoise ayant sensiblement ce poids.

— 1re LEÇON —

ardoise, *égale au nombre de grammes d'ardoise qui reçoivent une poussée équilibrée par un gramme.*

— La densité de cette ardoise est **2,85.**

Quelle est l'odeur de l'ardoise?

— L'ardoise n'a ni odeur, ni **saveur.** — Elle est assez **sonore,** car parfois nous faisons des sortes de castagnettes avec deux morceaux de tuile maintenus à droite et à gauche du doigt médius, et choqués l'un contre l'autre.

Peut-on **casser** une ardoise?

— Oui, puisque nous en avons des débris sous les yeux. Quand une ardoise se casse, ses feuillets forment plusieurs morceaux, mais restent ordinairement attachés ensemble sur toute l'épaisseur des débris.

— Il faut éviter de faire tomber les ardoises à terre.

Que devient l'ardoise dans le **feu?**

— Elle ne brûle pas comme le bois ou la houille : elle ne fond pas comme le beurre, et ne se décompose pas comme la graisse.

Mais elle *cuit,* c'est-à-dire devient plus dure. On traite ainsi quelquefois les ardoises pour améliorer leur qualité.

— Dans l'eau, l'ardoise ne se dissout pas comme le sucre, ne se gonfle pas comme la gomme, ne se dépose pas comme l'amidon et ne s'imbibe pas comme la craie ou le linge.

Cependant en laissant séjourner dans une cuvette d'eau le bas d'une lame d'ardoise maintenue verticale, au bout d'un temps assez long, vingt-quatre heures, par exemple, on verra la lame mouillée au-dessus du liquide. Plus l'eau s'élèvera ainsi, moins bonne sera l'ardoise : il y a même des échantillons qu'on rejette à cause de leur **porosité.**

L'eau attaque l'ardoise, mais cette altération ne devient sensible qu'après de longues années : la roche dure, compacte, sonore, que vous avez sous les yeux, se trouve alors transformée en argile. C'est qu'en effet l'ardoise est une sorte d'argile durcie par une énorme pression. On ne la **trouve** que dans certaines régions où le terrain a été fortement comprimé lors de la formation des montagnes. Ceci demande quelques **mots** d'explication.

Le sol que nous foulons est très épais en comparaison de

notre propre taille, et sa résistance est mille et mille fois suffisante pour supporter l'effort de notre poids. Cependant cette épaisseur n'est plus rien si on la rapporte à l'énorme étendue totale du globe terrestre. On peut considérer celui-ci comme enveloppé d'une écorce mince, fragile, fissurée, qui lentement, très lentement, se ride et se disloque. Les inégalités insignifiantes produites à sa surface forment des saillies que nous appelons montagnes. Et dans les régions où se forment les montagnes, le terrain éprouve un resserrement formidable qui change la nature des roches, les rend plus dures, plus compactes et souvent schisteuses. C'est ce qui est arrivé autrefois pour l'argile, notamment dans la Bretagne et les Ardennes, où sont nos plus riches ardoisières.

Fig. 1. — Ardoisière d'Angers.

Pour extraire l'ardoise (fig. 1), on creuse de grands trous, appelés carrières, dont les parois fournissent des plaques plus ou moins épaisses. On fend ensuite ces plaques à l'épaisseur voulue, en utilisant la schistosité.

Les ardoises ne servent pas seulement à la fabrication de tablettes utiles aux écoliers : on en fait des tuiles pour couvrir le toit des maisons, et même, dans un certain nombre de localités, pour revêtir extérieurement les murs, ce qui donne un aspect assez triste aux constructions; les plaques plus épaisses sont employées pour le carrelage, les éviers, les fontaines, les lavabos, les urinoirs, les tables de laboratoires, les billards, etc. Les tableaux ardoisés et les ardoises factices sont enduits d'une composition où n'entre nullement l'ardoise.

— 1re LEÇON —

II. — LE VERRE

Le verre est remarquable par sa transparence, sa dureté, sa fragilité, sa sonorité, sa fusibilité à haute température. Par contre, il n'a ni odeur, ni saveur, et il est insoluble dans les liquides usuels. Nous étudierons ces propriétés dans l'ordre où elles frappent généralement notre attention, en intercalant des exercices de réflexion parmi les exercices de simple observation. Cette leçon est des plus faciles à suivre, et l'une des premières à faire dans les petites classes.

Matériel de la leçon. — Deux verres à boire de forme simple, cylindriques, par exemple. — Un éclat de vitre. — Un diamant de vitrier. — Un morceau de beurre.

Qu'est-ce que cet objet ?

— Cet objet est un verre.

Comment savez-vous que cet objet est un *verre ?*

— Il y en a de pareils chez nous.

En quoi vos verres sont-ils pareils à celui-ci ?

— Ils ont la même **couleur**, la même forme, la même grandeur.

Ils ont, dites-vous, la même couleur. Mais quelle est la couleur de ce verre ?

— Ce verre est blanc.

Est-ce bien sûr ? Je puis dire que cette feuille de papier est blanche, parce qu'elle a partout la même couleur, qui ressemble à celle de la neige, à celle du lait, à celle de quoi encore ?

— La couleur de ce papier ressemble à celle d'un mur, d'un mouchoir de poche, d'un lis, de la lune, etc.

Mais regardez bien ce verre, maintenant. A l'endroit où il reflète la fenêtre, il est très brillant. Au contraire, là où il laisse apercevoir le tableau noir placé en arrière, il est de couleur sombre. Il n'a donc pas de couleur par lui-même. Il n'a que la couleur qu'il reflète où qu'il laisse passer. On dit qu'il est sans couleur, qu'il est *incolore.* Une vitre est également incolore. Cela est si vrai que lorsque les vitres sont parfaitement nettoyées, on voit au dehors comme si elle n'existaient pas, comme s'il n'y avait rien à leur place. Elles ont la couleur de « rien », elles n'ont pas de couleur.

Peut-on dire des objets en verre qu'ils n'ont jamais de couleur?

— Cela ne serait pas exact. Les bouteilles sont souvent vertes ou brunes.... Au quatorze Juillet, il y avait aux fenêtres de la Mairie des godets en verre rouge et en verre bleu.... A la maison, il y a des fioles bleues et brunes pour des médicaments.... J'ai dans ma poche des billes de verres de couleur.

Pourquoi les verres à boire sont-ils généralement incolores?

— Les verres à boire sont généralement incolores pour qu'on voie bien ce qu'il y a dedans.

Oui, on voit à travers le verre; c'est pourquoi on dit que le verre est transparent.

Avez-vous remarqué aussi que les verres à boire sont ordinairement de même grandeur ou à peu près? Y a-t-il donc une raison pour ne pas les faire trop grands ni trop petits?

— Si les verres étaient trop grands, ils ne pourraient être tenus facilement avec une seule main, car ils seraient trop encombrants et trop lourds. S'ils étaient trop petits, il faudrait les remplir trop souvent. Cependant on fait de petits verres pour la « goutte ».

Les petits verres sont faits pour les liqueurs chères ou dangereuses; ils conviennent pour certains médicaments ou poisons, dont il faut boire le moins possible. La « goutte » n'est pas très chère, mais c'est une sorte de poison, et les gens instruits qui tiennent à se bien porter n'en boivent jamais.

Vous parliez à l'instant de commodité. C'est pour la commodité que beaucoup de verres à boire sont montés sur pied (fig. 2). Mais laissons ce détail pour nous occuper seulement de ce que nous avons sous les yeux. Quelle est la forme de ce verre à boire[1]?

Fig. 2. — Un verre

1. Nous le supposons sans pied, c'est-à-dire de forme plus simple et plus facile à décrire.

— 2ᵉ LEÇON —

— Ce verre est rond.

En effet; mais un objet peut être rond de bien des manières: une boule est ronde, un pain de sucre est rond, le tuyau du poêle est rond, une bouteille est ronde.... Comme quoi ce verre à boire est-il rond?

— Ce verre à boire est rond comme le tuyau du poêle.

Quelle ressemblance voyez-vous entre les deux?

— Je vois que le verre et le tuyau de poêle ont la même grosseur partout. Ils tournent en travers, mais ils sont droits en long.

On dit à cause de cela que ce sont des *cylindres*. Les mesures de capacité, les poids en cuivre, les tambours, vos porte-plumes, etc., sont aussi des cylindres. Le verre à boire est un cylindre creux. Pourquoi est-il **creux**?

— Le verre à boire est creux pour qu'on puisse mettre quelque chose dedans.

Pourquoi a-t-il une **base plate**?

— Le verre a une base pour empêcher le liquide de s'écouler par le bas. Et cette base est plate pour que le verre se tienne d'aplomb.

Je porte le **verre à mes lèvres** comme si je voulais boire; je passe mon doigt sur le bord, en appuyant. Je n'en éprouve aucun inconvénient, et cela ne vous étonne guère. Mais vous savez ce qui est arrivé l'autre jour à Jacques? Rappelez-nous vous-même, Jacques, votre accident.

— Je voulais fermer la bibliothèque, et Henri voulait m'en empêcher. Alors j'ai poussé la vitre, qui s'est brisée, et j'ai eu la main coupée en plusieurs endroits par les éclats de verre. A l'avenir, je ne pousserai plus jamais les portes que par la serrure.

Pourquoi donc Jacques s'est-il coupé, et non pas moi?

— Vous ne vous êtes pas coupé, Monsieur, parce que le bord du verre est arrondi; mais Jacques s'est coupé parce que les éclats de verre étaient tranchants.

Vous voulez dire sans doute que le plat d'un éclat de verre, comme celui-ci, se termine brusquement, par une arête vive.

— 2ᵉ LEÇON —

Mais si j'étais assez habile pour tailler ce morceau de beurre en lui donnant une arête vive, pensez-vous que je puisse jamais me couper en passant le doigt sur l'arête ?

— Vous ne pourrez pas vous couper, car le beurre est trop mou.

Le verre n'est donc pas mou?

— Le verre est dur.

Et d'après ce que nous venons de remarquer, quand direz-vous qu'un corps est dur?

— Un corps est dur quand il peut couper.

Entendons-nous bien, toutefois : on peut couper du beurre ou le rayer avec un morceau de craie; mais on peut **rayer la craie** avec l'ongle et **rayer l'ongle** avec un éclat de verre. Le vitrier raye et coupe le verre avec?...

— Le vitrier coupe le verre avec un diamant.

Nous dirons donc que le diamant est plus dur que le verre. Continuez :

— Le verre est plus dur que l'ongle, l'ongle plus dur que la craie, la craie plus dure que le beurre.

Il n'y a ainsi que des corps plus durs ou moins durs que d'autres. On dit qu'un corps est dur quand il peut en rayer beaucoup d'autres : tel est le verre. Au contraire un corps est tendre ou mou quand il se laisse rayer par beaucoup d'autres : telle est la craie.

Pouvez-vous me dire maintenant quelle est l'odeur du verre?

— Le verre n'a pas d'odeur.

A-t-il un goût, sucré ou salé, par exemple. A-t-il, comme on doit dire, une **saveur**?

— Le verre n'a pas de saveur.

Écoutez : je frappe deux verres l'un contre l'autre.

— On entend un son.

Comparez-le à celui-ci, que je produis en frappant deux éponges.

— 2ᵉ LEÇON —

— Cette fois on n'entend rien, ou à peu près.

C'est pourquoi on dit que le verre est **sonore**, tandis que l'éponge ne l'est pas.

Que serait-il arrivé si j'avais frappé trop fort sur le verre?

— Le verre se serait brisé.

On dit à cause de cela que le verre est **fragile**. Et qui peut me dire ce qui arriverait s'il me prenait fantaisie de mettre ce verre dans le **feu**. Brûlerait-il, par exemple?

— Il ne brûlerait pas. Il se casserait.

Du moins c'est très probable. Et si le feu était très ardent, si ardent qu'on ne puisse s'en approcher?... Vous ne savez pas ce que deviendrait le verre?... Je vais vous le dire : il fondrait comme du beurre. Au reste c'est pendant qu'il était ainsi fondu qu'on l'a façonné. Nous apprendrons plus tard comment. Nous trouverons, plus tard aussi, d'autres qualités au verre en le comparant à d'autres substances.

— 2ᵉ LEÇON —

III. — L'ALLUMETTE

Menue, commune, de valeur minime, utile, de forme simple et nette, à régions bien distinctes, l'allumette convient particulièrement pour un des premiers exercices d'observation.

Matériel de la leçon. — Des allumettes en nombre au moins égal à celui des élèves. — Un ou plusieurs décimètres. — Une bougie.

Voici pour chacun de vous une allumette. Vous me promettez bien, c'est entendu, de ne pas la frotter contre la table, et de ne pas la mettre dans votre bouche. Pourquoi dois-je vous faire ces recommandations ? Pourquoi ne faut-il pas frotter l'allumette ?

— Il ne faut pas frotter l'allumette contre la table, parce qu'on l'enflammerait et qu'on pourrait se brûler, ou bien mettre le feu à la blouse de son voisin.

Pourquoi surtout ne faut-il pas mettre l'allumette dans sa bouche?

— Il ne faut pas mettre l'allumette dans sa bouche parce qu'il y a du poison au bout.

Y a-t-il du poison aux deux bouts ?

— Il n'y a de poison qu'à un bout seulement. Mais l'autre bout n'est peut-être pas bien propre.

En effet, l'allumette, n'étant pas faite pour être mangée, a pu traîner n'importe où. Maintenant sauriez-vous dire, à quelqu'un qui n'en aurait jamais vu, ce que c'est qu'une allumette?

— Une allumette est une petite baguette de bois, avec du soufre et du phosphore au bout.

Bien, je constate avec plaisir que vous vous êtes renseignés. Vous m'avez dit qu'une allumette est une petite baguette de bois. Petite, c'est bien vague. Quand on veut indiquer la grandeur d'un objet, il faut dire qu'il est grand comme un autre objet connu. Ainsi, je vous apprendrai que l'allumette a 6 centimètres de longueur. Voici ce que cela signifie : Regardez bien cette petite règle. Qu'a-t-on marqué dessus?

— Sur cette règle, on a marqué des traits et des chiffres.

— 3ᵉ LEÇON —

La distance entre deux chiffres s'appelle un centimètre. Je mets un bout de l'allumette sur le premier chiffre à gauche, qui est un zéro, et je vois que l'autre bout de l'allumette se trouve devant le chiffre 6. Entre le chiffre 0 et le chiffre 6, il y a justement 6 intervalles d'un centimètre. Il y a 6 fois un centimètre. C'est pourquoi je dis que l'allumette a 6 centimètres de longueur.
Roulez l'allumette entre vos doigts, et roulez ensuite de même votre porte-plume. Que remarquez-vous?

— Quand on roule l'allumette entre les doigts, on sent de petites secousses, parce que l'allumette est plate sur les côtés, tandis que le porte-plume est rond.

On dit que l'allumette a des faces. Combien en a-t-elle?

— L'allumette a quatre faces.

Sont-elles égales?

— Elles sont à peu près égales.

Nous connaissons leur longueur. Vous en souvenez-vous?

— Chaque face a 6 centimètres de longueur.

Cherchons leur largeur. Vous pouvez remarquer que sur la petite règle dont je me suis servi tout à l'heure, les traits sont bien plus serrés que les chiffres. L'intervalle entre deux traits s'appelle un millimètre. Pour mesurer la largeur d'une face, je mets l'allumette en travers de la règle (fig. 3), de manière que le bord d'une face passe par le trait du chiffre 0, puis je remarque que l'autre bord est entre le deuxième et le troisième trait après celui-là. Comme vous ne pouvez tous voir l'allumette et la règle, je les dessine au

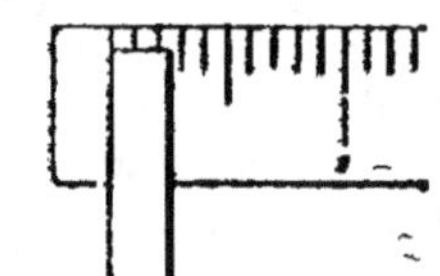

Fig. 5.
Mesure de la largeur
d'une allumette.

tableau en agrandissant beaucoup la distance entre les traits. Et je dis que chaque face a deux millimètres et demi de largeur.

Une chose m'étonne. Les allumettes que vous avez entre les mains ont toutes exactement la même longueur. Toutes ont quatre faces de deux millimètres et demi de largeur. Pourquoi l'ouvrier prend-t-il tant de soin, puisque l'allumette doit être bientôt brûlée? Il doit lui falloir beaucoup de temps et d'adresse pour tailler aussi bien tous ces petits morceaux de bois?

— Les allumettes sont taillées à la machine.

— 3. LEÇON —

Y aurait-il inconvénient à ce que les unes fussent plus grandes et d'autres plus petites?

— Les paquets seraient difficiles à faire.

En outre les paquets ne seraient pas égaux. Il faudrait prendre les allumettes une à une pour savoir si l'on a son compte, ce qui serait très long et très ennuyeux. Avec des baguettes bien égales, la grosseur des paquets indique qu'il y a dans chacun le nombre convenable d'allumettes.

Quelle est la couleur de l'allumette?

— Le bois est blanc, le soufre est jaune, le phosphore est brun.

Rectifions un peu, s'il vous plaît. Le bois de l'allumette n'est pas blanc comme le lait, ni comme la neige, ni comme le papier de vos cahiers. Sa couleur claire se rapproche un peu...?

— Sa couleur se rapproche un peu du jaune.

Le bois de l'allumette est donc jaunâtre. Le soufre est jaune, c'est exact. Quant au phosphore, vous ne pouvez pas connaître sa couleur par ce qu'il y a au bout de l'allumette : on ne met plus, en effet, de vrai phosphore aux allumettes, et alors même qu'on en mettait, on avait soin de le mêler à de la couleur pour bien le distinguer du soufre et pour bien prouver qu'on ne l'avait pas oublié. Le vrai phosphore est jaune pâle.
Pouvez-vous faire encore quelque remarque sur l'apparence du bois de l'allumette?

— Le bois de l'allumette est luisant, ou plutôt porte des lignes luisantes suivant sa longueur.

C'est pourquoi le bois de l'allumette ne forme pas miroir. Appuyez l'ongle dessus, et ensuite faites le même essai avec le bois de la table.

— L'ongle s'enfonce bien plus facilement dans le bois de l'allumette. Le bois de la table est plus dur, et celui de l'allumette plus tendre.

Le bois tendre brûle plus vite, en effet, et coûte moins cher. Grattez maintenant les quatre faces avec l'ongle.

— Sur deux faces opposées, on ne remarque rien. Mais sur les deux autres, on soulève comme de tout petits copeaux.

— 3e LEÇON —

Sur l'une, les copeaux se dressent quand on descend vers le soufre, et sur l'autre ils se dressent quand on monte en sens inverse. On dirait de petites peaux déchiquetées sur les bords et qui se recouvrent les unes les autres, en laissant dépasser celles qui sont en dessous.

Ce qui rend le bois de l'allumette luisant, ce sont des fibres, c'est-à-dire des espèces de fils. Ces fibres sont disposées en couches minces dans le bois et elles se trouvent ordinairement coupées suivant deux faces opposées de l'allumette[1]. Avez-vous observé le bout de l'allumette où il n'y a ni soufre, ni pâte phosphorée?

— Ce bout est arrondi tout autour.

Quand il est ainsi arrondi, c'est qu'on l'a fait entrer de force dans un trou rond, qui le serrait pendant que l'autre extrémité trempait dans le soufre ou la pâte phosphorée.

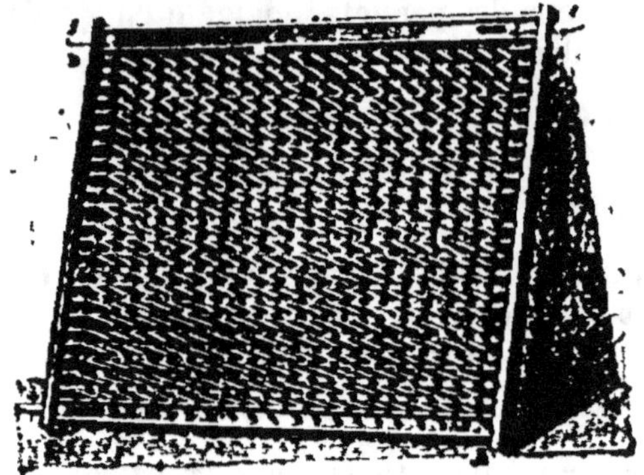

Fig. 2.

Châssis monté pour le soufrage des allumettes

— On y voit aussi les bouts coupés des fibres, avec de petits trous entre eux.

Par ces intervalles, un liquide peut monter; **trempez par** exemple le bout de l'allumette dans l'encre. Que **voyez-vous**?

— On voit de petites lignes noires monter au-dessus de la partie trempée.

Et si **on fend** avec un canif l'allumette en longueur, comme je le fais, on voit que l'encre a pénétré dans l'épaisseur même du bois. Encore une question. Le soufre se trouve-t-il seulement à la surface du bois, ou dans toute l'épaisseur?

---

1. Ces fibres rappellent les peluches du papier. Elles les rappellent même si bien qu'en déchiquetant très finement du bois et en mêlant les fibres avec de l'eau, on obtient une bouillie dont on peut faire du papier.

— 5e LEÇON —

— Le soufre se trouve seulement à la surface du bois.
Vous avez raison, mais vous avez répondu au hasard. Comment faudrait-il faire pour s'assurer que vous ne vous trompez pas?

— Pour s'en assurer, il faudrait fendre l'allumette du côté du soufre.

Voilà. — Maintenant, comme les allumettes sont faites pour brûler, vous allez venir auprès de moi et j'en enflammerai devant vous une demi-douzaine en les approchant d'une bougie. Vous ne direz rien tant que je n'aurai pas fini, mais ensuite vous me communiquerez vos observations....

— Chaque fois qu'une allumette prenait feu, il y avait une sorte de petite explosion; on voyait une flamme large et brillante qui disparaissait tout de suite. La place du phosphore devenait noire. Puis le soufre se mettait à bouillir en brunissant et il en partait une flamme bleue. Bientôt il n'y avait plus de soufre, mais, à sa place, un morceau de charbon. Alors la flamme redevenait claire. A mesure qu'elle avançait, l'allumette devenait noire, puis rouge. Et quand vous avez éteint l'allumette, pour ne pas vous brûler, la partie rouge a diminué peu à peu, remplacée par un paquet de filaments cendrés.

IV. — LE PORTE-PLUME ET LA PLUME

L'étude du porte-plume et de la plume donne lieu à de nombreuses observations et expériences. Bien qu'en général on doive éviter de transformer les exercices d'observation en leçons de technologie, il n'est pas inutile d'ajouter ici quelques mots pour expliquer comment on fait une plume à écrire, à cause du nombre imprévu d'ouvriers qui s'emploient à la fabrication de ce minuscule objet, et afin de donner aux élèves une première idée de la division du travail dans l'industrie moderne.

Matériel de la leçon. — Plumes et porte-plumes de forme très simple. — Porte-plumes de fantaisie. — Double-décimètre. — Couteau ou canif. — Marteau. — Terrine pleine d'eau. — Bougie. — Garniture développée.

Si l'ardoise et le crayon d'ardoise servent aux débutants, les grands élèves écrivent sur du papier avec une plume et de l'encre. **Observons** avec attention l'objet qu'on tient à la main quand on écrit.

Cet objet est-il d'une seule pièce, ou peut-on en séparer plusieurs morceaux?

— On peut **séparer** la plume du porte-plume; le porte-plume lui-même est formé d'un *manche* et d'une *garniture, griffe* ou *carcasse*, qui maintient la plume.

Le porte-plume que nous allons examiner est du modèle le plus commun, en même temps que le plus commode et le moins coûteux. En quoi est fait le manche?

— En bois.

En quoi est faite la griffe?

— En fer.

Les manches de porte-plumes sont-ils toujours en bois léger?

— On en fait en bois dur, en palissandre, en os, en ivoire, en verre, en caoutchouc durci, en liège, en métal creux, etc.

Ces manches sont surtout des objets de fantaisie, le plus souvent trop lourds ou mal appropriés à leur usage; on finit toute-

— 4ᵉ LEÇON —

fois par s'y habituer avec un peu de persévérance, en s'imposant pour un temps une gêne au moins bien inutile.

Quelle est la couleur du manche de nos porte-plumes?

— Rouge brillant.

Est-ce là la coloration naturelle du bois?

— Non, car si **on gratte** la surface du manche avec un canif, on enlève l'enduit coloré.

On connaît un autre moyen bien moins recommandable de décolorer le porte-plume; c'est de le mettre dans sa bouche. Les fabricants ont prévu que certains écoliers prendraient cette mauvaise habitude; aussi la couleur et le vernis qu'ils emploient ne sont-ils pas des poisons violents; néanmoins il est toujours malpropre et parfois malsain de sucer son porte-plume. Le porte-plume qui ne sert pas doit être déposé dans la rainure de la table et non serré entre les dents; il faut encore s'interdire de se l'accrocher à l'oreille : un faux mouvement, et votre voisin pourrait avoir l'œil crevé par la plume qui se dresse menaçante au-devant de votre visage.

Posez votre porte-plume en long devant vous sur la table inclinée. Il reste en place. Tout au plus glisse-t-il un peu vers le bas. Mettez-le maintenant en travers. Il roule, et il tomberait à terre si vous ne le reteniez pas. Pourquoi?

— C'est que le porte-plume est droit en long et rond en travers.

Quelle est la forme du manche de porte-plume?

— C'est un cylindre terminé en haut par un cône surbaissé.

Les porte-plumes de fantaisie, dont nous parlions tout à l'heure, ont parfois d'autres formes : ils sont sculptés, ajourés, aplatis en palettes, renflés, ramifiés, que sais-je! Ces instruments sont bons peut-être pour orner un bureau, mais en général ils ne valent rien pour l'usage.

Appréciez la longueur d'un manche de porte-plume, et contrôlez ensuite votre évaluation au moyen du double-décimètre.

— La longueur de 13 centimètres est une mesure courante.

Pourquoi ne fait-on pas les porte-plumes beaucoup plus longs ou beaucoup plus courts?

— 4e LEÇON —

— Plus longs, ils deviendraient plus lourds, plus encombrants, et tendraient à trop relever la plume; plus courts. ils ne dépasseraient pas assez la main vers le haut, ne relèveraient pas suffisamment la plume et ne resteraient pas bien en place entre les doigts.

Quel est le diamètre ordinaire d'un porte-plume, et pourquoi a-t-on choisi cette dimension?

— Le diamètre d'un bon porte-plume ne dépasse guère un demi-centimètre. Les doigts mollement allongés, dans une position naturelle, serrent sans peine, dans la mesure convenable, une baguette de cette grosseur. Un porte-plume trop épais écarte trop les doigts et les fatigue, tandis qu'un porte-plume trop mince est difficile à saisir et à maintenir.

Puisque le manche du porte-plume est en bois, demandons-nous ce qui arrivera si on appuie contre lui une **lame de canif?**

— Le manche est rayé.

Si on **appuie très fort** la lame contre le bout du manche?

— Celui-ci se fend.

Si on appuie très fort la lame **en travers** du manche?

— Celui-ci se coupe, mais beaucoup plus difficilement.

Si on jette le manche dans l'eau?

— Il flotte.

Si on le met dans le feu?

— Il brûle dans la flamme de cette bougie.

Si on essaie de **le courber?**

— Il casse.

Si on le frappe **à coups de marteau?**

— Il s'écrase et s'éclate.

Occupons-nous maintenant de la garniture. On a dit tout à l'heure qu'elle est en fer; mais on la fait aussi quelquefois en cuivre, beaucoup plus rarement en argent ou en or. Quelquefois elle se trouve supprimée : c'est ce qui arrive pour certains porte-plumes épais en bois ou pour les porte-plumes en caoutchouc durci, les porte-plumes métalliques. Dans ce dernier cas

— 4ª LEÇON —

cile fait corps avec le manche; dans les autres elle est remplacée par une simple fente, étroite et profonde, à lèvres élastiques.

Faisons sur la garniture en fer les mêmes essais que sur le manche en bois.

— La lame de canif y laisse une trace à peine visible; elle ne peut ni la fendre, ni la couper; la garniture tombe au fond de l'eau et ne brûle pas dans le feu; elle se déforme sans se casser quand on la serre entre les doigts ou quand on la frappe modérément avec un marteau.

Quelle est la forme de la garniture?

— La garniture est cylindrique comme le manche du porte-plume, qu'elle entoure sur une longueur d'un centimètre environ; en cet endroit, du reste, le manche est ordinairement aminci; la garniture est fendue en long, de manière à s'entr'ouvrir légèrement sous la pression du manche, laissé à dessein un peu trop gros; elle agit alors à la façon d'un ressort et se trouve solidement fixée. Dans sa partie inférieure, elle ne forme plus qu'un demi-cylindre, aux bords repliés sur eux-mêmes en une double rainure, où l'on introduit la tête de la plume.

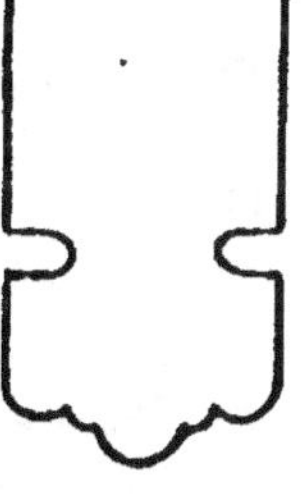

Fig. 5.
Garniture
de
porte-plume

Malgré sa complication, la garniture est faite d'une seule pièce. On peut la développer et l'étaler à plat. Cette opération est rendue plus facile quand on l'a chauffée fortement jusqu'à ce qu'elle devienne rouge, et qu'ensuite on l'a laissé lentement refroidir[1]. C'est d'ailleurs en découpant suivant ce profil (fig. 5) une lame de tôle, puis en l'enroulant au moyen de machines très ingénieuses, qu'on arrive à donner à la garniture la forme que vous lui connaissez.

Occupons-nous maintenant de la plume. — Celles que nous avons entre les mains sont du type *lance*.

Montrez le bout qu'on trempe dans l'encre. Mettez-le d'aplomb sur un doigt et appuyez légèrement.

— Ce bout est piquant.

1. Si l'on ne dispose pas en classe d'une source de chaleur suffisante, telle qu'un brûleur de Bunsen, par exemple, il sera bon de présenter aux élèves une garniture préalablement recuite. La figure 5 montre la garniture ainsi étalée.

— 4ᵉ LEÇON —

Montrez le bout qu'on introduit dans la garniture et **appuyez-le** également sur le doigt.

— Ce bout est arrondi.

Que remarquez-vous au milieu?

— Le milieu est plus étroit.

Comment est le bord de la plume dans la moitié du haut?

— Le bord de la plume est droit.

La plume a-t-elle partout la même largeur dans la moitié du bas?

— Elle s'élargit d'abord à partir du milieu, puis se rétrécit jusqu'à la pointe.

Les deux faces de la plume sont-elles pareilles?

— Non, l'une est bombée et l'autre creuse.

Si on met la face creuse en haut, on peut comparer la forme de la plume à celle d'une gouttière de toit, mais tandis que le haut de la plume est arrondi, le bas comprend deux moitiés plates. Que remarquez-vous encore sur la moitié supérieure?

— **Des lettres et des chiffres**, qui font connaître le nom du fabricant et la qualité de la plume.

Que remarquez-vous sur la moitié inférieure?

— Il y a, au milieu, un **trou** étroit et allongé, qui se prolonge jusqu'à la pointe par une **fente**.

Appuyez légèrement sur le *bec* de la plume.

— La fente s'élargit; puis elle redevient étroite au point qu'on ne la voit plus quand on cesse d'appuyer.

On dit que la plume est *élastique*. **Appuyez fortement** sur le bec de la plume.

— Le bec se casse; la plume est *fragile*.

En chauffant la plume dans la flamme d'une simple bougie, elle rougit faiblement et perd à la fois sa fragilité et son élasticité; quand vous appuyez le bec de la plume sur la table, les deux branches s'écartent sans se briser, et elles restent écartées quand la pression cesse.

On peut rendre à la plume son élasticité et sa fragilité en la faisant de nouveau chauffer, mais cette fois au rouge cerise, puis

— 4e LEÇON —

en la refroidissant brusquement dans l'eau ou dans l'huile. Le métal qui devient dur, cassant et élastique par la *trempe*, ou mou et malléable par le *recuit*, s'appelle l'*acier*. Il est formé de fer et d'une petite quantité de charbon. Les plumes sont en acier. On les appelle *plumes* parce qu'autrefois on se servait de plumes d'oie pour écrire et de plumes de corbeau pour dessiner; auparavant encore on écrivait avec des roseaux, ou bien on enfonçait des pointes dans des plaques de cire.

Comment fait-on les plumes? On prend des feuilles d'acier qu'on *découpe* en bandes, qu'on nettoie et qu'on *amincit* pour leur donner l'épaisseur des plumes. Comme elles sont *recuites*, on les découpe au moyen d'une machine du genre des *emporte-pièces*. Une autre machine, faisant tomber un couteau sur la lame découpée, perce le *trou* de la moitié inférieure. Une autre machine encore fait tomber un marteau qui *grave* les indications de la moitié supérieure. Ces chocs ayant donné de la fragilité à l'acier, on le *recuit*. Ensuite une masse arrondie *creuse* l'une des faces de la plume, à laquelle on rend son élasticité par la *trempe*. Un *recuit* modéré pour diminuer la fragilité du métal, un *nettoyage* et un *polissage* pour enlever l'oxyde, un *aiguisage* qui rend la plume parfaitement pointue et régulière, un passage en *couleur*, un *coup de ciseau* qui fend la plume avec une merveilleuse précision, un *vernissage* enfin qui flatte l'œil de l'acheteur, telles sont les autres manipulations principales que subit ce petit instrument, auquel vous seriez sans doute tentés d'accorder trop peu d'attention si vous ne saviez combien d'ouvriers et d'ouvrières ont été occupés à le fabriquer.

— 4ᵉ LEÇON —

V. — LE CRAYON

*Cet exercice facile peut être réservé aux seuls débutants. Il leur don-
nera l'occasion de comparer des couleurs, des aspects, des formes,
des consistances, etc. Quelques explications sommaires sur la
fabrication des crayons seront encore très bien à leur place
dans la leçon, car l'observation directe les aura fait prévoir en
grande partie.*

Matériel de la leçon. — Crayons neufs, d'un modèle uniforme,
en nombre égal à celui des élèves. — Crayons de modèles divers. —
Un double-décimètre. — Un crayon décollé par l'eau chaude. — Un morceau de plomb. — Une bougie et quelques allumettes.

J'ai mis à chacune de vos places un instrument que vous connaissez tous très bien et dont vous savez depuis longtemps vous
servir.

— Cet instrument est un crayon. Il est tout neuf. Il n'est pas
taillé.

Cachez-le un instant sous une feuille de papier; et dites-moi,
sans le regarder, comment il est fait. D'abord, quelle est sa couleur?

— Le crayon est rouge.

Les crayons sont-ils toujours rouges?

— Il y en a aussi des jaunes, des bruns, des noirs, des
blancs, etc...

Pourquoi fait-on ainsi les crayons de plusieurs couleurs?

— On fait les crayons de plusieurs couleurs pour satisfaire
tous les goûts.

Il y a souvent à cela une autre raison encore. Suivant le désir
de ses clients, un même fabricant fait des crayons plus ou
moins durs. Pour s'y reconnaître facilement, il donne toujours la
même couleur à tous ceux qui ont la même dureté. De sorte que
si vous achetez toujours les crayons d'une même marque,
c'est-à-dire d'une même fabrique, vous pouvez reconnaître, rien
qu'à la couleur, ceux qui vous conviennent.
Il ne suffit pas de savoir quelle est la couleur du crayon. Il faut

encore dire quel est l'aspect de sa surface. Est-il terne ou luisant, transparent, translucide ou opaque?

— Le crayon est tout à fait **opaque**, même sur ses bords. Il est **luisant** à sa surface comme un miroir. Si on regarde un crayon du côté tourné vers une fenêtre, on voit une ligne de lumière qui est une image déformée de cette fenêtre. Dans la classe, où il y a plusieurs fenêtres, il y a plusieurs lignes semblables.... Si je place mon doigt du côté sombre du crayon, j'aperçois son image déformée.

La couleur des crayons tient-elle à la matière dont ils sont faits? Pour le savoir, je **gratte** avec un canif la surface de celui-ci.

— Une fois la surface enlevée, le crayon apparaît mat avec une couleur beaucoup plus claire, la couleur du bois.

Ainsi la couleur des crayons est due ordinairement à un enduit coloré dont on les recouvre. Savez-vous comment on appelle cet enduit brillant?

— Cet enduit brillant est un *vernis*.

Auriez-vous pu me dire à coup sûr, avant que j'aie gratté ce vernis, quelle était la couleur du crayon à l'intérieur?

— Oui. Monsieur, car on sait que lorsqu'on taille un crayon, la partie pointue a toujours la couleur du bois, quelle que soit la teinte de la surface.

La couleur du bois n'apparaît-elle pas encore en un autre endroit?

— Le bois est encore à nu au bout non taillé, sur l'épaisseur du crayon.

Dites-moi, toujours sans regarder votre crayon, si vous avez remarqué quelque chose à sa surface vers l'une des extrémités.

— Vers l'une des extrémités du crayon, on voit **le nom et la marque du fabricant**, avec un **numéro**.

Ce numéro indique si le crayon est plus ou moins dur et plus ou moins noir. En général, les crayons n° 1 sont très noirs et très tendres; les crayons n° 2 ont une dureté moyenne; les crayons n° 3 sont déjà durs, et les crayons n° 4 sont plus durs encore.... Je trouve que la marque du fabricant et le numéro du crayon

— 5e LEÇON —

sont fort bien écrits. Il doit falloir beaucoup de temps et d'application pour les tracer?

— Non, Monsieur. C'est imprimé.

Que voulez-vous dire par là?

— Je veux dire par là qu'il a suffi, pour faire cette marque, d'appuyer sur le crayon une plaque dure où l'on avait assemblé, une fois pour toutes, des lettres en relief.

Quelle est la **forme** d'un crayon?

— Un crayon a la forme d'un petit bâton, d'un cylindre. Cela signifie qu'il est droit en long et rond en travers, et qu'il a partout la même grosseur.

Tous les crayons sont-ils cylindriques?

— Le plus souvent les crayons sont cylindriques, mais on en fait aussi de carrés ou d'aplatis.... J'en ai vu qui ont six et même huit faces.

Lesquels préférez-vous?

— J'aime mieux ceux qui ont des faces plates, parce qu'ils sont plus jolis.... Moi, j'aime mieux les ronds, qui sont plus faciles à manier.

C'est vous qui avez raison. Cependant les menuisiers, les charpentiers préfèrent encore de grands crayons aplatis, à grosse mine. — Reprenez maintenant vos crayons, et dites-moi, sans vous servir de décimètre, quelle est à peu près leur longueur?

— Un crayon neuf a quinze centimètres... vingt centimètres.

Mesurons cette longueur.

— Le crayon a dix-sept centimètres et demi.

Quelle est l'épaisseur du crayon?... Mesurez-la.

— Le crayon a sept millimètres et demi d'épaisseur.

Pourquoi ne fait-on pas les crayons beaucoup plus longs ou beaucoup plus courts?

— Si les crayons étaient beaucoup plus longs, ils seraient encombrants; s'ils étaient beaucoup plus courts, ils ne pourraient pas s'appuyer sur la main. On n'écrit pas facilement avec les crayons trop courts.

— 5e LEÇON —

Pourquoi ne fait-on pas ordinairement les crayons beaucoup plus gros ou beaucoup plus minces que ceux-ci?

— On ne fait pas les crayons beaucoup plus gros ni beaucoup plus minces que ceux-ci, parce qu'ils seraient trop difficiles à tenir entre les doigts.

Regardez avec attention **les bouts** du crayon.

— Au bout du crayon, on voit un petit carré noir luisant, qui est la *mine*.

Regardez avec plus d'attention encore.

— Sur un bord du petit carré luisant, on voit une ligne qui traverse toute la largeur du bout. Le bois n'a pas la même couleur des deux côtés de cette ligne.

Cette ligne existe-t-elle aux deux bouts?

— Oui, Monsieur. Cette ligne existe aux deux bouts. Je m'aperçois même qu'elle se continue sur toute la longueur du crayon, où il y a ainsi deux lignes parallèles. C'est peut-être que le crayon a été fait en **deux morceaux** collés ensemble?

Vous avez deviné juste. Mais pourriez-vous, en regardant bien le crayon aux deux bouts et suivant sa longueur, trouver une **nouvelle preuve** de ce que vous venez de dire?

— Sur les bouts et sur la longueur du crayon déverni, on voit bien les veines du bois. Or, non seulement les deux morceaux ne sont pas de même couleur, mais les veines ne se font pas suite de l'un à l'autre.

Nous pouvons ainsi apprendre **comment on fait** un crayon. Dans une demi-baguette de bois, on creuse une rainure où l'on enfonce la *mine*, puis on colle par-dessus l'autre demi-baguette. Pour vous montrer que c'est bien ainsi que sont faits les crayons, j'en ai mis tremper un dans l'eau chaude. La colle s'est amollie, les deux moitiés se sont séparées, et les voici.
Le montage des crayons, exécuté avec une grande perfection et une grande rapidité, puisqu'on vend les crayons très bon marché, exige l'emploi de machines. Il faut même faire plusieurs crayons d'un seul coup. Pour cela, des machines coupent des planchettes longues comme un crayon, larges comme cinq ou six placés côte à côte, et un peu plus épaisses que les demi-baguettes qui

contournent la mine (fig. 6). D'autres machines y creusent à des distances bien égales des rainures bien régulières, où l'on couche la mine. On colle par-dessus d'autres planchettes, non rainées, puis des couteaux mécaniques sculptent à la fois, aux endroits convenables, sur les deux faces de chaque double planchette, des demi-cylindres séparés par des creux qui, bientôt, se rejoignent en isolant les crayons. Il ne reste plus qu'à faire disparaître les *coutures*,

c'est-à-dire les traces des lignes suivant lesquelles les crayons se touchaient, puis à couper ceux-ci à la longueur exacte qu'ils doivent conserver.

Pourquoi entoure-t-on la mine d'un cylindre de bois?

— Parce que la mine très mince est difficile à saisir entre les doigts, et aussi parce qu'elle est fragile.

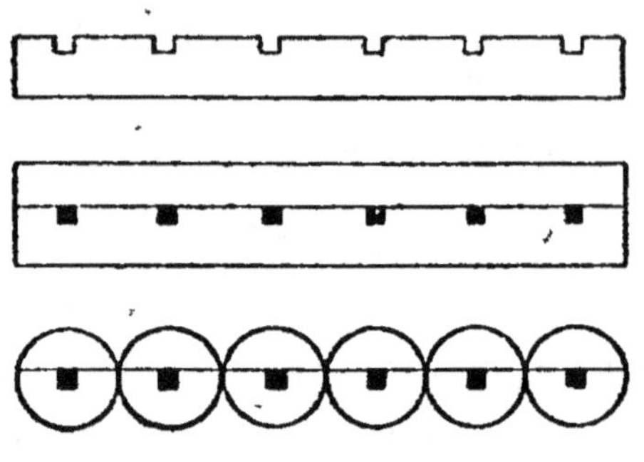

Fig. 6.

Confection des crayons ordinaires.

Ne pourrait-on la maintenir autrement?

— On fait aussi des porte-mines, c'est-à-dire des tubes dans lesquels la mine est abritée et fixée de manière à ne sortir que d'une petite longueur au moment où l'on s'en sert.

Pourquoi employer du bois plutôt qu'une autre matière, de la cire, du plâtre, du cuivre, par exemple, pour enfermer la mine?

— La cire serait trop molle et pourrait tacher les doigts; le plâtre serait trop cassant et formerait une poussière malpropre quand on taillerait le crayon; le cuivre ne se laisserait pas entamer par le canif. Le bois est la matière la plus convenable pour soutenir la mine, à cause de sa rigidité suffisante, de son élasticité et de sa faible dureté. On fait quelquefois aussi des gaines de crayons en papier roulé qu'il suffit d'arracher sur une certaine longueur pour mettre la mine à nu.

Vous avez su reconnaître les veines du bois de vos crayons. Mais dans le bois, il y a souvent des nœuds. Cherchez-en.... Vous n'en

— 5e LEÇON —

trouvez pas? A-t-on donc choisi pour faire les crayons des morceaux de bois sans nœuds? Y aurait-il donc quelque inconvénient à employer du bois noueux?

— Les nœuds sont plus durs que le reste du bois. Ils arrêteraient le canif quand on taillerait les crayons, ce qui serait très incommode.

Autre chose encore. Les allumettes, comme les crayons, sont en bois. Y a-t-il quelque différence entre le bois des allumettes et le bois des crayons?

— Le bois des allumettes est plus blanc, plus mou et plus léger. Celui des crayons est plus rouge, plus dur et plus lourd.

Y a-t-il quelque raison à cette différence?

— Pour les allumettes, il vaut mieux un bois tendre et léger, qui s'enflamme facilement. Pour les crayons, il vaut mieux un bois plus serré, qui ne s'arrache pas, même quand le canif ne coupe pas très bien.

Occupons-nous maintenant de la mine, qui est la partie principale du crayon.
Cette mine s'appelle souvent mine de plomb. Pourquoi? C'est que le plomb, traîné sur du papier, laisse une trace noire qui ressemble à un trait de crayon, comme je vous le montre en ce moment. Mais, en réalité, il n'y a pas de plomb dans la mine. Celle-ci est formée surtout d'une espèce de charbon naturel qu'on réduit en poudre, qu'on mélange avec de la terre glaise, qu'on moule en baguettes et qu'on fait cuire ensuite. Le charbon tache en noir les doigts et le papier: on peut donc s'en servir pour écrire. Comment vais-je faire pour vous montrer que la mine est du charbon?

— Il suffit de mettre un bout du crayon dans le feu. Le bois brûlera, et la mine aussi.

Il était bien naturel de me répondre comme vous le faites. Mais vou allez constater que si le bois du crayon brûle, — moins bien que celui de l'allumette, parce qu'il est plus serré, — la mine est un charbon trop serré aussi pour brûler dans la flamme dont je dispose. Tout ce que je pourrais faire serait de la porter au rouge. J'opère dans une flamme de bougie.... Or, voici une chose bien extraordinaire : non seulement la mine ne brûle pas, mais elle grossit, du moins en apparence. En effet, si je la retire de la flamme et que je l'essuie, elle laisse sur le chiffon un dépôt de charbon en poudre. La mine n'a pas grossi, mais elle a refroidi la flamme à la manière d'une tige de fer, de sorte que le charbon rouge de la flamme, au lieu de brûler, s'est déposé. C'est là un fait intéressant dont il faudra nous souvenir plus tard.

— 5e LEÇON —

VI. — LE PAPIER

Le papier est une matière précieuse, dont les applications sont aussi importantes que variées. Dans cette leçon, nous ne nous occuperons que du papier en feuille, servant à l'écriture. Et même nous n'étudierons que quelques-unes de ses propriétés parmi les principales, en supposant notre auditoire uniquement composé de débutants.

Matériel de la leçon. — Une feuille de papier à écrire, entre les mains de chaque élève. — Échantillons de papiers divers (papier d'emballage, papier de journal, etc.). — De l'huile ou un autre corps gras. — Une soucoupe. — Des allumettes.

Qu'aviez-vous à examiner pour aujourd'hui?

— J'avais à étudier une feuille de papier.

Qu'est-ce qu'une feuille de papier?... Peut-on **voir** une feuille de papier, la **toucher** avec la main ou avec la **langue**, s'en approcher pour savoir si elle a une **odeur**?

— On peut voir et toucher une feuille de papier. Le papier a une odeur faible.

Dites alors qu'une feuille de papier est un corps, une chose, un objet, car on appelle ainsi tout ce qui peut être vu, touché, goûté, senti ou pesé. Le tonnerre, par exemple, n'est pas un corps. Votre âge n'est pas un corps. Qu'est-ce donc en définitive qu'une feuille de papier, et comment est faite celle que vous avez devant vous?

— La feuille de papier que j'ai devant moi est un corps **blanc**, **mince**, à peu près **grand** comme ma main.

Cette soucoupe est aussi un corps blanc, mince, à peu près grand comme votre main.

— Mais une soucoupe est ronde, et la feuille de papier est **carrée**. Une soucoupe est **creuse**, et la feuille de papier est **plate**. Une soucoupe est **brillante**, tandis que la feuille de papier ne l'est pas. La feuille de papier est beaucoup plus mince que la soucoupe. Une soucoupe **se casse** ordinairement quand on la laisse tomber, tandis qu'une feuille de

— 6e LEÇON —

papier arrive à terre sans accident. On peut **rouler** une feuille de papier, la **déplier**, la **déchirer**; on ne peut en faire autant d'une soucoupe. Une soucoupe est en porcelaine ou en faïence, tandis qu'une feuille de papier est en papier.

Bien. Vous m'avez dit que la feuille de papier est carrée. Cela signifie que ses quatre coins sont pareils et que ses quatre bords sont de même longueur. Sommes-nous bien d'accord?

— Non, Monsieur. Les quatre côtés ne sont pas de même longueur; il y en a deux grands et deux petits.

Alors nous n'avons pas le droit de dire que la feuille de papier est carrée. Il faut dire qu'elle est **rectangulaire**. Assurons-nous d'ailleurs que les quatre angles de la feuille sont égaux et que ses côtés sont égaux deux à deux.
Comment ferez-vous pour me prouver que les quatre angles sont égaux?

......

Marquez des chiffres 1, 2, 3, 4 aux quatre sommets de la feuille[1]. Puis rabattez le côté 1-2 sur le côté 3-4. Vous voyez qu'ils se recouvrent exactement et que les deux moitiés de chaque côté plié s'appliquent aussi bien juste l'une sur l'autre. Donc le coin 1 est bien égal au coin 3 et le coin 2 au coin 4. Comment ferez-vous pour montrer que le coin 1 est égal au coin 2 et que le coin 3 est égal au coin 4?

— Je rabattrai le côté 1-3 sur le côté 2-4.

En faisant ainsi, vous prouverez bien que les quatre coins sont égaux. Comment prouverez-vous que le côté 1-2 est égal au côté 3-4?

— Je prouverai que le côté 1-2 et le côté 3-4 sont égaux en les rabattant l'un sur l'autre. Je vois qu'aucun d'eux ne dépasse l'autre.

Prouvez maintenant que le côté 1-3 est égal au côté 2-4.

— Je rabats l'un sur l'autre ces deux côtés, et je vois qu'aucun d'eux ne dépasse l'autre.

[1] La clarté de l'explication écrite exige ici ce numérotage des coins. Mais il est bien évident que le maître aura plus d'avantage à prendre une feuille de papier semblable à celles des élèves, et à montrer sur elle les éléments qu'il veut faire superposer.

— *6e LEÇON* —

Enfin montrez que le côté 1-2 n'est pas égal au côté 1-3. C'est plus difficile.

— J'ai trouvé! Il faut rabattre le côté 1-2 sur le côté 1-3 en faisant un pli au coin 1.

Vous m'avez dit encore que la soucoupe est brillante. Qu'est-ce que cela signifie? Voici une soucoupe. Regardez-la bien pour vous aider à répondre.

— Cela signifie qu'on voit du blanc dessus, par places.

Et ce blanc, comme vous dites, est-il tourné du côté de la fenêtre ou du côté de la muraille?

— Le blanc est tourné du côté de la fenêtre.

Puis-je le tourner du côté de la muraille en tournant la soucoupe?

— Non, le blanc est toujours du côté de la fenêtre.

Ce que vous appelez le blanc est justement une image déformée de la fenêtre. Les objets brillants sont des sortes de miroirs plus ou moins grossiers. Ainsi, je tourne le dos au jour, j'élève la soucoupe à hauteur de mes yeux en la tenant à plat, et je pose dessus un porte-plume debout, bien éclairé. Je vois son image dans la soucoupe. Faites la même **expérience** à votre tour, avec la feuille de papier, et regardez bien.

— On voit un peu le reflet du porte-plume dans le papier.

Vous le verrez encore mieux si vous penchez un peu la feuille pour qu'elle ne soit pas éclairée elle-même. Donc le papier que vous avez entre les mains est un peu brillant ou luisant. Il n'est pas tout à fait mat. Voici d'autres échantillons (papier d'emballage, papier de journal, etc.) qui ne donnent aucun reflet. Vous pourriez les distinguer facilement, alors même que vous seriez aveugles. Ainsi, **fermez les yeux.** Je mets deux morceaux de papier à côté l'un de l'autre, à votre portée. Lequel est le papier luisant?

— C'est celui-ci; il est plus doux au toucher, plus lisse.

Savez-vous pourquoi on l'a lissé ainsi?

— On l'a lissé ainsi pour qu'on puisse écrire dessus plus facilement.

Maintenant essayons de savoir ce que c'est que du papier.

Déchirez un coin de votre feuille et examinez au jour le bord déchiré.

— Il y a de petites peluches tout le long du bord déchiré.

Déchirez encore le coin que vous venez de détacher. Puis déchirez le plus petit des deux morceaux, et continuez ainsi autant que vous le pourrez, en regardant chaque fois le bord déchiré. Que remarquez-vous?

— Il y a de petites peluches sur toutes les déchirures.

Pouvez-vous maintenant **deviner** de quoi est fait le papier?

— Le papier est fait de petites peluches.

En effet, ce sont des fils très fins et très courts qui sont mêlés ensemble. Ils s'accrochent les uns aux autres et tiennent si bien qu'il n'est pas facile de les séparer. Vous avez pu déchirer tout à l'heure sans peine un coin de votre feuille, parce que vous savez vous y prendre. Mais **essayez** de déchirer la feuille par le milieu, en allongeant les deux pouces suivant deux bords opposés. Si vous réussissez, c'est que votre papier sera bien mauvais.

Pour déchirer plus facilement le papier, on le plie et on passe l'ongle sur le pli. Que remarquez-vous, même avant d'avoir séparé les deux morceaux?

— On voit déjà de petites peluches qui se dressent le long du pli.

En passant l'ongle, vous tirez sur les filaments du pli, et vous commencez à les décrocher. Le papier devient moins solide en cet endroit, et c'est là qu'il se déchire le plus facilement.

Sauriez-vous dire quelle est la principale différence entre une feuille de papier et une feuille de verre, telle qu'une vitre?

— Une vitre est transparente et une feuille de papier ne l'est pas.

Vérifions cela. **Dressez** votre feuille de papier entre vos yeux et la fenêtre, et passez un doigt par derrière. Ne voyez-vous rien?

— Je vois l'ombre de mon doigt.

Si vous voyez l'ombre de votre doigt, c'est qu'autour de cette ombre la lumière passe.

— 6e LEÇON —

Fig. 7. — Fabrication du papier.

— Oui, mais on ne voit pas à travers une feuille de papier comme à travers une vitre.

En effet, et c'est pourquoi on dit que la feuille de papier est translucide, tandis que la vitre est transparente. Écrivez votre nom à l'encre sur votre papier. Retournez celui-ci et dressez-le entre vos yeux et la fenêtre. Que voyez-vous?

— Je vois mon nom écrit à l'envers.

Connaissez-vous un moyen de rendre le papier plus translucide encore?

— On peut rendre le papier plus translucide en le **graissant** avec de l'huile ou en le frottant avec de la noix.

Faisons l'expérience. Je place la feuille huilée sur une autre feuille écrite. Que remarquez-vous?

— On voit l'écriture à travers le papier gras. Le **papier gras est transparent.**

Pas tout à fait cependant, car si on fait une vitre de papier gras, à la manière de certaines gens très pauvres, on ne voit rien de ce qui se passe au dehors.

Connaissez-vous un autre moyen de rendre le papier translucide, au moins pendant quelques instants?

— On peut rendre aussi le papier plus translucide en le **mouillant.**

Faites l'expérience avec une bande que vous allez détacher de votre feuille. Mouillez le papier avec votre langue vers le quart de sa longueur,... Et maintenant tirez la bande par les deux bouts. Qu'arrive-t-il?

— La bande se déchire à l'endroit mouillé.

Que faut-il en conclure?

— Il faut en conclure que le papier mouillé est moins **solide** que le papier sec.

La feuille de papier que nous venons d'examiner aurait encore bien des choses à nous apprendre. Mais le papier est si souvent employé que nous le retrouverons maintes fois dans la suite.

— *6e LEÇON* —

Terminons par une expérience que je ferai seul, pour vous rappeler que les enfants ne doivent jamais se servir du feu sans permission expresse : J'approche une allumette enflammée du coin de cette feuille de papier, qui flambe aussitôt en laissant à sa place une mince feuille de charbon, réduite en cendres sur ses bords, tandis que la soucoupe où s'est faite la combustion est jaunie par du goudron.

— 6ᵉ LEÇON —

VII. — LE CHARBON

En dehors du diamant et du graphite, isolés dans le sol par des phénomènes géologiques, on peut extraire du charbon de toute matière organique, même fossile. Ce charbon d'origine organique sert tantôt de combustible, tantôt de matière colorante ou décolorante, de désinfectant, de réducteur, de conducteur pour l'électricité, etc. — Nous ne nous occuperons ici que de trois sortes de charbons de bois : le charbon de bois proprement dit, le fusain et la braise.

Matériel de la leçon. — Des morceaux de charbon, de fusain et de braise distribués aux élèves. — Une masse lourde. — Une bougie et des allumettes. — Une cuvette pleine d'eau. — Divers objets noirs non traçants.

Quelle est la couleur du charbon ?

— Le charbon est noir. On dit : noir comme du charbon.

Le charbon est-il également noir en toutes ses parties ?

— Le charbon est plus noir encore dans l'ombre et dans les fentes de sa surface.

Le morceau de charbon qui est devant vous ressemble-t-il à ceux de vos voisins ?

— Il y a de gros morceaux ronds (*charbon de bois*) entiers ou fendus ; d'autres plus minces, de la grosseur d'un crayon ou d'un porte-plume (*charbon de fusain*) ; d'autres encore, beaucoup plus courts et irréguliers (*braise*).

Comparez ces trois sortes de charbons quant à leur aspect.

— Le charbon de bois est mat à la surface dans les parties arrondies, avec des fentes nombreuses, larges ou étroites, dirigées toutes dans le même sens, c'est-à-dire parallèles, ou bien avec des plaques crevassées ressemblant à de l'écorce d'arbre. Beaucoup de points sont brillants comme de la poussière d'acier. La surface des fentes offre de grandes places luisantes. — Le fusain a une surface plus lisse et plus luisante, une forme plus régulière. — Quant à la braise, elle est tout à fait brillante.

— 7ᵉ LEÇON —

Nous savons que le charbon n'est pas transparent. Cependant il est toujours bon de contrôler si ses bords amincis ne sont pas au moins translucides.

Les bords d'un morceau de charbon sont **opaques** comme tout le reste.

Examinez de plus près ces morceaux de charbon.

— Non seulement il y a des stries en longueur sur la surface cylindrique du charbon de bois, mais encore des fentes profondes terminées en pointe. — De place en place sont des nœuds, ou des traces de rameaux. En travers, sur ce qu'on pourrait appeler les bases du cylindre, on voit des cercles imparfaits qui s'enveloppent les uns les autres, avec des lignes rayonnantes qui partent du contour et qui s'arrêtent plus ou moins loin du centre. — Dans les morceaux fendus, la surface présente des stries bien marquées en long, avec d'autres lignes courtes et moins nettes en travers. Tout cela ne diffère du bois que par la couleur. — Le fusain, quoique strié aussi en long et en travers, est beaucoup plus uni. Ces deux sortes de charbons semblent formées de fibres serrées les unes contre les autres. Dans la braise, on retrouve les mêmes fibres, mais arrondies et tordues.

Enfoncez l'ongle dans ces morceaux de charbon.

L'ongle ne s'enfonce pas ou presque pas dans le charbon à brûler, qui est dur. Il pénètre bien au contraire dans le fusain et surtout dans la braise, qui sont des charbons tendres.

Venez appuyer, au moyen de ce lourd encrier [1], **sur ces trois échantillons.**

— Le charbon à brûler résiste, mais le fusain **et la braise** s'écrasent.

Le charbon ne s'écrase-t-il pas un peu ausssi ? **Touchez** un morceau **de charbon** et regardez vos doigts.

— Ils sont noircis.

Est-ce que les charbonniers ont les mains et le visage aussi nets que des écoliers arrivant en classe ?

— Les charbonniers sont tout noirs.

1. Ou de tout autre corps massif.

— 7e LEÇON —

Qu'est-ce qui noircit ainsi les charbonniers?

— La poussière de charbon.

Comment se forme cette **poussière?**

— Par le choc et l'écrasement des morceaux de charbon quand on les manie pour les mettre en tas ou pour les mesurer.

Voici un cahier à couverture de toile cirée noire. Vais-je tacher mes doigts en le prenant? Se tache-t-on les doigts en touchant un tableau noir bien lavé, une serviette de moleskine, une ceinture de cuir noir, un porte-plume d'ébonite, etc.?

— Non, parce qu'on peut **frotter** toutes ces choses sans faire de poussière.

On dit que le charbon est *friable*. Le fusain est bien plus friable que le charbon de bois. Pourriez-vous vous servir indifféremment pour dessiner, soit de charbon de bois, soit de fusain?

— Il faut se servir de fusain, qui, en s'écrasant, laisse une poussière noire sur le papier. Cette poussière s'enlève facilement, et c'est pourquoi on fait les esquisses au fusain, avant de passer au trait définitif. Le charbon de bois est trop dur et trace difficilement sur le papier.

La braise pourrait-elle servir au même usage que le fusain? **Essayez.**

— La braise n'est pas partout également tendre, et surtout ses morceaux ne peuvent pas être tenus facilement à la main comme ceux de fusain. On a donc raison de ne pas la faire servir au même emploi.

Ainsi le charbon peut être utilisé pour sa couleur noire. Mais il peut avoir encore un autre usage.

— On le brûle.

Essayons d'allumer des charbons dans la flamme d'une bougie. Commençons par le fusain.

— Le fusain devient bientôt rouge, non pas d'abord dans la flamme même, mais sur le côté de celle-ci. Quand il est bien allumé, on entend un petit crépitement. Si on l'éloigne de la flamme et qu'on souffle sur la partie rouge, celle-ci devient plus brillante et il s'en échappe des étincelles. On voit même une flamme pâle se produire à l'endroit où le charbon brûle.

— 7ᵉ LEÇON —

Si on laisse refroidir le fusain, la partie rouge devient de plus en plus petite, et il reste à sa place de la cendre blanche.

Comment est faite cette cendre ?

— Elle est faite de petits filaments courts, légers, que l'on fait envoler en soufflant.

Allumons de même le morceau de charbon à brûler.

— Tout se passe à peu près de la même manière : le charbon rougit d'abord aux mêmes endroits, mais plus difficilement et plus lentement que le fusain. Le crépitement est plus vif. On n'obtient guère de flamme en soufflant sur la partie rouge, qui lance d'ailleurs aussi des étincelles. Il y a beaucoup moins de cendre, et cette cendre est plus grise et plus brune.

Est-ce que la ménagère qui avive son feu ne fait pas un peu comme nous ?

— Elle souffle au moyen d'un soufflet, et alors le charbon brûle avec une flamme bleue et pâle.

— Pourquoi souffle-t-on sur le charbon pour le faire brûler, puisqu'on souffle sur la soupe pour la refroidir ?

En soufflant sur un morceau de charbon rougi par le feu, vous faites en même temps deux choses contraires : vous refroidissez le charbon comme vous refroidiriez votre soupe, mais en même temps l'air que vous envoyez active la combustion en produisant de la chaleur ; et c'est cette chaleur qui l'emporte.

Faisons enfin brûler de la braise.

— La braise s'allume facilement si on la met à la pointe de la flamme ; autrement elle rougit difficilement et se recouvre surtout d'un enduit noir. Mais quand elle est allumée en un point, on ne peut plus la tenir entre les doigts, car elle est brûlante ; sans doute parce que les morceaux de braise sont plus petits et que les doigts sont trop près de la flamme.

C'est ce que nous allons discuter.
Vous pensez que la braise allumée brûle les doigts parce qu'on tient ceux-ci trop près de la flamme. Pourtant elle continue à brûler les doigts quand on l'éloigne de la bougie. D'autre part, allumons un morceau de fusain aussi court qu'un morceau de braise.

— Le fusain ne brûle pas les doigts.

— 7ᵉ LEÇON —

Tout cela s'explique de la manière suivante : quand vous mettez un morceau de fusain ou de charbon de cuisine au-dessus d'une bougie, vous ne chauffez que la partie qui touche la flamme; le reste demeure froid. Au contraire, quand vous allumez un morceau de braise, tout s'échauffe en même temps, et le fragment tout entier est brûlant avant d'être rouge en un point quelconque.

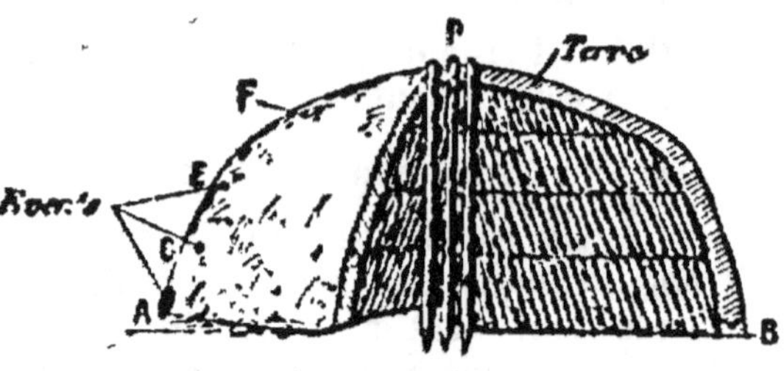

Fig. 8.
Carbonisation du bois en meule.

— Comment se fait-il qu'on se serve de la braise pour allumer le charbon ?

C'est que la braise, une fois bien chauffée dans toute sa masse brûle très vite en élevant beaucoup la température, et permet ainsi au charbon ordinaire de s'allumer.

Avant de nous demander comment on fait le charbon de cuisine, le fusain et la braise, notons que si le premier est plus dense que les deux autres, tous trois flottent sur l'eau et sont par conséquent moins denses que ce liquide.

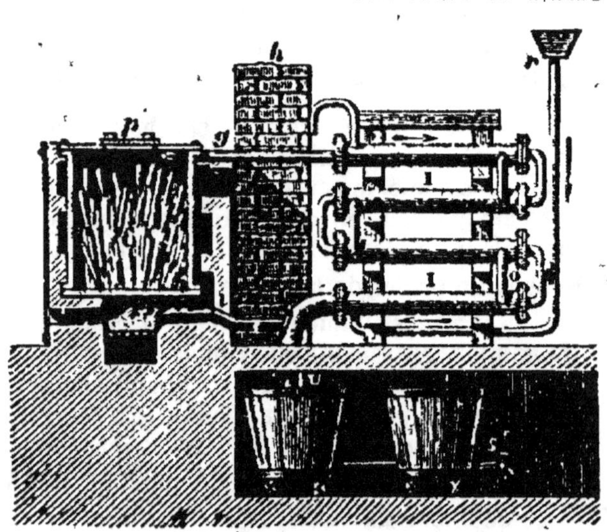

Fig. 9.
Carbonisation du bois en vase clos.

Ce que nous avons remarqué en observant ces charbons avec attention nous apprend qu'ils sont faits avec du bois : ce sont des charbons de bois. Pour fabriquer le charbon de bois, on fait des tas réguliers de branches coupées à la longueur convenable ; on ménage dans ces tas des conduits pour l'air et l'on recouvre le tout de terre et de gazon (fig. 8) ; puis on met le feu à la masse en ménageant l'arrivée de l'air, de sorte que le bois, au lieu de se réduire directement en cendres, comme dans une cheminée, reste à l'état de charbon. Ce procédé donne une carbonisation irrégulière, certains morceaux brûlant trop et d'autres trop peu. Il ne convient pas pour la fabrication du fusain, qui non seulement sert aux dessinateurs, mais entre dans la préparation de la poudre de chasse et de guerre ; pour ces usages, la carbonisation n'est jamais trop régulière. On met donc les rameaux à carboniser dans de grandes marmites fermées (fig. 9), munies d'une cheminée (*g*), et chauffées très régulièrement. L'absence d'air empêche le bois de brûler complètement. Quant à la braise, vous savez qu'on la trouve surtout chez les boulangers : ceux-ci, lorsque le four est chaud, font tomber dans des étouffoirs le bois non consumé. La braise est un charbon préparé à haute température ; on l'emploie parfois pour entourer la partie des paratonnerrés qui plonge dans le sol.

VIII. — LA HOUILLE

La houille, ou charbon de terre, est une matière charbonneuse et schisteuse dont la comparaison avec les autres charbons et avec l'ardoise est fort instructive. Comme la leçon actuelle ressemble beaucoup, quant à son obj t, à la précédente, on pourra éprouver dans quelle mesure les élèves ont retenu la marche déjà suivie et comment ils savent diriger leur atte·tion en présence des choses.

Matériel de la leçon. — Un morceau de houille devant chaque élève. — Une bougie. — Une terrine pleine d'eau. — Du savon. — Un morceau de coke. — Un échantillon de charbon de cornue, et, au besoin, quelques dérivés des goudrons de houille.

Que pouvez-vous dire de la houille ?

— La houille est **noire** comme le charbon de bois ou la braise.

On lui donne encore le nom de *charbon de terre*. Pourquoi ?

— Parce que c'est une matière charbonneuse qu'on tire de la terre.

— Le charbon de terre présente à sa **surface** des régions mates et des régions brillantes, comme vernies. Les régions mates semblent un peu poussiéreuses. Les régions brillantes forment des bandes irrégulières, à peu près parallèles, qui font d'abord penser aux objets polis par le frottement. En effet, quand dans un meuble, dans une serrure, etc., plusieurs surfaces frottent l'une contre l'autre, elles prennent un aspect assez semblable à celui que nous remarquons. Cependant, en y regardant de plus près, on s'assure que le brillant du charbon ne peut être dû au frottement, car on l'observe dans la masse même des morceaux de houille, en des points protégés contre tout contact extérieur. Les traînées parallèles sont rayées en long et rappellent un peu, à la couleur près, les feuilles étroites et allongées de l'herbe commune. Il y a aussi des taches grises, qui ressemblent à de la boue. Mais ces taches sont brillantes comme les traînées qu'elles semblent continuer. On ne peut donc pas dire qu'elles se sont produites lorsque la houille, extraite de la mine, gisait à terre avant d'être mise à l'abri chez le charbonnier ou chez le client.

Enfin il y a des parties jaunes et brillantes...

— C'est de l'or ! du cuivre !...

... Mais qui ne sont pas métalliques, malgré leur aspect. Les savants donnent le nom de *pyrite* à la substance ainsi disséminée dans la plupart des morceaux de houille.

Les morceaux de houille **ressemblent-ils** à des morceaux de charbon de bois, de fusain ou de braise ?

— Les morceaux de houille sont très irréguliers; il y en a de **gros** et de **petits**, de minces et d'épais, de courts et de longs, etc. Mais tous ressemblent plus ou moins à des **plaques** collées les unes sur les autres.

Vous souvenez-vous d'avoir déjà étudié une pierre formée ainsi de feuillets minces ou serrés ensemble ?

— L'ardoise.

— La houille, comme les charbons que nous avons étudiés précédemment, est **opaque**, même sur les bords.

Enfoncez l'ongle dans un morceau de houille.

— L'ongle ne s'enfonce pas ou presque pas dans certaines parties, notamment aux places brillantes ou sur le plat des feuillets. Mais en d'autres endroits, par exemple sur la tranche de ces mêmes feuillets, ou aux places mates et poussiéreuses, on détache en **grattant** une poudre noire plus ou moins brillante. — Du reste le charbon de terre **tache les doigts** plus encore que le charbon de bois, le fusain ou la braise. Il n'est pas besoin de masses lourdes pour l'écraser. En le **frappant** à petits coups sur la table, ou sur une ardoise, il se réduit en miettes. Il est **très friable**.

Essayez de **dessiner** avec du charbon de terre.

—Le charbon de terre n'est pas commode à tenir à la main, à cause de son épaisseur. Mais de plus il ne laisse pas de traces, en général, sur le papier, parce qu'il est trop dur, précisément aux endroits où il forme la pointe.

Si la houille ne peut pas servir par sa couleur noire, vous savez qu'elle a un autre usage, qu'on l'emploie autrement ?

— 8ᵉ LEÇON — ···

— **On la fait brûler** dans les cheminées, pour chauffer les pièces habitées, en hiver; dans des fourneaux, pour cuire les aliments; dans des foyers très chauds enfin pour faire bouillir l'eau des machines à vapeur.

A la ville on la chauffe aussi dans de grands cylindres pour en extraire le **gaz d'éclairage**. — Chauffons un morceau de houille à la flamme d'une bougie. Mais tout d'abord **rappelons** comment ont brûlé le charbon de bois, le fusain et la braise.

— Le charbon rougit dans les parties voisines de la flamme et non dans la flamme même; on entend alors un petit crépitement. Si on souffle sur la partie rouge, elle devient plus brillante et lance des étincelles. Quand le charbon a brûlé, il laisse une cendre grise, brunâtre. — Le fusain rougit plus facilement, aux mêmes endroits que le charbon de cuisine; si l'on souffle sur la partie rouge, une flamme pâle s'échappe de cet endroit. La cendre de fusain est blanche, et formée de filaments courts, légers, qu'on fait envoler en soufflant dessus. — La braise ne s'allume bien qu'à la pointe de la flamme; autrement elle rougit difficilement et se recouvre surtout d'un enduit noir. On ne peut la tenir à la main quand elle est allumée, parce qu'elle s'échauffe en même temps dans toutes ses parties[1].

Nous allons voir que le charbon de terre se comporte tout différemment dans la flamme de bougie : Tout d'abord, au lieu de brûler ou de rougir, il rend la flamme fumeuse simplement, et se recouvre d'un enduit noir, auprès duquel sa couleur paraît grise. Ceci nous amène à nous défier un peu de ces mots, « blanc », ou « noir », qu'on emploie communément pour désigner des couleurs très claires ou très foncées. Nous avons déjà vu que les parties dans l'ombre ou les fentes d'un morceau de charbon sont plus noires que le reste. Le *noir de fumée* lui-même, qui recouvre en ce moment le morceau de houille, est plutôt bleuâtre dans les parties où il est bien éclairé. Nous savons d'autre part qu'il y a bien des nuances de papier blanc.

— Si nous continuons à chauffer le morceau de houille dans la flamme de la bougie, nous entendons un crépitement; le charbon rougit très faiblement le long d'une arête et sur le

1. Il serait recommandable de faire répéter à nouveau ces diverses expériences par quelques élèves.

— 8ᵉ LEÇON —

bord de la flamme ; une fumée tantôt noirâtre, tantôt jaunâtre, mais toujours d'odeur désagréable et particulièrement goudronneuse, s'échappe des fissures du charbon comme si un vent la poussait dehors. Par moments cette fumée s'allume et donne de petites flammes semblables à celle d'une bougie, mais qui se prolongent en minces volutes de fumée, bientôt dissipées. Avant de donner ces languettes de feu, la houille chauffée a produit sur le bord de la flamme même, à des hauteurs diverses, de petites gouttelettes de feu qui ne duraient qu'un instant. Dès qu'on **retire du feu** le morceau de houille, il cesse aussitôt d'être rouge en un point quelconque. En soufflant dessus, on n'arrive qu'à éteindre les petites flammes qui s'en échappent . On voit alors que sa surface s'est crevassée en tous sens et qu'elle s'est boursouflée. Elle est aussi devenue plus friable que jamais, car il suffit de la gratter doucement avec l'ongle pour en détacher des écailles légères, très noires, qui s'écrasent sans aucune difficulté entre les doigts, où elles laissent une tache grasse.

En somme, nous n'avons pas fait brûler sensiblement la houille ; la flamme de la bougie n'était pas assez chaude. Toutes les ménagères savent bien que le charbon de terre est plus difficile à allumer que le charbon de bois ou la braise. — Quelle expérience pourrions-nous faire encore avec la houille ?

— Il faut la **jeter dans l'eau** pour voir si elle flottera comme les autres charbons. L'expérience montre que la houille tombe lourdement au fond de l'eau. Les morceaux qui ont été mis dans la flamme de la bougie laissent dégager quelques bulles d'air. On voit monter à la surface de l'eau des poussières de charbon, et l'eau elle-même se colore nettement en noir. Chose curieuse, la partie couverte de noir de fumée, qui tout à l'heure paraissait bien plus noire que le reste, a maintenant l'éclat de l'argent quand on se place convenablement pour la regarder. Elle ne s'est nullement transformée en argent, du reste, car si on la sort de l'eau elle reprend sa couleur noire bleutée. La terrine où nous venons d'opérer est noircie et graissée par le charbon qui est monté à la surface de l'eau. Il faut **employer le savon** pour la nettoyer.

Il nous reste à expliquer les principales remarques que nous venons de faire. **Pourquoi la houille est-elle feuilletée comme l'ardoise ?**

— 8ᵉ LEÇON —

— Sans doute que comme l'ardoise elle a été fortement pressée.

Hypothèse exacte. Avons-nous une autre raison de penser que la houille a été tassée?

— Elle tombe au fond de l'eau au lieu de flotter comme les autres charbons étudiés précédemment.

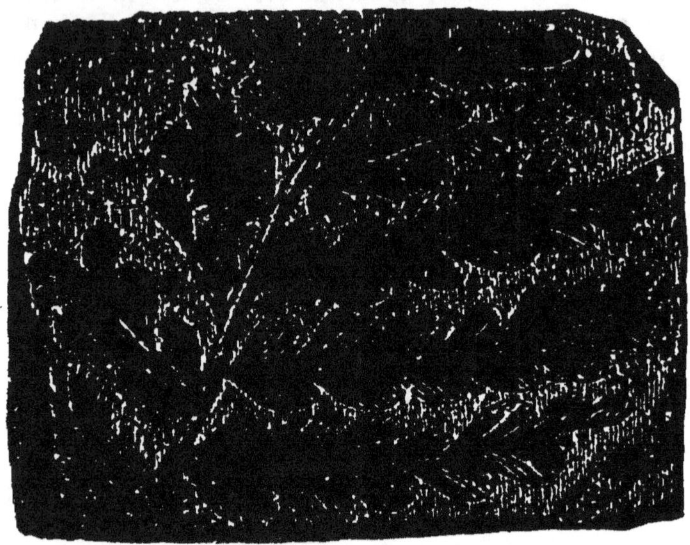

Fig. 10. — Schiste houiller avec empreinte.

Est-il probable que la houille ait été formée, comme ces autres charbons, par des organes **végétaux**?

— Cela est probable par la ressemblance de certaines parties de la houille avec des feuilles d'herbes.

Cela est même tout à fait sûr, car on trouve avec la houille de la boue solidifiée, devenue schisteuse comme l'ardoise, et où se sont moulées des feuilles et des branches d'arbres, des troncs mêmes, en des **empreintes** admirablement conservées (fig. 10). On ne peut douter que la houille ait été formée, il y a très longtemps, aux dépens d'une accumulation de débris végétaux, entraînés par les pluies au fond des eaux et recouverts ensuite par d'autres dépôts très épais. Les pressions, dues aux mêmes causes qui ont transformé l'argile en ardoise, ont rendu schisteux ces débris, déjà carbonisés par une décomposition lente à l'abri de l'air.

— 8ᵉ LEÇON —

— La houille ne se fabrique pas, comme la braise, par exemple. On la trouve sous terre, dans des *mines*, c'est-à-dire dans des trous profonds et dans de longs couloirs qu'on creuse aux endroits convenables. — Quand on la chauffe, elle se décompose et laisse dégager du *gaz d'éclairage*. C'est ce que nous avons vu quand un morceau de houille était chauffé dans la flamme de la bougie. Si, en opérant dans une marmite fermée, on arrive à chasser tout le gaz d'éclairage par une cheminée, il reste deux sortes de charbons : le *coke*, très employé pour le chauffage, et un autre charbon indispensable aujourd'hui pour les appareils d'électricité. Le gaz d'éclairage lui-même entraîne des goudrons visqueux avec lesquels on fabrique une foule de produits utiles, notamment de brillantes couleurs, des parfums exquis, de précieux médicaments.

— Pour ce qui est de l'éclat argenté la houille dans l'eau, en certaines de ses parties, je dirai simplement qu'en ces parties la houille était enduite de noir de fumée, et que le noir de fumée ne se laisse pas mouiller par l'eau. Ainsi le charbon était entouré d'une mince enveloppe d'air. Or une couche d'air peut former miroir dans l'eau comme une lame d'argent bien polie forme miroir dans l'air. D'où même apparence dans les deux cas.

— 8ᵉ LEÇON —

IX. — L'EAU

*Nous supposons que la leçon sur l'eau vient après une leçon sur le
pétrole. On peut soutenir, en effet, qu'il est préférable d'étudier, comme premier exemple de liquide, un corps dont les qualités soient bien caractérisées et propres à captiver l'attention
des enfants. Or, l'eau, incolore, inodore, à peu près insipide,
incombustible, etc., possède trop de propriétés négatives pour
répondre à cette indication. Son étude devient au contraire
plus facile à conduire et à suivre quand on procède par comparaison avec d'autres liquides bien connus.*

Matériel de la leçon. — Trois ou quatre verres. — Deux bouteilles
bouchées, dont l'une exactement pleine d'eau, et l'autre vide. — Un litre
(mesure de capacité). — Une balance. — Un porte-plume métallique.
— Une bougie et des allumettes. — Un petit bateau de papier. — Un
seau d'eau. — Une boîte à lait. — Une fiole incolore. — Un peu de
savon râpé. — Une pincée de sel. — Un morceau de sucre. — Une
petite cuiller.

Parmi les corps que nous avons étudiés jusqu'ici, quel est celui
qui ressemble le plus à l'eau?

— Le corps qui ressemble le plus à l'eau, parmi ceux que
nous avons étudiés jusqu'ici, est le pétrole.

Quelles ressemblances y a-t-il entre le pétrole et l'eau?

— L'eau est liquide comme le pétrole, c'est-à-dire qu'on ne
peut pas la saisir entre les doigts. On ne peut la garder ou la
transporter que dans des vases. Elle se moule sur les parois
de ceux-ci, sauf à sa partie supérieure, qui forme une surface
libre horizontale.

Voici un verre contenant de l'eau jusqu'aux trois quarts environ. Regardez de plus près l'endroit où la surface libre du liquide
touche le verre.

— En cet endroit l'eau monte un peu le long du verre.

Je vais la faire monter davantage : J'applique mon doigt contre le verre, à l'intérieur, en le plongeant d'une petite quantité dans l'eau. Vous voyez celle-ci s'élever de chaque côté de mon doigt à plusieurs centimètres au-dessus du niveau général. Ce phénomène tient-il à la présence de mon doigt? Comment faire pour le savoir ?

— Pour savoir si l'eau monte à cause du doigt, il faut remplacer celui-ci par autre chose.

Je mets dans l'eau, toujours en touchant le verre, le bout de ce porte-plume. Vous voyez que l'eau monte encore bien de part et d'autre du contact. Qu'arrive-t-il lorsque j'éloigne un peu du verre mon doigt ou le porte-plume ?

— Quand vous éloignez un peu votre doigt ou le porte-plume, l'eau redescend. Elle descend davantage si vous éloignez davantage le doigt ou le porte-plume.

En somme l'eau monte d'autant mieux qu'elle est emprisonnée dans un passage plus étroit. N'avons-nous pas déjà observé des faits analogues?

— Nous avons déjà vu de l'eau et du pétrole monter dans un **papier buvard**, dont les filaments laissent entre eux des intervalles très petits.

Quelle est la **couleur de cette eau** ?

— Cette eau n'a pas de couleur. On dit qu'elle est incolore.

Si l'eau n'a pas de couleur, comment pouvez-vous savoir que dans ce verre il y a de l'eau au fond et de l'air au-dessus, puisque l'air, non plus, n'a pas de couleur ?.... Ma question est difficile. Je vais faire une **expérience** pour vous mettre sur la voie de la réponse. Je place le porte-plume verticalement en arrière du verre et tout contre lui. Que remarquez-vous?

— Je remarque que le porte-plume paraît beaucoup plus gros à travers l'eau qu'à travers la partie vide.

Je mets encore mon doigt à la place du porte-plume.

— Oh ! A travers l'eau le doigt paraît large comme le verre.

A travers le verre, comme à travers l'eau, les objets paraissent déformés, mais il ne le sont pas de la même manière; les reflets de l'eau ne font pas suite non plus aux reflets du verre. Voilà pourquoi nous distinguons à première vue, dans un verre, la partie qui contient de l'eau et celle qui n'en contient pas. — Jo

— 5e LEÇON —

dois ajouter que ces différences d'aspect tiennent à la forme du verre : j'ai apporté sur le bureau **deux bouteilles pareilles**, toutes deux bouchées ; l'une est exactement pleine d'eau, l'autre est vide. Vous distinguez facilement celle qui est pleine. Mais si les bouteilles étaient plates, à parois bien régulières, il serait fort difficile, et dans certains cas impossible, de reconnaître la pleine et la vide.

— **Pourquoi l'eau des rivières ou de la mer est-elle bleue, verte ou jaune?**

Il serait long et malaisé de répondre sûrement et complètement à cette question. Je veux seulement vous faire remarquer qu'une petite quantité d'eau de mer ou de rivière, mise dans un verre, est souvent aussi incolore que celle-ci. Quand on dit que l'eau est incolore, il faut donc ajouter : en couche peu épaisse.

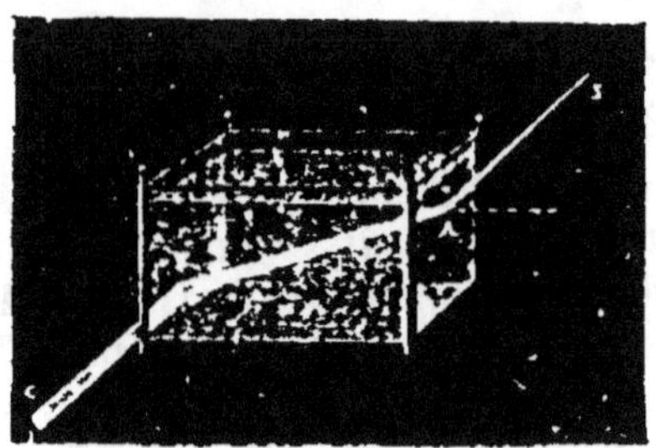

Fig. 11.

Réfraction de la lumière dans l'eau.

— Dites-moi maintenant quelle est l'odeur de l'eau?

— L'eau n'a pas d'odeur.

Goûtez-la, et dites-moi quelle est sa **saveur?**

— L'eau n'a pas de saveur.

Ou du moins la saveur de l'eau est faible. Si je vous faisais goûter des **eaux de diverses provenances**, vous les distingueriez sûrement.

L'eau graisse-t-elle les doigts?

— Les doigts mouillés ne glissent pas beaucoup plus facilement que les doigts secs. Ils sont du reste bientôt secs eux-mêmes.

Continuons la comparaison entre l'eau et le pétrole. **Lequel pèse le plus, d'un litre d'eau ou d'un litre de pétrole?**

— C'est le litre d'eau qui pèse le plus.

Comment le savez-vous?

— L'autre jour, quand vous avez mis dans la même bouteille de l'eau et du pétrole, le pétrole était en haut et l'eau en bas. C'est que l'eau est plus lourde.

— 9ᵉ LEÇON —

Cherchons combien pèse un litre d'eau. Pour cela je ne me servirai pas d'une bouteille ordinaire, qui pourrait être trop grande ou trop petite. J'emploierai une mesure exacte, empruntée au nécessaire de système métrique. Je la place vide sur le plateau de cette balance. J'établis soigneusement l'équilibre avec d'autres objets quelconques, des morceaux de craie, un coupe-papier, du papier... Je dis que je fais la *tare* de la mesure. J'emplis maintenant celle-ci d'eau jusqu'au bord. Et je constate qu'il faut mettre un poids de 1 kilog. dans l'autre plateau pour rétablir l'équilibre. Donc ?...

— Un litre d'eau pèse autant qu'un kilogramme.

Dans une précédente leçon, j'ai réussi à **enflammer du pétrole** avec une allumette, en le chauffant convenablement. Pourrais-je faire la même chose avec de l'eau ?

— L'eau ne brûle pas, même quand elle est très chaude.

Une allumette s'y éteint toujours. On se sert de l'eau pour éteindre le feu, dans les incendies, par exemple.

Qu'arrive-t-il lorsqu'une goutte d'eau tombe **sur une feuille de papier ?**

— Quand une goutte d'eau tombe sur une feuille de papier, celle-ci devient plus sombre à l'endroit mouillé, et lorsqu'on la place devant une fenêtre, on remarque qu'elle est devenue translucide en cet endroit. Puis, peu à peu elle sèche, la tache devient de moins en moins visible et disparaît à la fin.

Peut-on la faire disparaître plus vite ?

— On peut faire disparaître plus vite la tache en la chauffant, comme nous l'avons fait pour le pétrole.

Chauffons un peu d'eau **dans un porte-plume métallique. Dites** ce que vous observez.

— Au bout d'un instant, on voit une fumée blanche sortir du porte-plume.

La fumée paraît-elle vraiment sortir du tube ?

— A l'ouverture même du tube, on ne voit rien. C'est un peu plus loin seulement que la fumée apparaît.

Voulez-vous savoir ce que c'est que la fumée ? **Recevons-la dans** un verre sec et froid, retourné.

— 9e LEÇON —

— On voit le verre se ternir, se couvrir de buée, puis de gouttelettes d'eau.

La fumée que vous voyez est de l'eau en poussière. Je puis faire disparaître cette poussière. Je n'ai pour cela qu'à incliner convenablement le porte-plume et à recevoir la fumée dans la flamme d'une bougie. Quand l'eau est ainsi devenue invisible, on dit qu'elle est en *vapeur*.

Il nous est plus commode ici de chauffer de l'eau que de la refroidir beaucoup. Mais vous savez déjà ce que devient l'eau très froide ?

— L'eau très froide se prend en *glace*.

Nous aurons sans doute quelque jour l'occasion d'étudier la glace comme nous étudions l'eau liquide aujourd'hui. En attendant, demandons-nous si l'eau, comme le pétrole, oppose une résistance aux corps qu'on y enfonce. J'ai fait confectionner un **petit bateau** de papier par un de vos grands camarades, habile en ces sortes d'ouvrages. Je place la mignonne embarcation sur l'eau et elle ne s'enfonce qu'en partie ; elle flotte. Pourquoi ?

— Le bateau ne s'enfonce pas, parce que l'eau l'en empêche.

La résistance de l'eau est, du reste, plus ou moins grande selon les circonstances. Ainsi, je prends le bateau et je le froisse entre mes mains, pour en faire une **boulette de papier**....

— La boulette de papier tombe au fond de l'eau.

Autre expérience : Essayez d'enfoncer cette **boîte à lait vide** dans ce seau d'eau.

— J'éprouve une grande résistance, à moins que je ne penche la boîte à lait pour permettre à l'eau d'y entrer.

Vous sauriez maintenant répondre à cette **devinette** : Qu'est-ce qui peut porter une forêt et qui ne porterait pas une épingle ?

— C'est l'eau ! Car le bois flotte sur l'eau et l'épingle s'y enfonce.

Mettons maintenant de l'eau dans cette fiole, avec un peu de **savon râpé**. Bouchons et agitons.

— L'eau devient trouble et laiteuse ; elle se couvre de mousse. Il se fait de l'eau de savon.

— 9ᵉ *LEÇON* —

En abandonnant la fiole, la mousse disparaîtra, mais l'eau restera toujours trouble. Remarquez que le savon n'est pas liquide comme l'eau ou le pétrole. On peut en faire des morceaux qui ne coulent pas; on n'a pas besoin de le mettre dans des vases. Le savon est solide. Mais lorsqu'il a été introduit dans une quantité d'eau suffisante, il devient liquide comme elle. Voici un autre fait du même genre, plus remarquable encore : je mets dans ce verre d'eau une **pincée de sel**. Je remue avec cette petite cuiller... Bientôt le sel disparaît et l'eau redevient limpide comme auparavant. On dirait que le sel est anéanti. Mais goûtez l'eau.

— L'eau est salée.

Le sel existe donc toujours; seulement il est devenu liquide et incolore comme l'eau. Je répète la même expérience avec du **sucre**, dans un autre verre d'eau.

— Le sucre disparaît, devient liquide et incolore comme l'eau; mais l'eau devient sucrée.

On dit que le sel et le sucre sont dissous dans l'eau. L'eau dissout ainsi beaucoup de corps solides, mais elle ne les dissout pas tous. Pourrait-on mettre de l'eau dans des vases en sucre ou en sel?

— Non, Monsieur, car ces vases se dissoudraient.

Pourquoi alors peut-on mettre de l'eau dans des **vases** en verre, en terre, en métal, etc.?

— On peut mettre de l'eau dans ces vases, parce que l'eau ne dissout ni le verre, ni la terre, ni le métal.

Bornons-nous à ces remarques. Nous n'avons pas, tant s'en faut, étudié complètement toutes les propriétés de l'eau. Qui aurait fait une telle étude serait déjà très savant. Nous apprendrons peu à peu, à l'occasion, ce que nous négligeons d'important aujourd'hui.

X. — L'HUILE

Après l'eau, après le charbon et la houille, combustibles solides des-
tinés au chauffage, nous allons étudier des combustibles liquides
destinés à l'éclairage, tels que l'huile, l'essence minérale....
Mais ces liquides ayant en même temps d'autres applications
importantes, nous ne manquerons pas de signaler celles-ci.

Matériel de la leçon. — Un carafon ou une bouteille d'huile à
manger. — Bouchon d'une bouteille de vin rouge. — Une soucoupe. —
Un brin de ficelle de 3 ou 4 centimètres de longueur sur 2 millimètres
de diamètre. — Un morceau de sucre dans une soucoupe. — De l'alcool.
— Une bougie. — Un petit flacon de pharmacie, en verre incolore. —
Un peu de savon râpé, un verre d'eau. — A la place de chaque élève,
un petit carré de papier de quelques centimètres de côté. — Une lampe
modérateur, s'il est possible de s'en procurer une.

Quelle est la **couleur** de l'huile à manger contenue dans ce carafon incolore?

— L'huile à manger est jaune clair, même lorsqu'elle est
qualifiée d'huile blanche.

Quelle différence faites-vous entre l'**apparence** de l'huile et l'apparence du lait?

— On ne voit rien à travers le lait, tandis qu'on voit bien à
travers l'huile ce qu'il y a derrière.
— L'huile est **transparente.**

Regardons la **surface libre** de l'huile, tournée du côté du jour.

— On voit dans le liquide l'image renversée des fenêtres. La
surface de l'huile forme miroir, réfléchit la lumière.

Regardons attentivement ce qu'on voit à travers l'huile.

— Ce qu'on voit à travers l'huile est tout déformé. Nous avons
déjà fait cette remarque à propos du pétrole et de l'eau dans
des vases ronds.

Pourquoi met-on l'huile dans une bouteille?

— Pour empêcher qu'elle ne se répande.
— L'huile est **liquide.**

— 10ᵉ LEÇON —

Mais a-t-elle tout à fait la même **consistance** que l'eau?

— L'huile est plus épaisse que l'eau. Elle coule plus lentement. Si on l'agite dans le carafon, celui-ci paraît enduit d'une couche d'huile qui ne disparaît pas tout de suite.

Regardez le verre du carafon, au-dessus de la masse liquide.

— Le verre est terne comme s'il était couvert d'une buée persistante semée de gouttes plus grosses.

Voici le bouchon d'une bouteille d'huile. En quoi se distingue-t-il de cet autre, qui fermait une bouteille de vin?

— Il est tout gras, luisant à la surface, tandis que le bouchon à vin est terne, et rougi sur la moitié de sa longueur.

Mettons avec précaution le bout de l'**index** dans l'huile de cette soucoupe, puis frottons l'index contre le pouce.

— Les doigts sont gras.

Que voulez-vous dire par là?

— Ils sont luisants comme le bouchon qu'on nous a montré tout à l'heure, et ils glissent l'un contre l'autre avec beaucoup de douceur. Si on continue à frotter ainsi les doigts, ils reprennent peu à peu leur rudesse habituelle. L'huile a **pénétré** dans la peau.

Flairez l'huile du flacon.

— Elle a une odeur à peine sensible, l'odeur d'huile.

Quand l'huile a une odeur plus forte, c'est qu'elle n'est pas très fraîche.

Goûtez l'huile, que vous prendrez avec l'extrémité de votre doigt bien propre, dans la soucoupe.

— L'huile n'a pas beaucoup de goût; elle est plutôt fade; mais un instant après l'expérience, on sent qu'elle prend un peu à la gorge.

Cependant on distingue au goût les différentes sortes d'huiles. Beaucoup de personnes préfèrent l'huile d'olive à toutes les autres, tandis que dans certaines régions on estime davantage l'huile d'œillette ou l'huile de noix bien fraîche; les huiles de colza, de navette ou de cameline sont employées surtout pour l'éclairage, à cause de leur saveur moins agréable.

— 10e LEÇON —

Posez votre doigt gras sur le petit carré de papier préparé pour cette expérience. — Mais auparavant, devinez ce qui doit arriver.

— Le papier sera taché. Il aura une couleur foncée à l'endroit graissé. Mais si on le place devant le jour, il paraîtra plus clair au contraire en cet endroit, sans que toutefois on puisse rien apercevoir en arrière.

— L'huile rend le papier translucide.

Qu'entendez-vous par là?

— Un corps est translucide lorsqu'il laisse passer la lumière sans permettre de distinguer les contours des objets situés en arrière; c'est parce que le papier huilé est translucide que parfois, en attendant le vitrier, on remplace une vitre cassée par une feuille de papier huilé.

Une goutte d'eau ou d'alcool produirait d'ailleurs le même effet, avec une différence toutefois, que vous allez découvrir vous-mêmes quand j'aurai chauffé quelques instants, au-dessus d'une flamme de bougie, une tache d'eau ou d'alcool et une tache d'huile.

— La tache d'eau ou la tache d'alcool disparaissent par la chaleur, tandis que la tache d'huile persiste.

L'eau et l'alcool se sont évaporés; l'huile, non. C'est pourquoi le papier huilé garde sa translucidité, tandis que le papier mouillé d'eau ou d'alcool redevient à peu près opaque.

Essayons autrement l'action du feu. J'installe à l'envers une plume au bout de ce porte-plume, ce qui me fait une sorte de petite cuiller dans laquelle je prends une goutte d'huile. Je porte cette goutte d'huile au-dessus d'une flamme de bougie, et je remarque plusieurs choses curieuses.

— D'abord, on peut tenir la plume en bas sans que l'huile s'écoule; puis, quand on commence à chauffer, en tenant toujours la plume inclinée vers le bas, l'huile monte se cacher dans la garniture du porte-plume; elle retombe ensuite quand on cesse de chauffer; en chauffant de nouveau, l'huile bout en fumant, puis elle brûle; la fumée d'huile sent mauvais.

Mettons quelques gouttes d'huile dans l'eau de ce petit flacon.

— L'huile surnage.

Que pouvons-nous en conclure?

— Nous pouvons en conclure que l'huile est **moins dense** **que l'eau.**

— 10ᵉ LEÇON —

En effet un litre d'huile pèse un peu plus de 900 grammes, alors qu'un litre d'eau en pèse 1000.

Si nous agitons le flacon qui contient l'huile et l'eau, nous obligerons les deux liquides à se réduire en gouttes et à se mélanger. C'est en effet ce qui arrive.

— Après l'agitation, on ne distingue plus les deux couches liquides; il semble que le flacon contienne du lait; mais peu à peu des gouttes jaunâtres montent dans ce liquide: elles se rassemblent et reforment une couche distincte; puis l'eau, tout en reprenant en partie sa transparence, reste trouble, tandis que la couche d'huile jaunâtre demeure franchement laiteuse.

La comparaison de l'huile agitée dans l'eau avec le lait est très heureuse, car le lait lui-même est formé surtout d'eau avec des gouttelettes d'une matière grasse qui monte peu à peu à la surface pour former la crème, et qui est ensuite réunie en mottes de beurre par le battage.... L'eau reste trouble parce qu'elle retient des gouttelettes d'huile, et inversement l'huile reste trouble parce qu'elle retient des gouttelettes d'eau. Mais si nous laissions le flacon en repos pendant un temps suffisant, tout finirait par se clarifier. Au reste, c'est par le repos qu'on clarifie les huiles dans l'industrie.

Vidons le flacon. Essayons de nettoyer, avec de l'eau, ses parois couvertes de gouttes huileuses. Nous n'y parvenons pas. Pouvez-vous imaginer un moyen de rendre au verre sa transparence?

— On pourrait employer de l'eau de savon au lieu d'eau pure.

En effet, l'expérience réussit très bien dans ces conditions, surtout si on répète plusieurs fois le lavage. Le savon a la propriété d'absorber et de dissoudre les matières grasses. Il y a plus; le savon, qui se dissout très bien dans l'eau, se fabrique avec des matières grasses, notamment avec l'huile d'olive.

Revenons à l'expérience de combustion de l'huile. Nous avons constaté tout à l'heure la production d'une fumée ayant l'odeur désagréable que répand une lampe à huile quand on la laisse s'éteindre faute de combustible. Pourtant quand la lampe à huile fonctionne bien, elle ne répand aucune odeur. Pour nous expliquer ce fait, mettons une simple ficelle, un peu détordue, dans la soucoupe à l'huile. Nous voyons cette ficelle se mouiller non seulement dans sa partie immergée, mais encore au dehors. L'huile se glisse en montant autour des brins de ficelle, comme l'eau monte au milieu des cristaux d'un morceau de sucre. Nous avons ainsi reproduit la lampe dont on s'est contenté pendant des siècles. Et nous remarquons que la flamme de cette lampe n'est pas fumeuse. C'est qu'alors l'huile brûle peu à peu dans une quantité d'air suffisante, et que dans ces conditions elle brûle complètement. Au contraire, quand on la chauffe en masse, elle se décompose seulement en partie, avec production d'une poussière noirâtre qui se mêle à l'air sans s'y consumer.

Si l'huile à brûler ne peut être servie sur nos tables à cause de son goût désagréable, par contre l'huile à manger pourrait fort bien être brûlée dans les lampes. Toutefois, pour être exact, il est bon d'ajouter que l'huile à brûler subit une préparation spéciale qui la rend plus fluide et plus pure, ce qui lui permet de mieux brûler sans détériorer les mèches.

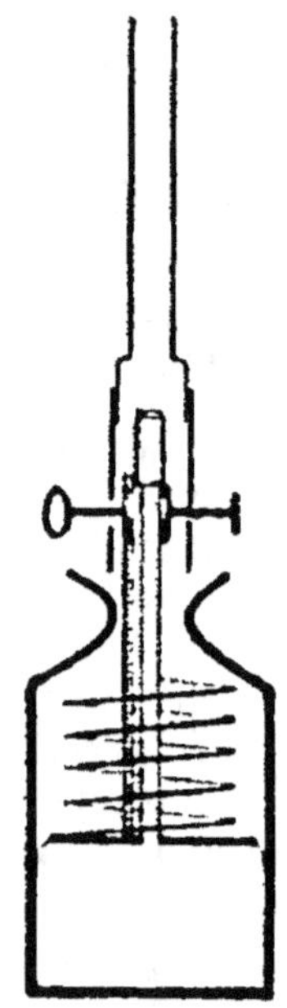

Fig. 12.
Lampe modérateur.

Notre lampe rustique est plate et la flamme n'est guère au-dessus du réservoir; mais vous savez que les lampes ordinaires sont beaucoup plus hautes, et que l'huile doit mouiller une longueur de mèche bien plus grande. Or l'huile est trop épaisse pour monter d'elle-même jusqu'à la hauteur du bec. Il faut la pousser de bas en haut. La figure ci-contre [1] vous montre comment est faite une lampe à huile. Dans le réservoir où l'on verse le liquide, vous remarquez une sorte de double fond, une plaque horizontale entourée d'une bande de cuir qui pend vers le bas. Cette plaque est percée en son milieu d'un trou d'où part un tube qui s'élève jusqu'à la mèche; elle est en outre attachée à une crémaillère, qu'une clé peut faire monter à volonté. Elle est poussée de haut en bas par un ressort quand la crémaillère est remontée. Lorsqu'elle est descendue jusqu'au fond, on verse l'huile dans le réservoir. Puis on tourne la clé de la crémaillère; tandis que la plaque remonte, l'huile passe autour du cuir qui la

1. À reproduire au tableau noir.

— 10ᵉ LEÇON —

borde et qui pend, de sorte que le liquide tombe au-dessous de la plaque. Celle-ci transmet à l'huile la pression qu'elle reçoit du ressort, quand on cesse de tourner la clé. Mais alors le cuir s'étale et empêche l'huile de remonter par où elle est descendue. Elle est ainsi obligée de passer dans le tube central et de monter jusqu'en haut de la mèche. Une seconde clé permet d'amener cette dernière dans la position qui donne une flamme brillante et non fumeuse.

L'huile est surtout **fournie** par des végétaux, où elle est contenue en gouttelettes excessivement fines dans des logettes microscopiques elles-mêmes. C'est en général de la graine qu'on extrait l'huile. Cependant l'huile d'olive provient de la pulpe charnue du fruit. Les principales plantes qui nous fournissent des huiles en France sont : l'olivier, le noyer, le colza, la navette, la cameline, le pavot œillette, le lin et le chanvre.

Les huiles sont **employées** non seulement pour l'alimentation, l'éclairage et la fabrication des savons, mais encore pour la préparation de certaines peintures, de l'encre d'imprimerie, de certains enduits et de vernis. Pour les **extraire**, on broie les graines ou les fruits, qu'on presse fortement, soit à froid, soit à chaud. On épure et on clarifie ensuite, selon les usages auxquels les huiles sont destinées.

— 10ᵉ LEÇON —

XI. — L'ESSENCE MINÉRALE

Les propriétés de l'essence minérale sont particulièrement faciles à établir par comparaison avec celles de l'huile végétale, du pétrole et de l'eau. C'est donc ainsi que nous procéderons. — En vue des applications, nous insisterons sur la différence de sécurité qu'offre l'emploi du pétrole et de l'essence, et nous indiquerons les précautions à prendre dans le maniement de cette dernière.

Matériel de la leçon. — Un verre contenant de l'essence minérale. — Une burette d'huile. — Un verre contenant du pétrole. — Une petite feuille de papier blanc devant chaque élève. — Un petit flacon de pharmacie en verre incolore. — Un peu de vin ou d'encre. — Deux soucoupes. — Des allumettes. — Une bouteille d'eau. — Quelques verres vides. — Du savon. — Une lampe à essence

A quoi sert l'essence minérale?

— L'essence minérale sert à l'éclairage.

On l'emploie aussi pour le chauffage, pour faire marcher les automobiles, pour fabriquer certains vernis et peintures. L'essence minérale est-elle le seul produit employé pour l'éclairage?

— On se sert encore d'huile à brûler, de pétrole, d'alcool, de gaz, etc.

Pour aujourd'hui, demandons-nous en quoi l'essence minérale ressemble au pétrole et à l'huile à brûler seulement, et par quoi elle en diffère.
Met-on l'essence minérale dans des bouteilles ou des bidons, comme on fait du pétrole?

Oui, on est obligé de mettre l'essence dans des vases, parce qu'autrement elle se répandrait.

— On dit que l'essence minérale est liquide. Cela signifie qu'elle se moule exactement sur les parois des vases où on la met, sauf en sa surface supérieure, qui reste plate et horizontale, quelle que soit la forme de ces vases.

Comparez la couleur de l'huile, du pétrole et de l'essence.

— L'huile est jaunâtre; le pétrole ressemble presque à de

l'eau : cependant il a aussi une légère teinte jaunâtre, avec des reflets violets au bord de sa surface supérieure ; l'essence est limpide comme l'eau, et quand on la voit de loin dans un verre, rien ne la distingue de celle-ci. La surface libre de l'essence forme miroir comme celle de l'huile. Ce qu'on voit à travers l'essence dans un vase rond et transparent est tout déformé.

J'agite en même temps ce verre d'eau et ce flacon d'huile.

— L'huile bouge plus difficilement et retourne tout de suite au repos, tandis que la surface de l'eau se balance plus long-temps.

Je fais la même **expérience** avec l'eau et le pétrole.

— Tous deux retournent au repos à peu près en même temps.

Je fais encore la même **expérience** avec l'eau et l'essence.

— L'eau se balance beaucoup moins vite que l'essence, et elle est redevenue calme bien avant que l'essence ait fini de s'agiter. Avec l'huile seulement le verre est terni et couvert de gouttelettes ; il reste transparent avec le pétrole, l'essence et l'eau.

On dit que l'essence est un liquide très mobile, tandis que l'huile est un liquide visqueux.

Voici le bouchon du bidon d'essence. Ressemble-t-il au bouchon de la bouteille à l'huile ?

— Il est un peu luisant aussi, surtout à sa base inférieure, mais il paraît simplement mouillé plutôt que vraiment gras.

Puisque vous ne savez pas distinguer l'essence de l'eau avec vos yeux, vous serez plus habiles peut-être avec votre nez ?

— L'eau n'a pas d'odeur ; l'essence minérale sent mauvais.

Son odeur rappelle celle du pétrole, mais avec un peu d'attention cependant on ne confond pas ces deux liquides.

Trempez le bout du doigt dans l'essence minérale et frottez-le ensuite contre le pouce.

— Les doigts mouillés d'essence sont glissants, plus glissants que s'ils étaient mouillés par l'eau. Mais ils sèchent très vite. Une fois secs, ils conservent encore quelque temps la mauvaise odeur de l'essence.

— 11e LEÇON —

L'essence minérale s'évapore très vite, plus vite que l'eau : on dit que c'est un liquide très *volatil*. Quand on en verse une goutte sur la main, on sent une impression de fraîcheur et une sorte de petit frémissement dus à l'évaporation.

Portez sur votre langue le bout du doigt bien propre, que vous aurez trempé un instant dans l'essence. *Et gardez-vous surtout de ne jamais faire une pareille expérience avec une substance que vous ne connaissez pas.*

— L'essence a une saveur peu marquée, mais désagréable.

Nous avons graissé un morceau de papier avec de l'huile. Essayons la même expérience avec de l'essence.

A l'endroit où l'on fait tomber une goutte d'essence, il se forme une tache luisante qui s'agrandit d'abord, puis s'entoure d'une bordure terne. Cette bordure devient de plus en plus large de dehors en dedans, parce que le centre luisant devient de plus en plus petit. Quand la tache est devenue tout à fait terne, si l'on met le papier du côté du jour pour le regarder en arrière, il est devenu plus clair à l'endroit taché, sans que toutefois on puisse rien distinguer au travers ; la tache est tout à fait semblable à celle de l'huile. Mais bientôt ses bords s'assombrissent et la partie claire occupe au milieu un espace de plus en plus petit. Elle finit même par disparaître complètement, et au bout d'une minute ou deux on ne voit plus la tache, de quelque manière qu'on examine le papier. Pourtant, si l'on regarde avec attention, on aperçoit encore la trace d'un liséré montrant jusqu'où la tache s'est étendue. Cette trace est d'un gris jaunâtre quand le papier est posé sur la table, et elle forme une ligne un peu claire quand on met le papier devant le jour.

Cette expérience s'explique très bien par la grande volatilité de l'essence. Le papier mouillé par l'eau serait resté plus longtemps translucide. Mouillé par le pétrole, il ne redevient opaque que si on le chauffe. Enfin, même en chauffant, on ne peut faire disparaître une tache d'huile. Notre papier conserve une trace de la tache parce que l'essence n'est pas parfaitement pure, autrement il serait impossible de s'apercevoir qu'il a été mouillé par ce liquide.

Je verse de l'essence sur de l'eau dans ce petit flacon.

— L'essence surnage.

— *11ᵉ LEÇON* —

En serait-il de même si je versais sans précaution du vin ou de l'encre dans de l'eau?

Non, les deux liquides se mélangeraient, surtout si l'on agitait le vase.

Il n'est pas étonnant que l'essence reste sur l'eau, puisqu'elle a été versée en dernier lieu. Mais si je verse maintenant de l'eau dans l'essence, qu'arrive-t-il?

— L'eau tombe en gouttes à travers l'essence pour se rassembler au fond du vase.

Ainsi, quand on met ensemble de l'essence et de l'eau, l'essence vient toujours à la surface.

— En outre, la séparation des deux liquides est plate et horizontale, sauf au bord, où elle est un peu relevée comme la surface libre de l'essence ou de l'eau seules.

Comment distingue-t-on si bien deux liquides qui pourtant sont également incolores et limpides?

— C'est parce que les objets vus à travers l'eau et à travers l'essence ne sont pas déformés de la même manière. Ainsi, mettons un porte-plume en arrière de la fiole qui les contient et promenons-le vers la droite et la gauche. Au milieu, le porte-plume paraît plus large dans l'eau que dans l'essence; sur le côté, il paraît brisé, la partie qu'on voit à travers l'eau étant plus déjetée vers le contour de la fiole.

Essayons de mélanger l'eau et l'essence, en agitant la fiole.

— Le liquide prend un instant l'apparence du lait, mais presque aussitôt on le voit comme rempli de perles rondes et brillantes qui montent à la surface et se réunissent en une couche limpide : c'est l'essence. L'eau reste trouble un peu plus longtemps; cependant elle ne tarde pas à se clarifier en commençant par le bas. L'eau et l'essence ne peuvent pas rester mélangées.

Essayons de mélanger de l'essence et du pétrole.

— Le mélange se fait de lui-même. A aucun moment on ne voit de séparation entre les deux liquides.

Essayons enfin de mélanger de l'huile et de l'essence.

— L'huile tombe au fond, ce qu'on reconnaît bien à sa couleur jaune.

— 11ᵉ LEÇON —   5

Mais la séparation n'est pas nette entre les deux liquides. Et si l'on agite la fiole qui les contient, il se forme un liquide trouble qui ne change plus guère d'aspect.

— Cependant on y voit tomber pendant quelque temps une très fine poussière claire.

Ce sont de très petites gouttes d'huile qui viennent se rassembler au fond du vase. Mais remarquez que l'huile a presque complètement disparu. Elle aurait disparu complètement si nous en avions mis un peu moins.

L'essence absorbe, dissout l'huile, et nous découvrons même là un moyen **de nettoyer une bouteille**, ou un vase quelconque ayant contenu de l'huile, car l'essence entraîne très bien la matière grasse attachée au verre. Il est vrai qu'il faut ensuite enlever l'essence à son tour et qu'on n'y parviendrait pas avec de l'eau pure ; mais l'eau de savon en vient facilement à bout.

Vous vous expliquez ainsi qu'on emploie l'essence pour enlever les taches grasses des vêtements. Il faut seulement **avoir soin** de choisir de l'essence bien pure et de l'absorber avec un chiffon de laine pour l'empêcher de former ce liséré que vous avez

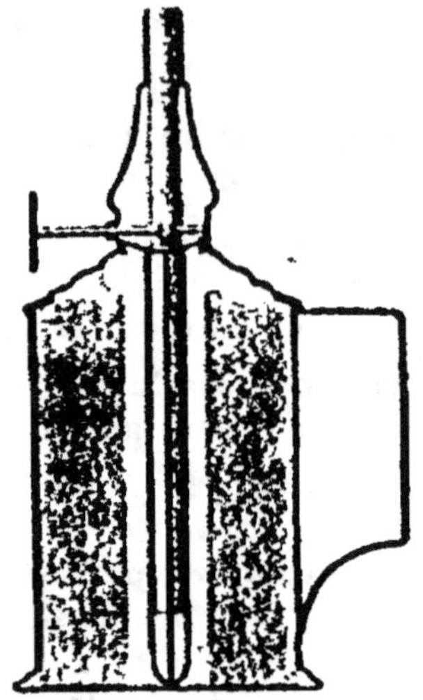
Fig. 13.
Coupe d'une lampe à essence minérale.

observé sur le papier. Il faut aussi se garder d'opérer le soir, auprès d'une flamme, et surtout en laissant débouché le flacon à essence. Vous allez voir pourquoi.

Je mets très peu d'essence dans une soucoupe ; j'en approche avec précaution, et lentement, une allumette bien enflammée. Je suis encore à plus d'un centimètre du bord de la soucoupe que le liquide prend feu, d'abord avec une flamme bleue, puis avec une flamme très éclairante et fumeuse. C'est là ce qui rend l'essence dangereuse : **sa vapeur se répand à distance et s'enflamme.** Et si par malheur cette vapeur est mélangée d'air, comme dans un bidon à moitié vide, c'est une explosion qui peut se produire. Voilà pourquoi on ne brûle pas l'essence dans les mêmes lampes que le pétrole. Celui-ci doit être chauffé pour

— 11ᵉ LEÇON —

s'enflammer; on peut même sans danger y éteindre une allumette. Mais l'essence a causé souvent de terribles accidents; on ne doit l'employer que dans des **lampes** en métal, remplies de feutre (fig. 13), afin que le liquide ne s'écoule pas si l'appareil venait à tomber.

Comment faut-il s'y prendre pour **éteindre** la flamme de l'essence minérale? S'il s'agit d'une lampe allumée, ou encore de la petite quantité de liquide employée dans l'expérience précédente, il suffit de souffler dessus. Mais quand la flamme est trop forte, faut-il jeter de l'eau sur l'incendie? Voyez ce qui se produit alors.

— L'eau tombe au-dessous de l'essence minérale, qui s'étale à sa surface et brûle avec plus de vivacité encore qu'auparavant.

Il faut donc étouffer le feu en le couvrant avec ce qu'on peut trouver sous sa main. Le sable est évidemment ce qu'il y a de meilleur en pareil cas; mais, à défaut de sable, on pourra prendre même des matières combustibles, comme la sciure de bois, le linge, pourvu toutefois qu'on en mette une quantité suffisante, car autrement on ne ferait qu'aggraver le mal.

L'essence minérale **s'extrait** du pétrole brut, qu'on trouve dans la terre en beaucoup de pays, notamment en Amérique et en Russie. Le mot pétrole signifie, vous le savez, huile de pierre. On creuse des puits pour atteindre les couches de pétrole, comme on en creuse pour capter les eaux souterraines. On amène le liquide à la surface du sol au moyen de pompes, à moins qu'il ne s'élève de lui-même au jour dès qu'on a atteint la profondeur où il était comme mis en réserve. On le distille ensuite, c'est-à-dire qu'on le fait évaporer sur le feu, en faisant passer sa vapeur dans un long tube froid où elle retourne à l'état liquide. On chauffe peu d'abord, et l'on recueille à part le liquide qui provient des premières vapeurs condensées : c'est dans cette première phase qu'on obtient l'essence minérale. Pour séparer le pétrole des lampes, on chauffe un peu plus et l'on recueille encore les vapeurs condensées. Ce qui reste dans la chaudière sert à faire la vaseline, la paraffine, etc. La vaseline ressemble un peu à la graisse, et la paraffine à la cire blanche.

—

— *11ᵉ LEÇON* —

XII. — LE CLOU

les élèves ont été invités à se procurer un clou, à l'examiner attentivement, puis à l'apporter en classe. — Bien que cet objet soit de taille minime et de forme simple, il se prête, comme on va le voir, à des exercices variés d'observation, d'expérimentation, de comparaison et de réflexion. — La leçon actuelle ne présente aucune des difficultés qui justifieraient la répartition des auditeurs en deux catégories.

Matériel de la leçon. — Clous apportés par les élèves. — Pointes de Paris, en quantité suffisante pour que chacun ait la sienne. — Un décimètre. — Allumettes, en nombre au moins égal à celui des élèves. — Un récipient contenant de l'eau. — Un éclat de verre. — Une lime. — Un marteau. — Une bougie ou un réchaud à alcool. — Des pinces.

Vous m'avez apporté des clous, comme je vous l'avais demandé, et vous les avez déjà examinés avec beaucoup d'attention. Mais, comme il fallait s'y attendre, les échantillons que vous me présentez ne sont pas tous semblables. La plupart sont en fer. J'en vois, cependant, quelques-uns en cuivre, ou en fer à tête de cuivre. Voici la pointe à tête d'homme, voici

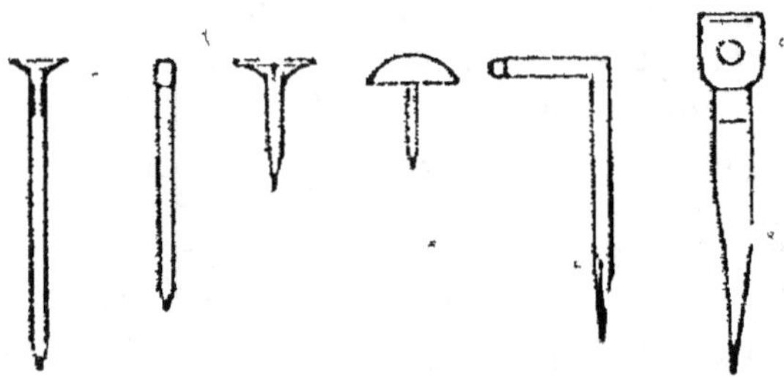

Fig. 14. — Spécimens de clous divers.

la pointe de Paris, le clou à crochet, le clou de tapissier, la patte, le clou sans tête, le clou à tête ronde, le clou à tête de vis, etc. (fig. 14). Les pointes de Paris sont les plus nombreuses. Ce sont elles que nous examinerons plus particulièrement. Nous les comparerons ensuite aux autres. Je vais d'ailleurs en prêter à ceux d'entre vous qui ont apporté des modèles différents.
Quelle est la **couleur** d'une pointe de Paris?

— Une pointe de Paris est blanche.... La mienne est toute rouillée...

Les pointes plus ou moins rouillées n'ont pas leur couleur vraie, 'entends la couleur des pointes neuves livrées par le fabricant.

Nous y reviendrons tout à l'heure. Selon vous, la pointe neuve est blanche. Mais on dit si souvent couleur blanche pour couleur claire, qu'il faut vérifier si la pointe est réellement blanche. Mettez-la sur une feuille de papier blanc.

— Sur une feuille de papier blanc, la pointe paraît de couleur beaucoup plus sombre. Elle est grise...

Vous vous souvenez que le verre est brillant, que le papier est mat ou à peu près, que le bois de l'allumette est brillant suivant des lignes fines et serrées. Comment est la pointe?

— La pointe est **brillante.**

Qu'entendez-vous par là?

— J'entends par là qu'elle forme une espèce de miroir.

En effet, du côté de la pointe tourné vers la fenêtre, vous voyez une ligne brillante, blanche, cette fois, et même bien plus blanche que votre papier. C'est une image de la fenêtre. Mais à cause de la forme du clou, cette image est mal faite, impossible à reconnaître. Vous voyez encore quelques autres points brillants isolés, qui sont aussi de mauvaises images de la fenêtre. Remarquez-vous que la pointe n'a pas la même couleur suivant que vous la regardez directement, ou en penchant la tête, soit à droite, soit à gauche? C'est qu'elle reflète plus ou moins bien la couleur des objets qui l'avoisinent. Ainsi, **approchez le doigt** tout près de la pointe, du côté de l'ombre. Que constatez-vous?

— Je vois sur le clou une tache allongée qui est de la couleur de mon doigt et qui se déplace en même temps que lui. C'est une image déformée de mon doigt, ce qui montre bien que la pointe est une sorte de miroir.

Il y a de grands clous et il y en a de petits. Mais les plus grands n'ont jamais la longueur de la classe. Pour **mesurer un clou,** on ne prend pas une chaîne d'arpenteur, comme pour mesurer un champ, ni un mètre comme pour mesurer une planche. On prend la petite règle dont je me suis servi pour mesurer l'allumette, et l'on compte combien il y a de centimètres dans la longueur du clou. Si le clou a moins d'un centimètre, on compte combien il y a de petites divisions, c'est-à-dire de millimètres, dans sa longueur. De même, s'il n'a pas un nombre juste de centimètres, on compte de combien de millimètres il dépasse le dernier chiffre placé en face de lui sur la règle. Mesurons quelques-uns des clous que vous avez entre les mains.

— 12ª LEÇON —

— Le mien a cinq centimètres et cinq millimètres... Le mien a deux centimètres et un millimètre, etc...

Le clou est beaucoup moins épais que long. Quels sont ordinairement les clous les plus épais?

— Ordinairement les clous les plus épais sont les plus longs.

Devinez-vous pourquoi on fait plus épais les clous plus longs?

— On fait les longs clous plus épais pour qu'ils ne se courbent pas quand on les frappe avec le marteau.

Et pourquoi fait-on plus minces les clous plus courts?

— On fait les clous courts plus minces parce qu'on doit les enfoncer dans des planchettes étroites ou peu épaisses, que des clous trop gros feraient éclater.

Comparez la forme d'une pointe de Paris à celle d'une allumette, c'est-à-dire montrez en quoi ces formes se ressemblent, ou diffèrent l'une de l'autre.

— L'allumette et le clou sont très longs par rapport à leur épaisseur. Ils conservent la même épaisseur sur toute leur longueur, mais l'allumette se termine carrément ou à peu près aux deux bouts, tandis que le clou est terminé d'un côté par une pointe et de l'autre par une tête plate. En outre, l'allumette a quatre faces, tandis que la pointe de Paris est ronde.

Comment appelle-t-on un objet rond comme une baguette, un porte-plume, une pointe de Paris?

— Un objet rond comme un porte-plume, une pointe de Paris, etc., est un cylindre.

Pourquoi le clou est-il pointu?

— Le clou est pointu pour pénétrer plus facilement dans le bois.

Regardons plus attentivement encore le clou.

— La tête est plate et ronde comme une petite pièce de monnaie. Par-dessous elle porte un petit bourrelet de chaque côté de la tige.... En tournant le clou entre les doigts, de manière à mettre les bourrelets à droite et à gauche, on voit en travers de la tige un certain nombre de petits sillons. Il y en a d'autres tout semblables en arrière. Sur toute la hauteur qui porte des sillons, le clou paraît un peu plus large, mais si on le fait tourner d'un quart de tour, pour amener un bourrelet devant soi, il paraît plus étroit.

Tout ce que vous remarquez là tient à ce que, pour former la tête du clou, on l'a serré dans un *étau* très dur. Un étau est une sorte de pince qu'on peut serrer très fortement. L'étau a mordu le fer, et les sillons sont les traces de sa morsure. En outre, quand on a frappé sur le clou pour en aplatir la tête, un peu de métal a été refoulé entre les mâchoires de l'étau, ce qui a formé les bourrelets.

— Je remarque encore que le bout pointu porte deux bourrelets opposés, mais qui sont en croix avec les bourrelets de la tête, c'est-à-dire au-dessous des sillons formés par l'étau.

Ces bourrelets sont encore dus au refoulement du métal quand on forme la pointe. Reprenons maintenant la comparaison entre le clou et l'allumette. Voici une allumette et un clou, de même taille à peu près. Prenez l'allumette dans une main et le clou dans l'autre. Que remarquez-vous?

— L'allumette est bien plus légère que le clou.

Faites tomber dans l'eau l'allumette et le clou.

— L'allumette flotte et le clou tombe au fond.

En général, un objet en fer est beaucoup plus lourd qu'un objet de même taille fait en bois. On dit que le fer est très dense. Essayons de **courber** l'allumette et le clou.

— Quand on veut courber l'allumette, on la casse. On ne peut pas non plus courber le clou avec les doigts parce qu'il est trop dur. Cependant on peut le courber avec un **marteau.**

Si le fer ne se courbe pas entre les doigts, ce n'est pas parce qu'il est trop dur. Vous vous souvenez qu'un corps est plus **dur** qu'un autre quand il peut le rayer. Le **fer** peut rayer le bois, le papier, mais il ne peut pas rayer le verre, comme vous le constatez. En revanche, le verre peut rayer le fer : avec cet éclat de vitre, je trace des lignes sur ce clou. Le verre est plus dur que le fer ; l'acier de même, et c'est pourquoi on peut limer un clou. — Si le fer résiste à l'action de vos doigts, c'est qu'il est **tenace** : s'il se courbe sans se briser sous le choc du marteau, c'est qu'il est **malléable.**

Qu'arrive-t-il lorsqu'on chauffe une allumette et un clou?

— 12e LEÇON —

— Quand on chauffe une allumette, elle s'enflamme, se carbonise et se réduit en cendres. Quand on chauffe un clou, il peut rougir, mais en se refroidissant il redevient tel qu'il était.

Si on le chauffait très fortement, le fer pourrait brûler aussi, en lançant de tous côtés de magnifiques gerbes d'étincelles. C'est ce qu'on voit souvent dans les forges et les feux d'artifice. Vous pouvez remarquer quelque chose encore lorsque vous chauffez une allumette et un clou. Faites l'**expérience**.

— L'allumette ne commence à brûler les doigts que lorsqu'elle est plus d'à demi consumée, tandis que le clou brûle les doigts même avant d'être rouge à l'autre extrémité.

C'est pourquoi on dit que la chaleur se propage plus facilement dans le fer que dans le bois.

Savez-vous maintenant ce qui arriverait si l'on abandonnait une allumette et un clou **dans l'eau** ou dans un endroit humide ?

— Dans l'eau ou dans un endroit humide, l'allumette s'imbiberait et ne pourrait plus servir. Le clou ne s'imbiberait pas d'eau, mais il se rouillerait à la surface.

Savez-vous à quoi servent les clous ? (Les élèves détaillent les **usages des clous**.) D'après cela, comparons en terminant les divers spécimens de clous que vous m'avez apportés : ceux de cuivre ne craignent pas la rouille ; leur tête, qui est apparente, reste plus belle que celle des clous en fer. — Les clous à tête ronde ou à tête plate sont plus faciles à enfoncer régulièrement ; on peut aussi les saisir pour les enlever quand c'est nécessaire. — Les clous à tête d'homme et les clous sans tête s'enfoncent complétement dans le bois et sont aussi peu visibles que possible. — Les clous à tige anguleuse sont découpés ou forgés, tandis que les clous ronds sont des morceaux de fil de fer travaillés aux deux bouts. — Les clous à crochet sont recourbés pour empêcher les objets qu'ils supportent de tomber en avant. — Les clous à patte ont une tête aplatie dans le sens de leur longueur, et percée d'un trou ; ces clous sont fixés sur le côté des planches ou des meubles à maintenir, et un autre clou introduit par le trou empêche tout glissement. — Etc.

<hr>

— 12e LEÇON —

XIII. — LE SOULIER

Il n'est objet si vulgaire ni si prosaïque qui ne puisse, par un examen attentif, devenir digne d'intérêt. Toutefois, comme il n'est pas recommandable non plus de rechercher la trivialité pour elle-même, ce n'est pas un lourd soulier d'adulte que nous exposerons en classe, mais, de préférence, un soulier d'enfant. Cette fois les élèves devront faire appel au souvenir de leurs observations antérieures, car il est évidemment peu pratique de se procurer assez de souliers pour que chacun ait le sien à étudier.

Matériel de la leçon. — Un soulier d'enfant.

Ce petit soulier (fig. 15) vous fait penser au petit frère ou à la petite sœur que vous aimez tant, que vous gardez à la maison en l'absence de votre maman, que vous soignez, que vous faites jouer, que vous choyez, que vous protégez quoique bien faibles vous-mêmes, que peut-être aussi, hélas! vous pleurez.... Ce petit soulier, qui chausse un pied mignon, nous est cher. Examinons-le de près.

Fig. 15.
Soulier d'enfant.

Quelle est sa forme ?

— Celle du pied.

Montrez où sont placés les orteils, la plante du pied, le talon, la cheville, le bas de la jambe, dans un soulier. — **Comment met-on un soulier?**

— On desserre les cordons, on relève la *patte* de cuir, on écarte les bords de l'ouverture, on introduit les orteils, puis le talon; quand le pied est en place, on rabat la *patte* de cuir et l'on serre de nouveau les cordons; il faut attacher ceux-ci, non par un nœud, mais par une boucle solide qui se défait facilement quand on tire sur ses bouts.

En quoi est fait le soulier?

— Le soulier est en cuir.

Avec quoi fait-on le cuir?

— On fait le cuir avec la peau des animaux.

Toutes les peaux d'animaux sont-elles propres à faire du cuir? Fait-on du cuir avec la peau du corbeau, du hareng ou du hanneton?

— Non, mais ordinairement avec la peau des animaux à quatre pattes; tels que le bœuf, la vache, le veau, le mouton, la chèvre, le cheval, l'âne, etc.

La peau de ces animaux se gâterait promptement si elle n'était imprégnée d'une substance qui la conserve, la durcit et l'empêche de prendre l'eau. Cette substance se nomme le *tannin*; elle est contenue en particulier dans l'écorce du chêne. On appelle *tanneurs* les ouvriers qui préparent les peaux d'animaux et les couchent ensuite dans de grandes cuves, avec de l'écorce de chêne broyée.

Le soulier n'est-il fait que d'une seule sorte de cuir?

— Le dessus du soulier est en cuir mince, mou et souple, tandis que le dessous, la semelle et le talon, sont en cuir épais et dur. La patte est en cuir tout à fait mince.

L'intérieur est-il en cuir comme l'extérieur?

— L'intérieur est doublé de toile, de laine, ou de peau. On voit aussi, cousu en arrière, un ruban de lisière très solide; dans les bottines des grandes personnes, ce ruban se termine en une boucle, ce qui permet d'enfoncer plus facilement le talon dans la chaussure.

Quelle est la couleur du soulier?

— Ce soulier est noir.

Est-ce la couleur naturelle du cuir, et toutes les chaussures de cuir sont-elles noires?

— Il y a des chaussures jaunes, brunes, rouges parfois, et la couleur naturelle du cuir est un jaune brun plus ou moins clair.

— *18ᵉ LEÇON* —

Avec quoi noircit-on le cuir?

— Avec du cirage.

Le soulier n'est pas fait d'une seule pièce. Combien **de parties** y reconnaît-on à l'extérieur?

— On y voit le dessus du pied, en avant.

L'empeigne.

— Le derrière, qui porte au bord les trous des lacets.

Le *quartier.*

— Le dessous.

Semelle et *talon.* — Examinons ces différentes parties :
L'empeigne est faite de cuir souple. Sa surface est grenue. Sur ce soulier déjà vieux, elle porte des plis en travers; pourquoi?

— Parce que, quand on marche, on appuie les doigts de pied sur la terre et on relève le talon; le pied se plie, ainsi que la chaussure quand elle est mince et souple. Les sabots et les galoches, au contraire, ne se plient pas sur l'empeigne : c'est pourquoi on marche plus difficilement avec ces chaussures.

Pourquoi emploie-t-on néanmoins les sabots et les galoches malgré leur incommodité pour la marche?

— C'est qu'à la campagne il serait impossible d'aller dans la boue épaisse ou dans la neige avec des souliers. Ceux-ci pourraient prendre l'eau par leurs jointures ou tout au moins rester humides. Puis les sabots sont faciles à mettre ou à enlever; on peut les laisser dans les vestibules ou à l'entrée des pièces habitées. Ajoutons qu'ils sont peu coûteux.

Le *quartier* est fait d'une ou deux pièces. Il est aussi en cuir souple et sa surface est grenue comme celle de l'empeigne. Il porte des plis depuis le haut jusque vers le milieu, où se trouve le pli le mieux marqué. En bas, au contraire, sa surface est unie.

— C'est que, quand on marche, le pied va et vient autour de la jambe, en formant des plis tantôt en avant et tantôt en arrière. S'il n'y a pas de plis jusqu'en bas, c'est que le quartier est consolidé à la place du talon par une autre pièce de cuir plus résistante.

Cette pièce se nomme *contrefort.* Remarquons encore, au bord du quartier, des coutures qui servent à maintenir la doublure ou à

— 13ᵉ LEÇON —

fixer l'empeigne. Quand le quartier est fait de deux pièces réunies en arrière de la chaussure, la couture est souvent recouverte d'une étroite bande de cuir.

Les *œillets* sont des tubes de cuivre très courts, dont les bords sont enroulés en bourrelets en dehors et en dedans, de manière à mordre dans le cuir. Ils sont juste assez larges pour laisser passer facilement les lacets.

La *semelle* est faite d'un cuir plus épais, disposé en deux ou trois couches. Elle est arrondie en avant, s'élargit un peu, puis se rétrécit et s'élargit de nouveau pour recevoir le talon.

Ici elle a un contour de même forme à droite et à gauche (fig. 16), mais il en est autrement dans les chaussures des grandes personnes (fig. 17), où le contour est plus arrondi en dehors qu'en dedans.

Fig. 16.
Semelle
de soulier
d'enfant.

— Il en résulte qu'un même soulier d'enfant peut être mis indifféremment au pied droit ou au pied gauche, tandis qu'un soulier de grande personne ne peut être changé de pied.

L'empeigne et le quartier s'enroulent en dessous, mais la semelle déborde surtout en avant et sur les côtés, se trouvant ainsi séparée du reste par un sillon, où l'on voit des traits nombreux rangés en travers.

— Le dessous est bordé de nombreux petits clous appelés *chevilles.* La semelle est noire sur les côtés et grise par dessous. C'est qu'on ne cire pas, en général, cette partie de la chaussure qui se salit le plus pendant la marche.

Le *talon* est fait aussi de plusieurs épaisseurs superposées de cuir dur.

Fig. 17
Semelle
de soulier
d'adulte.

Nous en comptons trois au moins sur le modèle que nous avons devant les yeux. La dernière en bas est très amincie en arrière parce que le soulier est déjà usé. Le talon est droit en avant et rond en arrière. On cire son épaisseur, mais non en général le dessous, qui est bordé de chevilles comme la semelle.

— 13e LEÇON —

Il reste maintenant à regarder l'*intérieur* du soulier, c'est-à-dire la doublure du cuir.

— Cette doublure est bordée à l'entrée du soulier par une bande de cuir très mince et très souple. — Au fond on voit une semelle mince, sous laquelle passent le quartier et l'empeigne, auxquels elle est cousue.

La *patte* est une lame de cuir mince, allongée, plus étroite en bas et plus large en haut. Elle est cousue à son extrémité inférieure. Elle sert à cacher le bas ou la chaussette quand le soulier ne ferme pas bien parce que le pied est trop épais.

Il faut enfin dire un mot du *lacet* qui passe dans les œillets et qui sert à fermer l'entrée de la chaussure. Ce lacet est un ruban de coton noirci ou de crin végétal le plus souvent, mais par

Fig. 18. — Empeigne.

Fig. 19. — Quartier.

l'usage ce ruban s'est enroulé sur lui-même, de manière à former un cordon.

— Il est pourtant aisé de le dérouler. Le lacet s'enfile d'abord dans les deux œillets du bas, jusqu'en son milieu. Ses deux moitiés dépassent à droite et à gauche. Ordinairement, au moins quand le lacet est neuf, ses extrémités sont garnies de deux petits tubes de fer ou de cuivre, qui les empêchent de s'effilocher et rendent plus facile leur introduction dans les œillets. Pour lacer un soulier, on enfile chacune des extrémités alternativement dans un œillet de droite et dans un œillet de gauche.

Pourquoi les chaussures en cuir sont-elles préférables aux autres dans la plupart des cas?

— Parce que le cuir est souple et suit les mouvements de la jambe ou du pied; la semelle elle-même se plie pendant la marche; parce que le cuir ne se laisse pas traverser par l'eau comme une étoffe; parce que le cuir n'est pas spongieux,

— 15e LEÇON —

mais qu'il est cependant assez poreux pour ne pas gêner la transpiration comme ferait le caoutchouc; parce qu'il tient chaud; parce qu'il se conserve indéfiniment et qu'il est très facile à entretenir propre.

Pourquoi la chaussure est-elle garnie d'un **talon?**

— C'est afin que le pied ne soit pas trop brusquement plié sur la jambe quand on le pose à terre pendant la marche, ce qui deviendrait bientôt fatigant.

Il faut cependant que le talon ne soit ni trop haut, ni trop étroit, afin que le pied pose bien franchement sur le sol et qu'on n'ait pas à redouter une entorse, même en courant.

Voici en gros **comment on fait un soulier :**

On découpe l'empeigne et le quartier dans du cuir souple, en se servant de *patrons* qui ont les formes ci-contre, ou à peu près. (fig. 18 et 19). On les coud ensemble et l'on met en place le contrefort. Puis on applique le tout sur un moule ou *forme* de bois ayant des dimensions convenables, et on le coud avec une première semelle mince qui reste à l'intérieur de la chaussure. La seconde semelle, puis le talon, sont ensuite mis en place. Après diverses autres opérations accessoires, on enlève la forme comme plus tard on retirera le pied en se déchaussant.

— 13ᵉ LEÇON —

XIV. — LA MAIN

Notre main est un merveilleux instrument au service de notre intelligence. D'aucuns ont dit que, sans la main, la pensée humaine fût restée obscure et bestiale; d'autres admettent qu'au contraire c'est le cerveau qui a exercé, façonné la main, et qui l'a amenée à son état actuel de perfection; il y a place encore pour une troisième interprétation, d'après laquelle la main et le système nerveux auraient subi une évolution simultanée et tout à fait exceptionnelle. Mais quelle que soit l'hypothèse qu'on préfère, la main reste en tout cas un objet d'étude du plus haut intérêt, par fortune accessible à l'observation directe, même des plus jeunes enfants.

Matériel de la leçon. — Une motte de terre glaise. — Une paire de gants. — Trois triangles *scalènes* de carton, dont deux blanchis sur les faces superposables et le troisième sur la face opposée. — Une douzaine de bandes de papier couvertes de noir de fumée.

Vous avez regardé attentivement votre main, comme je vous l'avais recommandé. Mais avant de dire ce que vous avez su remarquer, une question se pose : Puisque vous avez deux mains, laquelle allons-nous observer? Ou bien encore : Peut-on observer indifféremment l'une ou l'autre? Les deux mains sont-elles **pareilles?**

— Les deux mains sont pareilles.

C'est ce que nous allons vérifier. Deux choses pareilles, ou, comme on dit encore, deux choses égales, sont deux choses qui ont la même grandeur et la même forme, de sorte que si on met la seconde à la place de la première, elle occupera cette place sans y laisser de vide, ni sans la dépasser. J'ai fait **deux grands triangles** égaux en carton blanc[1]. J'en applique un sur le tableau et je l'entoure d'un trait à la craie qui suive bien son contour. Je puis le remplacer ensuite par le second triangle, qui remplit juste, comme vous le voyez, l'espace enfermé dans le trait blanc. — Voici une autre expérience : **J'enfonce** une règle et un porte-plume l'un près de l'autre dans cette motte de glaise. Si j'enfonce ensuite la règle dans le trou du porte-plume,

1. Deux triangles scalènes.

celui-ci est déformé et élargi ; si j'enfonce le porte-plume dans le trou de la règle, il reste du vide.

— La règle et le porte-plume ne sont pas égaux.

J'enfonce maintenant ma **main droite** ouverte dans la motte de glaise. Puis-je la remplacer par la main gauche dans le même trou ?

— La main gauche ne peut pas tenir dans le même trou que la main droite.

Posez votre main gauche à plat sur la table, et **promenez un bâton de craie** tout autour, pour en dessiner grossièrement le contour. Essayez maintenant de faire tenir la main droite dans les mêmes limites.

— On n'y parvient pas.

Je n'avais même pas besoin d'imaginer des expériences spéciales pour prouver que ma main droite n'est pas égale à ma main gauche. Je n'avais qu'à essayer de mettre mes **gants en les changeant de main.** Vous voyez vous-mêmes que la chose est impossible. — Comment donc avez-vous pu vous tromper à ce point, de me dire que les deux mains sont pareilles alors qu'elles ne le sont pas ? — Mettéz-les l'une contre l'autre, comme quand on applaudit.

— Les deux mains s'appliquent bien l'une contre l'autre.

Cela est vrai, mais elles sont disposées en sens inverse. Les deux dedans ne sont pas tournés du même côté. — Voici un **troisième triangle de carton.** Je l'applique sur le tableau, contre la trace des deux autres, et vous voyez qu'il en remplit bien le contour. Mais j'ai peint en noir la face de ce triangle tournée vers vous en ce moment. Si je le retourne du côté blanc, vous voyez qu'il ne s'applique plus sur la trace des autres triangles. Il n'a plus alors vraiment la même forme, mais bien la même forme retournée. On dit qu'il est *symétrique* des précédents. Les deux mains aussi sont symétriques, et non égales. — Vous savez comment on appelle les deux mains ?

— Celle-ci est la main droite, et celle-ci la main gauche.

C'est la main droite seule que nous allons étudier. Posez-la, bien étendue, sur la table, le pouce étant à gauche. Ce que vous **voyez est le dessus,** ou, autrement dit, le dos de la main.

— 14ᵉ LEÇON —

Retournez maintenant la main, pour mettre le pouce à droite : c'est la **paume** qui devient visible. La main a donc deux faces. Vous savez comment on nomme l'endroit où la main s'attache au bras?

— L'endroit où la main s'attache au bras est le **poignet**.

Vous savez encore par quoi se termine la main à l'opposé du poignet?

— A l'opposé du poignet, la main se termine par les **doigts**.

Combien y a-t-il de doigts à chaque main?

— Il y a cinq doigts à chaque main.

Chaque doigt a un nom particulier. Quand la main droite est tournée la paume en haut, le premier doigt à droite est le pouce, le second l'index, le troisième le médius, le quatrième l'annulaire, et le cinquième le petit doigt. Écrivons et répétons ces noms, que tout le monde connaît. — Observons maintenant chacune des parties de la main et les mouvements qu'elle peut faire. D'abord la main tout entière peut se plier sur le poignet; mais de quelle manière?

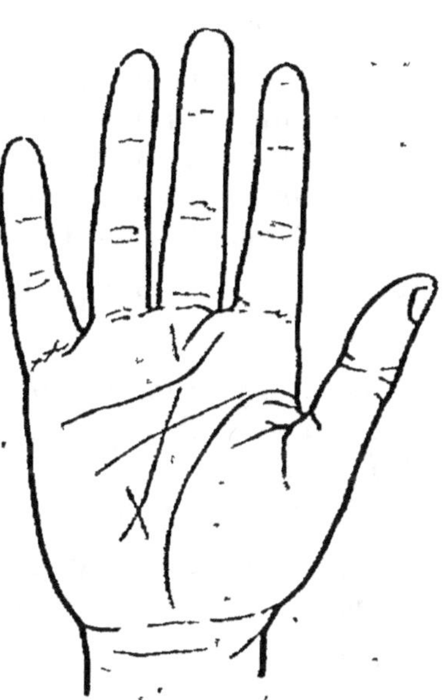

Fig. 20.

Face palmaire de la main droite.

— La main peut se plier du côté de la paume, du côté du dos, du côté du petit doigt, et (un peu moins facilement) du côté du pouce.

Comment est fait le dedans de la main?

— Le dedans de la main est creux (fig. 20). On dit même : le *creux de la main.*

Ce creux est bordé par trois bourrelets de chair : l'un placé en travers, contre la base des doigts, un second à la base du pouce, et le troisième à la base du petit doigt. Il y a un pli bien marqué à la limite des deux premiers.

mais on n'en voit pas d'aussi net à la limite du troisième. Entre ces deux plis, il y en a deux autres qui se croisent.

Devinez-vous pourquoi le pli est moins bien marqué du côté du petit doigt?

— Le pli est moins bien marqué, parce que le petit doigt ne se plie pas de côté autant que le pouce. On peut porter le pouce contre le petit doigt, mais on ne peut pas porter le petit doigt contre le pouce.

La surface de la main est-elle lisse à l'intérieur, ou bien y voit-en des dessins, en outre des plis dont nous venons de parler?

— Il y a d'abord dans la main d'autres **plis plus petits**; puis une foule de petites **lignes arrondies** très serrées les unes contre les autres.

Le dos de la main a-t-il le même aspect?

— Le **dos** de la main est tout différent. On n'y voit pas de grands **plis** bien marqués, mais il y en a beaucoup de petits qui se croisent en tous sens comme les cordes d'un filet. Aux points où ils se rencontrent, on voit souvent de petits **poils**, tandis que le creux de la main n'en porte aucun.

Voit-on facilement la séparation entre le dos et le creux de la main?

— Cette séparation se voit très facilement, car les lignes croisées cessent brusquement, là où apparaissent les petits traits serrés.

La main est-elle faite d'une seule matière?

— La main est faite de matière molle et de matière dure. La matière dure est formée d'os.

Combien y a-t-il d'os dans la main?

— Il y a **cinq os** dans la main, un pour chaque doigt.

Comment appelle-t-on ce qui recouvre la main?

— Ce qui recouvre la main s'appelle la **peau**.

Qu'y a-t-il entre la peau et les os?

— Entre la peau et les os, il y a de la **chair**.

— 14ᵉ LEÇON —

N'y a-t-il pas encore d'autres choses, qui se voient surtout sur les mains des grandes personnes?

— Il y a aussi des espèces de cordons qui aboutissent aux doigts.

Que faut-il faire pour les rendre plus apparents?

— Il faut dresser les doigts autant que possible, en les écartant.

Ces cordons se nomment des **tendons**. Ce sont eux qui tirent sur les doigts pour les étendre. On voit encore autre chose sur le dos de la main.

— On voit encore des **veines**, qui contiennent du sang.

Regardons maintenant les doigts en particulier; le **pouce** d'abord.

— Le pouce a deux faces, comme la main, avec des lignes croisées sur l'une, et de petits traits serrés sur l'autre.

J'ai préparé d'avance un certain nombre de bandes de papier que j'ai promenées dans la flamme d'une bougie. Avec un peu d'adresse j'ai pu les empêcher de brûler, mais elles se sont recouvertes de charbon. Pierre, posez votre pouce sur celle-ci, sans frotter (fig. 21). Jacques, faites de même sur cette seconde. Émile, à votre tour sur cette troisième, etc. Comparons maintenant les dessins blancs laissés par vos pouces, qui ont enlevé du charbon. Ces dessins ne se ressemblent guère, mais pour chacun de vous ils ne changeront plus. Dans dix ans, dans vingt ans, dans cinquante ans, alors que vous aurez bien changé et que votre face ridée, méconnaissable, se cachera peut-être sous une barbe épaisse, l'empreinte de votre pouce sur un papier enfumé donnera le même dessin qu'aujourd'hui. Voilà, n'est-il pas vrai, une chose bien curieuse, et qui méritait d'être dite en passant.

Fig. 21.
Face palmaire
du pouce.

— Le pouce est formé de deux parties, qui sont les phalanges. Il y a un double pli à la base du pouce, un autre pli simple en dedans entre les deux phalanges, et à la même hauteur d'autres plis en travers, sur le dos. La deuxième phalange porte sur le dos un ongle. Cet ongle a quatre bords, dont trois s'enfoncent sous la peau, tandis que le quatrième la dépasse, tout au bout du doigt. Le pouce peut aller et venir à peu près dans tous les sens. Il peut se rapprocher ou s'écarter des autres doigts ; il peut se plier dans la main ou s'étendre ; par la face opposée à l'ongle, il peut venir toucher le bout des quatre autres doigts. Il est attaché beaucoup plus bas que ceux-ci, et il s'en écarte beaucoup plus qu'ils ne s'écartent entre eux. Il y a une peau assez lâche et assez grande entre le pouce et l'index. Le pouce est formé de chair recouverte de peau, et chaque phalange est soutenue par un os.

Décrivez de la même manière l'index.

— L'index ressemble beaucoup au pouce, mais il a trois phalanges au lieu de deux, et par conséquent son squelette comprend trois os. Il ne peut se plier qu'en dedans. — Les lignes de la peau et les plis des phalanges sont disposés dans leur ensemble comme ceux du pouce (fig. 22). Il y a aussi un ongle sur le dos de la dernière phalange. Mais l'index est plus long et moins gros que le pouce. Il est attaché plus haut et ses mouvements sont moins libres. La peau qui le sépare du médius est courte.

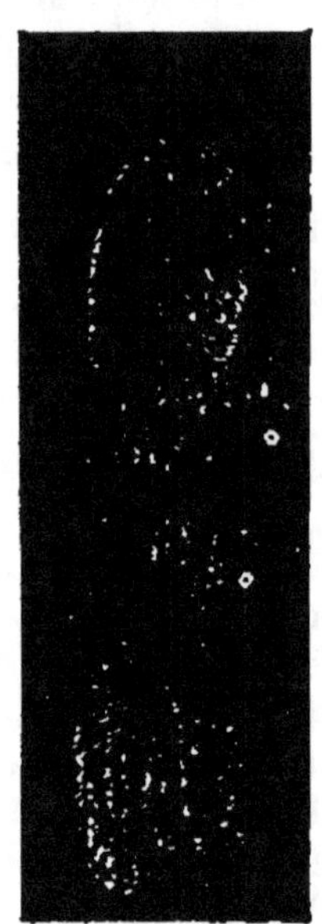

Fig. 22.
Face palmaire
de l'index.

Passez maintenant au médius.

— Le médius ressemble tout à fait à l'index, mais il le dépasse d'une demi-phalange. Il est vrai qu'il s'attache un peu plus haut. Il est aussi un peu plus gros, quoiqu'il soit moins gros que le pouce. Quand les doigts s'écartent, il reste ordinairement droit, et ce n'est pas un mouvement très aisé que de le faire aller à droite ou à gauche. Trois os au médius.

Au tour de l'annulaire maintenant.

— L'annulaire ressemble au médius et à l'index ; il est moins long que l'un et plus long que l'autre. Il s'attache à peu près à la même hauteur que l'index. Trois phalanges et trois os.

— 14e LEÇON —

Et le petit doigt?

— Le petit doigt est bien nommé, car il est le moins long et le moins gros des cinq. Il a aussi trois phalanges et autant d'os. — Il s'attache plus bas que l'annulaire et ne dépasse guère la deuxième phalange de celui-ci. Au reste les phalanges des cinq doigts sont inégales comme les doigts eux-mêmes, et leurs plis sont à des hauteurs différentes.

Placez la main ouverte du côté de la fenêtre.

— Le contour des doigts est rouge. La main est translucide.

Vous le constaterez bien mieux encore en mettant votre main tout près d'une lampe.

En arrêtant là cet examen sommaire de la main, nous retiendrons surtout qu'elle est très compliquée et qu'elle peut exécuter des mouvements très divers. La main est faite pour le travail.

— 14ᵉ LEÇON —

XV. — LE PAIN

Si nos leçons étaient classées par ordre d'importance, celle-ci serait évidemment la première. Mais le pain n'est pas seulement notre plus précieux aliment, il fournit encore matière à l'observation et à la réflexion, et son étude, comme on peut s'en convaincre par les développements qui suivent, n'est pas des plus simples qu'on puisse imaginer. Nous supposons que les enfants, invités par avance à regarder attentivement du pain, ont déjà appris, au moins sommairement, dans leur famille, comment on le fabrique. Il reste à coordonner, à préciser et à compléter leurs observations personnelles, et c'est là l'objet principal du travail à faire en classe. Les explications à donner étant toutes du même ordre, ou à peu près, nous les adressons à un groupe homogène d'auditeurs.

Matériel de la leçon. — Un pain entier. — Une tranche de pain entre les mains de chaque élève. — Un décimètre. — Eau de savon. — Paille ou tube de verre, ou papier roulé en tube. — Un peu de blé, de farine, de son. — Cuvette ou cristallisoir contenant de l'eau. — Cuiller en fer. — Lampe à alcool ou bougie.

Avant d'examiner de près le pain que j'ai fait apporter en classe, demandons-nous si le pain est une chose utile et qui mérite d'être bien connue?

— Le pain sert à la nourriture.... C'est le principal de nos aliments....

Le pain que voici est un pain long, de quatre livres, ou, comme on devrait mieux dire, de deux kilogrammes. Le pain a-t-il toujours cette **forme**?

— Il y a aussi des pains ronds... des pains fendus... des couronnes..., etc.

Le pain allongé que voici est-il taillé **comme** une allumette? a-t-il des arêtes comme une pelle à feu?[1]

— Le pain est arrondi, au contraire.

Entendez-vous par là qu'il est cylindrique **comme un clou**?

1. Allusion à une autre leçon.

— Il est plat en dessous; en dessus il est bombé, mais plus large que haut. Il est aussi arrondi aux deux bouts.

Vous expliquez-vous pourquoi il a cette forme?

— C'est parce qu'il est fait avec de la pâte. La pâte est molle et ne peut pas se tailler. Une fois pétrie, elle s'affaisse sur elle-même. C'est même pour cela que le dessous du pain est plat.

Regardez plus attentivement le dessous du pain. Que remarquez-vous?

— On voit des côtes minces et toutes droites, qui se croisent régulièrement.

D'où viennent ces côtes?

— Ces côtes se sont formées dans les joints des briques du four, où la pâte a pénétré.

N'y a-t-il pas d'autres dessins sur la face bombée du pain?

— On y voit des traits en travers, avec deux bandes qui s'amincissent aux bouts. Ces bandes sont dues à ce que l'ouvrier, avant de mettre le pain au four, fait sur la pâte des traits en travers, avec un couteau. Les fentes s'élargissent pendant que le pain cuit, et elles deviennent des bandes.

Quelle est la couleur de ce pain?

— Ce pain est jaune orangé, plus foncé en dessus qu'en dessous.

Sur la tranche de pain que vous avez chacun entre les mains, il vous est facile, je pense, de retrouver le dessus, le dessous et l'intérieur, puis de me dire si le pain est jaune dans toute son épaisseur comme à la surface.

— L'intérieur du pain est beaucoup plus blanc. On distingue la *mie* et la *croûte*. La croûte seule est bien jaune.

La mie n'est pas toujours blanche comme celle-ci. Dans certains cas, elle est grisâtre et le pain est *bis*. Le pain un peu bis est plus nourrissant que le pain très blanc, et coûte moins cher. Prenez maintenant ce décimètre et mesurez l'épaisseur de la croûte.

— Je trouve 3 millimètres à peu près. Mais je ne vois pas bien où finit la croûte et où commence la mie, car elles ne sont pas nettement séparées.

— 15e LEÇON —

Avant d'examiner la mie, pouvez-vous faire encore quelques remarques à propos de la croûte?

— La croûte est luisante dans la partie qui forme le dessus du pain. Elle est un peu fendillée dans toutes les directions.... Sous le pain, elle est de couleur plus pâle et elle n'est pas luisante.

Pourquoi cette différence?

— Le dessous du pain est plus pâle sans doute parce qu'il est moins cuit Il faut croire que la voûte du four est plus chaude que les briques sur lesquelles est posé le pain à cuire.

Il y a encore autre chose à voir sous le pain.

— Sous le pain, la croûte est moins lisse; elle est couverte de grains plus ou moins gros; on y voit encore les traînées formées par la pâte.

Est-ce tout?

— Il y a aussi de petits points noirs. Sans doute des grains de charbon qui n'avaient pas été balayés et qui se sont collés à la pâte quand elle était encore molle.

Vous avez deviné juste. Regardez encore.

— Il y a de la farine qui forme une poussière blanche, et de petites parcelles jaunâtres.

Ce que vous voyez là est du *son*[1]. Vous savez que le pain est fait avec de la farine, et que la farine s'obtient en écrasant du blé sous des meules, dans les moulins. Mais c'est l'intérieur seul du grain qui donne la farine. L'enveloppe donne le son. Quand on veut faire cuire le pain, on met la pâte sur une pelle de bois à long manche (fig. 23), et pour l'empêcher de coller à cette pelle ou à la sole du four, on saupoudre de son Il en reste toujours une certaine quantité attachée au pain. — Comparons maintenant la croûte à la mie. Nous avons déjà observé une différence de couleur.

— Il y a encore d'autres différences : la croûte est continue à la surface, tandis que la mie est criblée de trous. Au reste, dans la partie qui n'est tout à fait ni de la mie, ni de la croûte, les trous sont tout petits.

1. Plus correctement, du *remoulage*.

— 15e LEÇON —

Pourquoi y a-t-il des trous dans la mie de pain? Pour vous le faire comprendre, je souffle avec une paille dans cette eau de savon : vous voyez des bulles nombreuses se former ; c'est que je chasse par la paille un gaz invisible qui ne peut arriver dans l'air qu'à travers l'eau de savon. Celle-ci empêche plus ou moins le gaz de passer, mais elle est alors obligée de se gonfler pour le

Fig. 23. — Fabrication du pain.

loger. Il en est de même dans le pain. Au moment de la cuisson, la pâte est criblée d'un nombre infini de petites bulles gazeuses. La chaleur les fera gonfler, mais la pâte ne les laissera pas passer. En regardant de très près de la mie de pain, on voit qu'elle offre plus d'une ressemblance avec de l'eau de savon. Mais les bulles de savon ne tardent pas à crever, tandis que les bulles de mie persistent et forment les *yeux* du pain. Avez-vous déjà vu, en classe par exemple, des objets criblés de trous comme la mie de pain?

— Les éponges sont criblées de trous comme la mie de pain.

C'est pourquoi on dit que la mie de pain est *spongieuse*. Quand on achète du pain chez le boulanger, on doit payer d'autant plus qu'on reçoit plus de marchandise. Pour savoir si l'on a son compte, faut-il mesurer le pain comme on mesure une étoffe ou une planche de bois?

— On vend le pain au poids.

Pourquoi pèse-t-on le pain au lieu de le mesurer?

— On pèse le pain parce que les yeux peuvent être plus ou moins grands et qu'on ne doit pas payer pour la grandeur des yeux du pain.

Dites-moi maintenant ce qui distingue encore bien la mie de la croûte?

— La croûte est plus dure que la mie.

Ceci nous fait penser à la dureté du pain. Le pain est-il toujours aussi dur?

— Le pain frais est *tendre*, c'est-à-dire mou. Mais si on le garde plus d'un jour, il devient *rassis*, c'est-à-dire plus ferme, et même il finit par être tout à fait dur et cassant.

Pressez votre morceau de pain entre les doigts et abandonnez-le ensuite.

— Le morceau de pain revient sur lui-même et reprend sa forme première.

Comment appelle-t-on un corps qui reprend sa forme quand il a été déformé?

— Un corps qui reprend sa forme après avoir été déformé est un corps **élastique** Le pain est élastique.

Prenez maintenant une petite bouchée de votre morceau de pain et pétrissez-la entre les doigts.

— Je puis faire une boulette avec de la mie de pain.

La boulette garde-t-elle sa forme, cette fois?

— La boulette garde sa forme.

Certains amateurs adroits arrivent ainsi à modeler de petits animaux ou de petites fleurs avec de la mie de pain. Une matière qui se laisse ainsi pétrir et qui conserve les formes qu'on lui donne est dite **plastique**. La mie de pain est plastique. La croûte ne l'est pas. — Le pain a-t-il un goût, une odeur?

— *15ᵉ LEÇON* —

— Le pain a une bonne odeur, surtout lorsqu'il sort du four ; quand il est rassis, il ne sent presque plus rien. Le pain a aussi un bon goût ; il est légèrement salé. Quand le boulanger ne met pas assez de sel dans la pâte, le pain est fade et immangeable.

Jetons cette tranche de pain sur l'eau.

— La tranche de pain flotte d'abord. Mais bientôt elle s'imbibera d'eau comme une éponge, elle deviendra plus lourde et tombera au fond.

N'avez-vous pas remarqué autre chose quand on met du pain dans de l'eau ou dans un bouillon, quand on trempe la soupe?

— Quand on trempe la soupe, le pain se gonfle et devient plus mou. Il est aussi moins élastique. On peut le partager en morceaux plus petits avec une cuiller, tandis qu'il faut un couteau pour couper le pain sec. Le pain mouillé s'écrase aussi très facilement et se réduit en bouillie, en pâtée.

Il faut du feu pour faire le pain. Mais qu'arrive-t-il lorsque le pain est trop chauffé?

— Le pain trop chauffé brûle et roussit ; il devient noir comme du charbon.

Vous pouvez même dire qu'il se transforme en charbon, qu'il se carbonise. Je mets un peu de pain dans cette cuiller de fer et je chauffe sur la lampe à alcool.

— On voit que le pain fume avant de se carboniser

Est-ce la première fois que vous observez cela?

— Non, Monsieur. Tous les matins, maman fait rôtir un peu le pain de mon déjeuner. Quand il a fumé comme celui-ci, il est devenu meilleur, plus tendre et plus chaud ; on gratte avec un couteau la partie carbonisée, et l'on trempe tout de suite, parce que le pain rôti durcit vite en se refroidissant.

Et qu'arriverait-il si l'on jetait un morceau de pain dans un feu très ardent?

— Dans un feu ardent, le pain se carboniserait et brûlerait ensuite comme du charbon. Le pain est combustible.

— 15ᵉ LEÇON —

XVI. — LE SEL

Le sel est à la fois un condiment et un aliment. On l'emploie en agriculture. C'est aussi la matière première d'un certain nombre de produits industriels fort utiles. Il se trouve donc tout désigné pour servir de thème à l'un de nos entretiens sur les choses usuelles.

Matériel de la leçon. — Un petit tas de sel sur un papier, à la place de chaque élève. — Des échantillons de grains de blé, de maïs, ou, plus généralement, de grains arrondis. — Une bouteille ou un pilon pour égruger du sel. — Plusieurs verres d'eau, pour répéter simultanément en autant de points de la classe l'expérience de la dissolution du sel. — Une cuiller de fer. — Une assiette. — Un vieux dé à coudre, des pinces ou des pincettes. — Une bougie ou une lampe à essence. — Un sou ou un jeton de métal. — Une soucoupe, de l'alcool à brûler.

A quoi sert le sel?

— On met du sel dans les aliments, qui sans cela seraient fades, désagréables au goût.

Donne-t-on aussi du sel aux animaux?

— Oui, on donne du sel aux bestiaux, pour exciter leur appétit et les entretenir en bonne santé.

Le sel a encore bien d'autres usages: on l'emploie notamment pour conserver les viandes (bœuf salé, porc salé), les poissons (morue, maquereau, hareng, etc.), les choux (choucroute), pour préparer la *présure.* Il y a de grandes fabriques où l'on emploie des quantités énormes de sel pour faire des produits chimiques que vous apprendrez à connaître plus tard.

Quelle est la couleur du sel?

— Le sel est blanc, luisant à la surface quand on l'observe en tas, et même brillant quand on regarde les grains un à un.

Prenez un grain de sel et placez-le devant le jour. La lumière le traverse-t-elle?

— Oui le grain de sel est transparent; mais comme il n'a pas une épaisseur aussi régulière qu'une lame de verre, il ne laisse pas voir en arrière les contours des objets.

— 16ᵉ LEÇON —

Pensez-vous que si l'on pouvait faire un bloc de sel assez gros, au lieu des très petits grains qui sont devant vous, et qu'on taille ce bloc suivant des faces plates, il serait transparent comme un bloc de verre?

— Probablement.

En effet, de semblables blocs existent, et, lorsqu'ils sont bien polis à la surface, rien ne les distingue du verre à simple vue.
Le sel qu'on vend chez les épiciers est en petits morceaux ou *grains*. Examinons ceux-ci. Sont-ils tous de même grosseur?

— Non, il y en a de fins, comme des grains de sable, d'autres qui ont près d'un centimètre dans leur plus grande dimension; et l'on trouve tous les intermédiaires entre ces tailles extrêmes.

Il n'est pas rare, du reste, de rencontrer des grains encore plus gros ou plus petits que tous ceux que vous pouvez observer en ce moment.
Ce sont souvent les plus gros grains qui sont les plus intéressants. Faites un triage dans le tas de sel qui est devant vous, et, après avoir mis à part les dix plus gros grains, comparez leur forme à celle des grains de blé ou de maïs que voici.

— Les grains de maïs sont ronds; les grains de blé sont ronds aussi, mais allongés en même temps. Les grains de sel, au contraire, sont aplatis, comme cassés, avec des contours droits et des facettes plates.

Regardez de plus près.

— Des deux faces séparées par l'épaisseur, l'une est un peu creusée; l'autre, au contraire, est en saillie. On voit sur ces faces des lignes gravées, parallèles entre elles, limitées par d'autres lignes disposées juste en travers.
— On peut dire que toutes ces lignes forment deux séries perpendiculaires de lignes parallèles. On peut même ajouter qu'elles déterminent des carrés concentriques. Les bords des grains de sel sont assez souvent parallèles à ces lignes; dans le cas contraire, ils sont très irréguliers, et il est bien visible qu'ils ont été cassés.

Cherchez parmi les grains les plus gros, ou parmi ceux de taille moyenne, s'il n'y en a pas qui soient parfaitement carrés.... Presque tous vous en avez trouvé, ce qui prouve qu'ils ne sont guère rares. Que remarquez-vous au milieu de la face convexe?

— *16e LEÇON* —

{ — Au milieu de cette face, il y a un carré bien marqué, des angles duquel partent quatre bourrelets allant jusqu'aux angles du grain. Entre ces bourrelets se trouvent quatre triangles à surface creuse.

Examinez maintenant la face concave.

— Au milieu de cette face, le carré est beaucoup moins visible. Les quatre lignes qui vont aux angles du grain de sel sont bien apparentes, mais ne forment pas de bourrelet.

— On pourrait comparer, pour la forme, le grain de sel à un toit de pavillon carré quand on le regarde du côté convexe, ou à une sorte d'entonnoir bouché quand on le regarde du côté concave. Les bourrelets, regardés de très près, n'ont pas une surface lisse; ils sont au contraire formés de facettes disposées en escaliers.

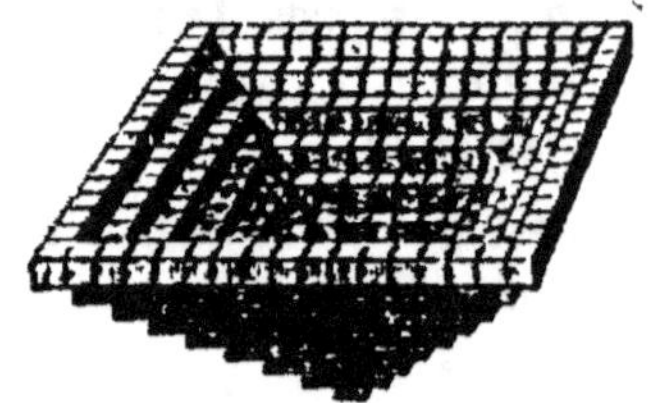

Fig. 21.
Trémie de sel marin.

Toutes ces facettes, ainsi que ce qu'on a appelé tout à l'heure le carré du milieu, limitent des *cristaux*, c'est-à-dire de petits corps transparents à faces plates et à arêtes vives. Un grain de sel est formé de cristaux cubiques agglomérés. En faisant le triage des grains fins, vous en trouverez certainement qui ressemblent à de minuscules dés à jouer. Quand on regarde un tas de sel fin à travers un verre grossissant, on croit voir un tas de petits pavés vitreux (fig. 21).

Appuyez avec les doigts sur le tas de sel.

— Le sel est dur, car les doigts ne s'enfoncent nullement dans les grains de sel. Mais en même temps ces grains sont fragiles, car on entend de nombreux craquements dus à leur démolition.

On pourrait écraser plus finement encore ces grains.

— Chez nous, quand on veut faire du sel en poudre, on fait rouler une bouteille vide sur un tas de sel en grains étalé sur la table.

C'est ce qu'on appelle *égruger*. Egrugeons du sel. A quoi ressemble le sel égrugé?

— Le sel égrugé ressemble à de la neige.

— 16e LEÇON —

Le sel a-t-il une odeur?

— Le sel est inodore.

Le sel a-t-il une saveur?

— Le sel a une saveur, agréable quand elle n'est pas trop prononcée.

Qu'arrive-t-il quand on met un morceau de sel sur la langue ?

— Un morceau de sel fond rapidement sur la langue.

Jetons une poignée de sel pulvérisé dans un verre d'eau. Que remarquez-vous?

— Le sel tombe lourdement au fond du verre.

— Le sel est plus dense que l'eau. — Au moment où le sel tombe, quelques grosses bulles d'air, entraînées par les grains, remontent à la surface. Au-dessus de la couche de sel déposée, on voit de l'eau, assez claire sur un centimètre de hauteur, à peu près, puis une sorte de nuage au-dessus duquel l'eau redevient claire. Dans cette dernière partie, de nombreuses petites bulles d'air montent à la surface, entraînant souvent des grains de sel très menus qui retombent ensuite. Peu à peu le nuage s'éclaircit et se dissipe, et l'on ne voit plus que des bulles assez rares monter de la couche de sel vers la surface. Le liquide est devenu très limpide. Mais, si on incline alors un peu le verre et si on le fait tourner lentement entre les doigts, on met en évidence une sorte de sirop transparent qui surmonte le dépôt de sel ; c'est de l'eau très salée, plus dense que l'eau moins salée avec laquelle elle ne se mélange pas facilement d'elle-même.

Prenons quelques gouttes du sirop qui surmonte le dépôt de sel, après avoir presque complètement vidé le verre. Chauffons ce liquide dans une cuiller de fer, à la flamme d'une bougie, par exemple :

— Au bout de quelques instants, des bulles gazeuses apparaissent au fond de la cuiller ; elles deviennent ensuite de plus en plus grosses ; puis des gouttelettes salées sont projetées de tous côtés. Quelques-unes restent sur le bord de la cuiller, où elles forment de très petits anneaux blancs. Le liquide bouillant se frange d'un liséré de sel, qui augmente de largeur en gagnant l'intérieur à mesure que l'eau s'évapore. Enfin, il ne reste plus dans la cuiller qu'un dépôt de sel en poudre.

— 16ᵉ LEÇON —

Nous avons imité là, sur une minime quantité d'eau salée et en un temps très court, ce qui se passe dans les marais salants. Les marais salants sont de vastes bassins peu profonds creusés au bord de la mer. On y laisse pénétrer l'eau de mer, qu'on empêche ensuite de sortir, et le soleil fait le reste, c'est-à-dire qu'il évapore peu à peu l'eau, si bien qu'à la fin le sel se dépose. Nous allons réaliser un tout petit marais salant, en mettant dans une assiette l'eau salée que nous venons de préparer. Dans quelques heures, demain au plus tard, du sel se sera déposé.

Pour étudier l'action de la chaleur sur le sel, nous allons mettre quelques grains de sel dans ce dé à coudre, et chauffer à la flamme d'une bougie, par exemple. Je couvre le dé avec ce sou; vous comprendrez pourquoi dans un instant.

— Lorsque le sel est suffisamment chauffé, on entend des crépitements, presque de petites détonations.

C'est que les petits cristaux cubiques de sel retiennent entre eux une certaine quantité d'eau, même quand le sel paraît sec; par la chaleur, cette eau se vaporise en projetant de tous côtés les cristaux qui l'emprisonnent. Si je n'avais pas couvert le dé qui me sert de creuset, la plus grande partie de la matière aurait été lancée au dehors.

En chauffant beaucoup plus fort, le sel sec fondrait comme du beurre[1]. Il dégagerait même des vapeurs qui coloreraient les flammes en jaune d'or. Je puis d'ailleurs aisément vous montrer cette curieuse **coloration de la flamme**. Je mets quelques grains de sel dans une soucoupe et je les imbibe d'une petite quantité d'alcool : au bout d'un instant, l'alcool est salé et, si je le brûle, sa flamme devient bientôt d'un jaune vif caractéristique.

---

1. L'expérience peut être essayée dans le poêle de la classe, bien allumé.

— 16ᵉ LEÇON —

XVII. — LE VIN

L'étude du vin peut donner lieu à d'intéressantes expériences sur la capillarité, la réfraction, sur la coloration des corps avec ses modifications par l'action des réactifs chimiques, sur la densité relative des liquides, etc. Nous nous en tiendrons à ces expériences, laissant délibérément de côté certaines questions importantes, telles que le rôle du vin dans l'alimentation, sa fabrication, ses altérations diverses, sa composition chimique, sa distillation, qui exigeraient de trop copieux développements.

Matériel de la leçon. — Une bouteille pleine de vin rouge. — Une carafe d'eau. — Une demi-douzaine de verres à boire. — Une douzaine de gros sous. — Une loupe. — Un chiffon de toile taché de vin. — Un vieux bouchon taché de même. — Carbonate de soude ou eau de Vichy. — Ammoniaque ou eau sédative. — Vinaigre. — Noir animal, filtre en papier et entonnoir. — Flacon bouché et allumettes. — Une petite fiole et une cuvette pleine d'eau. — Des papiers ou des cartons de couleur.

Nous savons à quoi sert le vin.

— Le vin sert à la boisson.

D'aucuns éprouvent le besoin de proclamer que le vin est une « boisson hygiénique ». Cela veut-il dire qu'on peut boire sans inconvénient du vin tant qu'on a soif ou tant qu'on ressent à cela un certain plaisir? — Non; pour que le vin ne fasse pas de mal, il faut un certain nombre de conditions réunies. Le vin est inoffensif pour les gens en bonne santé qui le boivent naturel et étendu d'eau, aux repas, par soif et non par gourmandise. Au contraire, le vin pur, pris à jeun ou bu en excès, devient nuisible. Et certaines personnes, plus nombreuses qu'on ne pense, auraient même raison de s'abstenir, sur le conseil de leur médecin, de cette boisson fermentée.

Où conserve-t-on le vin?

— On conserve le vin dans des tonneaux et dans des bouteilles.

Pourquoi est-on obligé de le mettre ainsi dans des vases résistants, alors que le sucre, le fromage, etc., sont simplement enveloppés dans du papier, et que nombre d'autres denrées se vendent sans être aucunement enveloppées?

— Le vin est un liquide.

A quoi reconnait-on les liquides?

— Les liquides se moulent exactement dans les vases où on les met, sauf en haut, où leur surface est plate. Cette surface forme miroir. Quand on agite un liquide, il se balance encore quelques instants après qu'on l'a abandonné au repos, puis sa surface redevient bien plate et bien unie en haut.

Le vin a-t-il bien toute sa surface libre plate et horizontale?

— **Les bords de cette surface** qui touchent le verre sont relevés.

Occupons-nous de la couleur du vin.

— Le vin est rouge.

Cependant il y a aussi du vin blanc.

— Le vin blanc est jaune pâle, très clair.

Le vin rouge étant le plus commun, laissons de côté le blanc. Le rouge du vin est-il le rouge du sang, de la brique, de la groseille?

— Le rouge de la brique est plus jaunâtre, celui du sang est plus vif; le rouge du vin tire sur le rose et se rapproche du rouge de la groseille.

Essayez de voir au travers de cette bouteille de vin.

— Une bouteille pleine de vin est opaque, mais cela peut tenir à la couleur du verre de la bouteille.

Appliquez cependant votre œil tout contre la bouteille tournée du côté du jour.

— On voit du rouge vif et du noir. Si on remue les doigts en arrière de la bouteille, on les voit très bien, mais en noir et tout déformés.

Voilà deux bonnes remarques, qui méritent de nous arrêter. Commençons par la seconde. Les doigts paraissent **déformés** à travers le vin d'une bouteille. En est-il de même au travers d'un verre d'eau rougie, d'un verre d'eau pure ou d'un verre vide?

— 11ᵉ LEÇON —

— La déformation se remarque avec le verre d'eau rougie et avec le verre d'eau pure, mais non avec le verre vide. Elle est donc due au liquide et non au vase.

Mettez le doigt en long, puis en travers, en arrière du verre d'eau.

— Quand le doigt est vertical, il paraît beaucoup plus gros que nature, mais il conserve sa longueur apparente ; quand il est horizontal, il n'est pas grossi, mais il est si long qu'on n'en voit pas les extrémités.

La déformation tient donc à ce que la masse d'eau est ronde en travers, puisque c'est seulement dans le sens horizontal que les dimensions apparentes sont agrandies. Quand on taille une masse de verre en **lentille**, de manière qu'elle soit également courbée dans tous les sens, les objets qu'on voit en arrière semblent grossis. Une lentille de verre est aussi appelée vulgairement *verre grossissant.*

Au travers d'une masse d'eau rougie ou de vin, on ne voit que du noir ou du rouge. Est-ce un hasard ? **Mettons en arrière d'un verre d'eau rougie** des objets bien éclairés de diverses couleurs, blancs, rouges, jaunes, verts, bleus, etc., par exemple des feuilles de papier ou de carton peints.

— Le blanc, le jaune, le rouge, le bleu clair même paraissent rouges, plus ou moins brillants ; le bleu foncé et surtout le vert paraissent noirs.

Voici l'explication de ces particularités. Un objet est rouge quand il envoie vers nos yeux de la lumière rouge, bleu quand il nous envoie de la lumière bleue...; blanc quand il nous envoie à la fois de la lumière rouge, jaune, verte, bleue, etc. ; noir quand il ne nous envoie pas de lumière. Or le vin n'est pas transparent pour toutes les sortes de lumière : il laisse bien passer la lumière rouge, mais il arrête toutes les autres ; c'est pourquoi les objets que nous avons regardés d'abord, rouges ou de couleur claire, nous ont paru rouges, car ceux qui n'étaient pas tels nous envoyaient de la lumière blanche, c'est-à-dire de la lumière composée, contenant du rouge que le vin laissait passer. Quant aux objets de couleur foncée, et non rouges, ils sont devenus noirs en apparence, puisque toute la lumière qu'ils pouvaient nous envoyer a été arrêtée par le vin. Le vert, en particulier, semble tout à fait noir, parce que le vert est la couleur qui manque au rouge pour faire du blanc. On peut dire qu'un objet vert nous envoie toutes {sortes de lumières, sauf du rouge. Or comme le vin ne laisse passer que cette couleur-là, il arrête complètement celles qui composent le vert.

Jetons un peu de vin sur cette feuille de papier et sur ce morceau de toile.

Fig. 25. — Scène de vendanges.

— Le papier et surtout la toile sont tachés; l'eau ne suffit pas pour enlever complètement les taches du vin.

Nous nous en assurons d'ailleurs en **expérimentant** sur ce chiffon taché et séché. Vous avez peut-être déjà remarqué d'autres petits objets tachés par le vin?

— Les bouchons des bouteilles ont une couleur rouge violacée dans leur partie inférieure.

— 11° LEÇON —

N'y a-t-il aucun moyen d'altérer ou de détruire cette couleur? On en connaît plus d'un. Ajoutons d'abord au vin de ce verre un peu de **carbonate de soude** et agitons.

— Le liquide devient brun foncé, presque noir. On remarque la même chose quand on coupe le vin avec certaines eaux minérales, l'eau de **Vichy**, par exemple.

Varions en mettant dans un autre échantillon de vin un peu d'eau sédative ou d'alcali volatil (**ammoniaque**).

— Le vin devient noir ou brun verdâtre.

On peut lui rendre un peu de sa couleur, mais d'une manière bien imparfaite, en ajoutant du **vinaigre** au liquide noir. On peut encore décolorer le vin par le **noir animal**. Je fais une bouillie avec du vin et du noir animal, et je jette le tout sur un filtre en papier (sorte de papier buvard); le vin passe clair comme de l'eau ou à peu près; chose curieuse, son goût n'est guère changé. Dans l'industrie, on décolore de cette manière le sirop qui sert à faire le sucre. Je puis éclaircir par un autre procédé la couleur du vin. Je mets un peu de ce liquide dans le fond de ce flacon, puis je fais brûler successivement à l'intérieur le soufre de trois ou quatre allumettes, en agitant chaque fois le liquide avec la fumée bleue qui s'est produite et en soufflant ensuite pour renouveler l'air.

— Le vin devient d'un rouge beaucoup plus vif et plus clair.

On utilise parfois les fumées produites par la combustion du soufre pour enlever les taches de vin ou de fruits sur le linge. Ces fumées servent aussi à blanchir la laine et la soie.

Vous rappelez-vous une expérience dans laquelle nous avons précédemment fait flotter du vin sur l'eau?

— On a rempli d'eau un verre jusqu'aux deux tiers, on l'a incliné pour amener le liquide très près du bord, et on l'a maintenu dans cette position en le calant au moyen de livres; puis on a placé à sa surface une cuiller à café pleine de vin; il a été facile alors de vider celle-ci sur l'eau, et le vin ne s'est pas enfoncé; on a recommencé la même chose plusieurs fois et on a enfin redressé le verre où le vin flottait sur l'eau.

Nous allons faire mieux aujourd'hui, en obligeant le **vin** à monter dans l'eau comme la fumée monte dans l'air : Je rem-

— 17ᵉ LEÇON. —

plis de vin une petite fiole à encre de Chine[1], et j'introduis cette fiole débouchée dans un verre plein d'eau[2].

— On voit une traînée rouge s'élever de la fiole jusqu'à la surface de l'eau, puis s'étaler en cercles concentriques qui se déforment plus ou moins en tourbillonnant. Cette expérience montre une fois de plus que le vin est moins dense que l'eau.

La moindre densité du vin tient à ce qu'il est formé en partie d'alcool. — L'odeur et la saveur du vin vous sont connues. Vous savez aussi que le vin s'aigrit quand on le laisse à l'air. Mais il est inutile d'insister sur ce point pour aujourd'hui.

1. Ou un petit flacon à pilules.
2. Ou dans une cuvette.

— 17ᵉ LEÇON —

XVIII. — L'ENVELOPPE DE LETTRE

Sauf dans certains cas exceptionnels, l'intérêt de la lettre annule
complètement l'intérêt de l'enveloppe. Pourtant celle-ci se prête
fort bien, comme on va le voir, à un exercice d'observation
substantiel, varié et minutieux.

Matériel de la leçon. — Une enveloppe timbrée. — Des timbres-
poste à 10 centimes, aussi nombreux que possible. — Une enveloppe
décollée et dépliée.

En général, on aime recevoir des lettres. S'il en est, en effet,
qui nous annoncent de mauvaises nouvelles (et celles-là mêmes
sont souvent précieuses), la plupart nous apprennent ce que
pensent ou ce que font les personnes absentes auxquelles nous
nous intéressons. — Avez-vous vu déjà **recevoir une lettre?** On
l'examine d'abord sans l'ouvrir : on cherche à savoir d'où elle vient,
d'après l'écriture de l'adresse ou le timbre de la poste. Puis on
déchire l'enveloppe avec plus ou moins d'empressement, suivant
que l'on attend des nouvelles importantes ou sans intérêt. —
Regardons de près une enveloppe de lettre.

— Une enveloppe de lettre est en **papier**... souvent en beau
papier, un peu épais, avec de petites lignes parallèles serrées,
rencontrées d'aplomb par d'autres lignes plus espacées.

Quand ces lignes existent, on dit que le papier est *vergé*.

— Il y a aussi des enveloppes lisses, des enveloppes de couleur...
Une enveloppe de lettre a souvent la forme d'un **rectangle**,
c'est-à-dire d'un carré allongé, avec quatre côtés parallèles
deux à deux et d'aplomb sur leurs voisins. L'enveloppe a
deux faces, l'une unie, sur laquelle on écrit l'adresse et où
l'on met le timbre, l'autre formée de plusieurs parties re-
pliées.

Vous ne me parlez pas de la **grandeur de l'enveloppe** ?

— Toutes les enveloppes n'ont pas la même grandeur. Mais
il ne faut les faire ni trop grandes, ni trop petites. Trop
grandes, elles ne passeraient pas dans l'ouverture des boîtes
où on les jette, ou bien elles encombreraient le sac du fac-

teur. Trop petites, elles ne laisseraient pas la place de l'adresse et du timbre. Le plus souvent elles ont de 8 à 12 centimètres de hauteur sur 10 à 15 centimètres de largeur, mais on en voit aussi beaucoup de plus grandes et de plus petites.

De combien de pièces est faite une enveloppe?

— Une enveloppe est faite d'une seule pièce.

Comment peut-elle alors former un **sac plat**, avec les plis que vous avez remarqués du côté où on la ferme? Vous allez répondre facilement, en examinant cette enveloppe que j'ai **dépliée** après en avoir ramolli la colle avec un peu d'eau tiède (fig. 26).

—L'enveloppe dépliée est une simple feuille de papier. Elle a la forme d'un rectangle, aux quatre côtés duquel sont attachées des **languettes** en forme de coins.

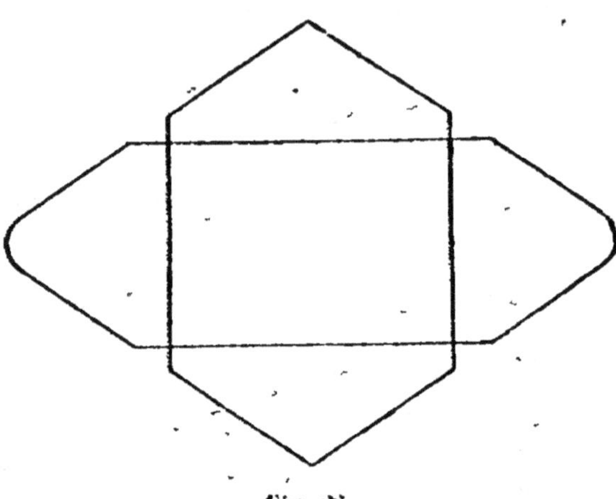

Fig. 26.

Feuille de papier découpée pour enveloppe.

En comparant l'enveloppe dépliée et l'enveloppe prête à servir, vous pouvez deviner **comment on fait celle-ci.**

— Quand on a découpé la feuille de papier pour lui donner la dimension et la forme convenables, on replie d'abord les deux languettes les plus éloignées, qui s'attachent aux petits côtés du rectangle. Puis on replie à son tour une troisième languette, dont le bord est enduit d'une bande de colle, et on la fixe sur les deux autres. Quant à la quatrième languette, elle est enduite de colle sur le bord, mais on ne la fixe que quand on ferme l'enveloppe, où l'on a fait entrer la lettre pliée.

Comment fait-on pour fermer une enveloppe?

— *18ᵉ LEÇON* —

— Pour fermer une enveloppe, on passe sur la langue la bande de colle qui enduit le bord de la languette libre, et on appuie ensuite cette languette sur le reste de l'enveloppe.

Regardons l'intérieur de l'enveloppe.

— L'intérieur de l'enveloppe est souvent de couleur sombre, ou bien orné de petits dessins serrés.

Pourquoi prendre ainsi la peine de **colorer** ou d'orner l'intérieur de l'enveloppe, auquel, en général, on ne fait pas attention ?

— . . . . .

C'est que, lorsqu'on écrit à quelqu'un, on n'aime pas que tout le monde sache ce que contient la lettre. Or, vous vous souvenez que le papier est un peu transparent. Si l'on ne prenait aucune précaution, la lettre pourrait bien tomber entre les mains d'une personne curieuse, qui, sans l'ouvrir, la mettrait devant une fenêtre et en lirait le contenu à travers l'enveloppe. Avec une teinte sombre ou un dessin fin à l'intérieur, il n'y a pas d'indiscrétion à craindre.

Mais pourquoi ne fait-on pas ordinairement de même pour l'autre face du papier, qui se trouve à l'extérieur de l'enveloppe ?

— Quand l'enveloppe a une couleur sombre à l'extérieur, on ne distingue pas bien l'adresse.

Comment écrit-on l'adresse d'une lettre ?

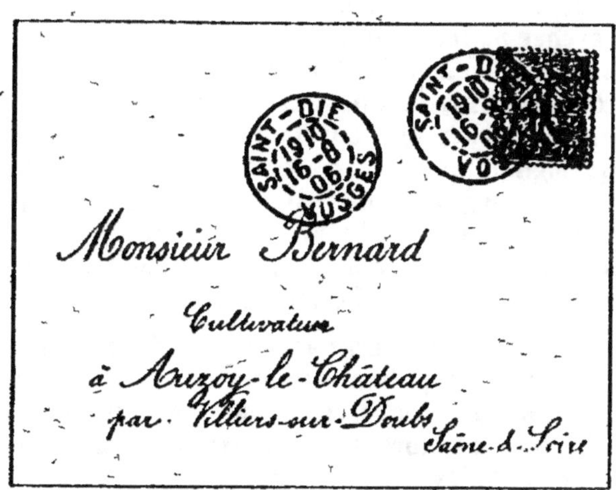

Fig. 27. — Enveloppe de lettre.

— On l'écrit dans le sens de la largeur, c'est-à-dire de la plus grande dimension, pour avoir plus de place.

Voici une enveloppe (fig. 27), dont je recopie l'adresse au tableau noir : Qu'est-ce que cela signifie ?

— 18e LEÇON —

— Cela signifie que la lettre est envoyée à M. Bernard, et que M. Bernard est cultivateur à Auzoy-le-Château; que dans ce petit pays il n'y a pas de bureau de poste, et que c'est le facteur de Villiers-sur-Doubs qui remettra la lettre à M. Bernard; enfin que Villiers-sur-Doubs est dans le département de Saône-et-Loire.

Où met-on le timbre-poste?

— On met le timbre-poste du même côté que l'adresse, et ordinairement dans un coin, au-dessus de l'adresse, en haut et à droite.

Pourquoi met-on un timbre-poste sur la lettre?

— . . . . .

Quand vous faites porter une lettre à quelqu'un, au lieu d'aller lui parler vous-même, il faut bien payer le service qu'on vous rend. Vous mettez la lettre à la poste; un employé vient la prendre, pour la donner à un second, puis à un troisième, et ainsi de suite jusqu'à ce qu'elle arrive au chemin de fer, par exemple. A une certaine gare, d'autres employés encore la prennent pour la déposer dans un bureau de poste où le facteur viendra la chercher pour la remettre à M. Bernard, si l'adresse porte ce nom. Pour remercier tout ce monde, vous donnez 10 centimes ordinairement, et on vous remet en échange une petite image que vous collez sur l'enveloppe. Cette image est un timbre-poste; elle signifie que vous avez acquitté votre dette de 10 centimes. Si vous négligiez de payer vous-même le port de la lettre, M. Bernard, ou en général, votre correspondant, serait obligé de payer 20 centimes pour la recevoir. Le dessin du timbre-poste est recouvert par un cachet. Pourquoi?

— On couvre d'un cachet le dessin du timbre-poste pour que celui-ci ne puisse pas servir deux fois. Autrement, en envoyant la réponse, M. Bernard pourrait se contenter de mettre le même timbre sur sa lettre, au lieu de payer à son tour 10 centimes.

Bien que le timbre soit caché en partie, nous pouvons observer comment il est fait.

— Le timbre-poste de 10 centimes est rouge clair.... Il a la forme d'un rectangle plus haut que large, mesurant un peu plus de 2 centimètres en hauteur, et un peu moins de 2 centimètres en largeur.... Ses bords sont découpés de petits

— 18e LEÇON —

crans, parce que l'on vend les timbres-poste groupés ensemble sur des feuilles où ils sont séparés les uns des autres par des lignes de trous qui permettent de les détacher plus facilement.... L'image porte en haut les mots : *République française*, écrits en majuscules, ce qui signifie que le timbre a été vendu par la poste française. Une femme debout tient toute la hauteur du timbre. Elle marche vers la gauche, le pied droit en avant, le bras droit en arrière, le bras gauche soutenant un sac qui ressemble à ceux des semeurs. Elle a même l'air de semer.

Le public l'appelle pour cette raison : *la semeuse.*

Elle est coiffée d'un bonnet comme personne n'en porte.

Ce bonnet est dit *bonnet phrygien*. Quand vous étudierez l'histoire de la Révolution française, vous apprendrez pourquoi les peintres et les sculpteurs coiffent souvent ainsi les femmes qui représentent la République française.

— La semeuse est vêtue d'une robe flottante, attachée à la ceinture, qui laisse les bras et les pieds nus, et qui permet d'apercevoir les jambes. Les femmes ne s'habillent pas ainsi pour semer.

La semeuse est vêtue à l'antique, c'est-à-dire suivant une mode perdue depuis longtemps. Le graveur qui a imaginé ce dessin a trouvé que la semeuse serait plus belle ainsi. — Remarquez que la robe ne tombe pas, l'artiste ayant pensé qu'une robe flottant au vent serait d'un meilleur effet. D'où vient donc ce vent?

— Il vient de gauche, c'est-à-dire qu'il souffle dans la figure de la semeuse. Pourtant, quand on sème, on tourne généralement le dos au vent.

On a reproché ce contresens à l'artiste, qui n'a pas osé faire une robe flottant en avant, moins gracieuse que celle-ci.

— On distingue encore, vers le milieu du timbre, une ligne blanche horizontale, avec un arc de cercle entouré de rayons. L'arc est sans doute le soleil couchant.

Et la ligne droite est l'horizon, c'est-à-dire la ligne qui paraît séparer la plaine du ciel.

— Devant la semeuse, on lit : 10 c.; et derrière, verticalement : *Postes*. On connaît ainsi le prix du timbre et son usage.

— 18ᵉ LEÇON —

Il y a bien d'autres dessins sur des timbres d'une autre couleur, parfois même d'une autre dimension et d'une autre forme. Chaque modèle correspond au prix qu'on paye pour le port de la lettre et au pays d'où elle est partie.

Il nous reste enfin à examiner les cachets.

— Les cachets sont ronds. Il y en a généralement deux sur le côté de l'enveloppe où l'adresse est écrite. Ils portent au bord, écrit en rond, le nom du bureau de poste d'où la lettre est partie. Au milieu sont des chiffres qui indiquent, en abrégé, l'heure, le jour, le mois et l'année du départ. Sur l'autre face de l'enveloppe, un autre cachet, semblable aux précédents, porte le nom du bureau où la lettre est arrivée, ainsi que la date. De cette manière, on sait combien de temps la lettre est restée en route.

— 18e LEÇON —

XIX. — L'ŒIL

Il n'est pas question d'étudier ici la structure et le fonctionnement de l'œil, mais simplement de se livrer à un examen extérieur, qu'on restreindra même à ce qui peut être observé sans un trop grand effort d'attention de la part des enfants. La matière de la leçon reste encore, comme on va le voir, suffisamment abondante.

Vous avez dû regarder vos yeux dans un miroir. Nous allons causer un peu de ce que vous avez remarqué, et vous n'aurez qu'à regarder les yeux de vos voisins pour découvrir ce qui vous a échappé tout d'abord. — Vous savez **à quoi servent les yeux ?**

— Les yeux servent à voir clair.

Est-il bien utile de voir clair ?

— Cela est très utile. Quand on ne voit pas clair, on est comme lorsqu'il fait nuit noire. On est obligé de marcher à tâtons, et l'on risque à chaque pas de tomber dans un trou ou de buter contre quelque chose. On ne peut pas travailler, ni jouer. Les aveugles sont très malheureux. Beaucoup sont forcés de mendier pour vivre.

Les aveugles sont en effet bien à plaindre. Ils sont privés de voir leurs parents et tous ceux qu'ils aiment. Les belles couleurs, le beau ciel, les belles fleurs n'existent pas pour eux. Ils peuvent bien, à force d'application et de patience, apprendre certains métiers, mais ils ne peuvent se mêler à toutes les occupations et à tous les plaisirs de ceux qui voient. Aussi ne saurions-nous trop apprécier le bonheur que nous avons de n'être point aveugles, ni observer avec trop d'attention comment sont faits nos yeux. Où sont nos yeux ?

— Nos yeux sont en avant de la tête, dans la face. Il y en a deux, un droit et un gauche, placés à la même hauteur de chaque côté du nez.

Les deux yeux sont-ils égaux, c'est-à-dire pareils ?

— Les deux yeux ont la même grandeur, mais ils ne sont pas égaux, car la droite de l'un ressemble à la gauche de l'autre. Ils sont symétriques, comme les mains.

— 19e LEÇON —

Les yeux apparaissent derrière des sortes de boutonnières formées par les paupières. **La paupière supérieure est surmontée d'une saillie poilue, dont vous connaissez le nom (fig. 28).**

— C'est le **sourcil.** Il forme un arc bombé vers le haut, et ses poils sont couchés vers les côtés de la face, à l'opposé du nez.

Comment est faite la paupière supérieure?

— La paupière supérieure est une peau fine, qui forme un pli entre son bord et le sourcil. De haut en bas, elle s'enfonce d'abord en arrière, puis elle revient en avant en se moulant sur l'œil. Elle est bordée par des poils, appelés **cils,** qui sont rangés en une seule ligne et dressés en avant. Quand on ferme l'œil pour dormir, la paupière supérieure s'abaisse et son pli s'efface presque complètement. On voit souvent de petites veines courir dans l'épaisseur de la paupière.

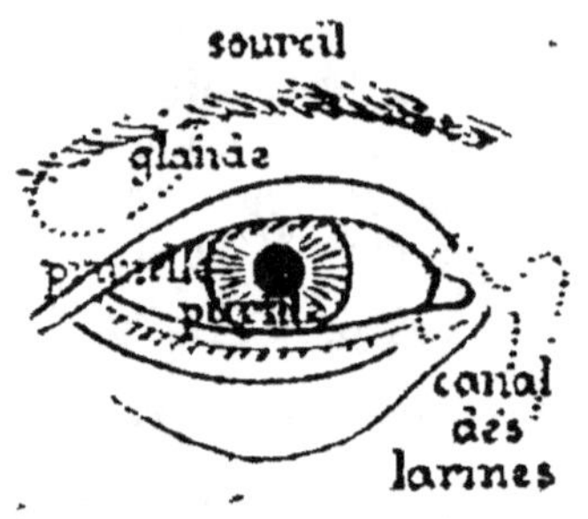

Fig. 28. — Œil droit de face.

A quoi sert la paupière supérieure?

— La paupière supérieure sert à garantir l'œil de la lumière quand on veut dormir. Elle s'abaisse aussi pour le garantir des coups et de la poussière : quand il fait du vent, je ferme les yeux sur les chemins, et je ne puis m'empêcher d'en faire autant quand un de mes camarades approche trop sa main de mon visage. A chaque instant aussi, ma paupière supérieure s'abaisse et se relève aussitôt, si vite que je n'ai même pas le temps de cesser de voir ; mais je ne sais pas pourquoi mes yeux clignent ainsi.

Vous avez dit que la paupière supérieure garantit l'œil de la lumière. Est-elle donc tout à fait opaque?... Pour répondre sûrement à ma question, tournez-vous du côté de la fenêtre, fermez les yeux et passez la main devant eux.

— Je vois comme une ombre sans forme qui va et vient devant mes yeux. La paupière supérieure est donc un peu transparente. — Quand j'ai les yeux fermés, je vois aussi des dessins et des lueurs qui changent sans cesse de forme et de couleur.

— *19ᵉ LEÇON* —

Ces dessins ne sont pas vus à travers la paupière transparente, puisqu'ils n'existent pas réellement en dehors de nous. On vous expliquera, quand vous serez plus grands, pourquoi ils se produisent. — Avez-vous remarqué quelque chose d'intéressant à propos de la **paupière inférieure?**

— La paupière inférieure est aussi une peau mince. On y voit près du bord un pli moins marqué que celui de la paupière supérieure, et, un peu plus bas, un autre pli oblique qui descend vers les côtés de la figure à partir du coin de l'œil voisin du nez. A l'autre coin, la paupière inférieure remonte se cacher sous la paupière supérieure. — La paupière inférieure est bordée de cils, disposés comme ceux de la paupière supérieure. Quand on ferme l'œil sans effort, elle remonte à peine. Mais quand on veut empêcher l'œil de s'ouvrir, elle est tirée en haut et vers le nez. On voit bien cela quand on ferme un œil seulement en se regardant dans un miroir.

Vous auriez pu faire une remarque encore au sujet des paupières. Passez sur leurs bords le bout de l'index bien sec....

— Le doigt est devenu un peu gras.

Les cils sont, en effet, munis à leur base de tout petits pots à pommade qui les oignent constamment. — Avez-vous remarqué la forme de la fente qui sépare les paupières quand l'œil est ouvert?

— La fente est plus large au milieu qu'aux deux bouts, où elle finit en pointe. Du côté du nez, elle se prolonge par une autre petite fente étroite.

Et qu'y-a-t-il dans cette autre fente?

— Dans cette fente, il y a une petite **pelote** de chair molle et rouge où l'on voit de petites artères.

Occupons-nous enfin de l'œil lui-même, de ce qu'on appelle le globe de l'œil. Il est tout à fait rond, comme une grosse bille, mais nous n'en voyons qu'une petite partie à travers la fente des paupières (fig. 29). Quelle est sa couleur, autour de la tache centrale foncée dont nous parlerons bientôt?

— Le globe de l'œil est blanc.

C'est pourquoi on l'appelle le **blanc de l'œil.** Cependant mettez un petit morceau de **papier blanc** auprès de votre œil, et que votre voisin compare les deux couleurs.

— 19ᵉ LEÇON —

— Le globe de l'œil paraît gris bleu à côté du papier.

Le blanc de l'œil est donc assez mal nommé. Regardez-le encore avec attention.

— On voit à sa surface de petites artères, surtout dans les coins. En outre, il est brillant et humide. Il y a toujours un petit filet d'eau au bord de la paupière inférieure.

Ce que vous appelez de l'eau est le liquide des **larmes**. Ce liquide se produit sur le côté de l'œil, dans une glande que vous ne pouvez pas voir. Il devient bien plus abondant quand vous avez un gros chagrin, et coule le long des joues : vous pleurez. — Ordinairement, il arrive tout doucement et s'accumule au fond de la paupière inférieure. A chaque instant la paupière supérieure vient en s'abaissant, en clignant, comme on dit, l'éponger pour en laver le devant de l'œil. Enfin, il s'écoule par deux petits trous que vous pourriez apercevoir, avec beaucoup d'attention, sur la petite boule de chair logée dans le coin, du côté du nez. En définitive, le liquide des larmes

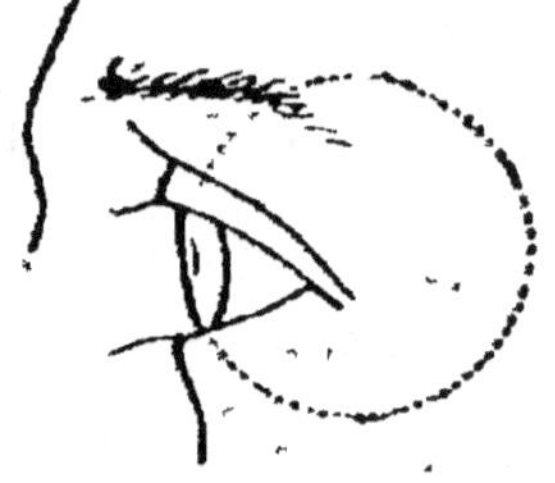

Fig. 29.

Œil gauche de profil.

tombe dans la cavité du nez. — Nous arrivons maintenant à la tache foncée qui se trouve en avant de l'œil. Vous savez son nom?

— Cette tache est la **prunelle**.

Prunelle signifie petite prune. On dit même quelquefois pruneau, par plaisanterie. Que savez-vous de la prunelle, de sa forme, de sa couleur, etc,?

— La prunelle est bien ronde. Elle est ordinairement cachée en haut et en bas par les paupières, surtout par la paupière supérieure. Mais on peut la découvrir tout à fait en ouvrant les yeux aussi grand que possible. On peut aussi la cacher tout à fait, en regardant vers le haut, sous la paupière à demi baissée. On peut encore la porter en bas, à droite ou à gauche. Elle se dirige toujours du côté où on regarde, et c'est même comme cela qu'on peut savoir de quel côté regardent les gens.

— La prunelle n'a pas la même couleur chez tout le monde. On dit que les yeux sont bleus, noirs, gris, etc., quand la prunelle est bleue, noire, grise, etc. — Du reste, la prunelle n'est pas d'une seule couleur. Elle est toujours noire au milieu, sur un espace bien rond, qu'on nomme la **pupille**. Autour de la pupille il y a des reflets de diverses couleurs, disposés en rayons. Le bord de la prunelle est aussi ordinairement plus foncé que la partie moyenne.

La pupille paraît noire parce que c'est un trou rond au travers duquel nous voyons le fond noir de l'œil. C'est par ce trou que pénètre la lumière. C'est la fenêtre par laquelle nous regardons ce qui se passe autour de nous. Mais cette fenêtre est bien curieuse : elle se rétrécit quand la lumière est trop vive et pourrait nous éblouir, tandis qu'elle s'agrandit quand la lumière est trop faible. Vous allez vous-mêmes en faire l'expérience : ceux des 1er, 3e, 5e bancs vont se tourner vers leurs camarades des 2e, 4e, 6e bancs, puis regarderont tour à tour du côté du mur et des fenêtres. On verra leurs pupilles se dilater dans le premier cas et se contracter dans le second. L'autre série fera ensuite la la même expérience à son tour.

— Je vois bien la pupille de mon camarade s'agrandir quand il regarde vers le mur, et devenir plus petite quand il regarde du côté du jour.

Dans ce dernier cas, vous pouvez faire encore une autre remarque.

— Quand l'œil est tourné vers la fenêtre, on voit à sa surface une petite image de celle-ci.

En effet, le devant de l'œil est un miroir bombé qui donne de petites images. C'est pourquoi nous l'avons trouvé brillant.

XX. — LES OS

*Les os sont intéressants par leur origine, leur mode d'accroisse-
ment, leurs formes, leur structure, leur composition chimique,
leurs articulations, leur rôle physiologique, leurs usages
directs, les utiles produits de leur décomposition, etc. Sans abor-
der tous ces sujets, l'examen des propriétés physiques de la matière osseuse nous suffira pour retenir utilement l'attention des
élèves pendant cette leçon.*

Matériel de la leçon. — Os ou débris d'os apportés en classe par
les élèves. — Os coupés, de divers types; ex. : fémur, vertèbre, omoplate. — Papier noirci à la flamme d'une bougie ou d'une lampe. —
Cuvette et eau. — Os incinéré. — Marteau.

La plupart d'entre vous ont apporté en classe des os qu'ils
avaient observés de près. C'est très bien. Je vois aussi avec
plaisir, devant quelques-uns, des jeux d'osselets qui sont là tout à
fait à leur place. Les os peuvent différer beaucoup, comme vous le
voyez, de forme et de grosseur; mais ils ont cependant quelques
ressemblances que nous allons rechercher. Quelle est la couleur des os?

— Les os sont blancs.

Vous savez qu'il y a bien des nuances de blanc. Les os ne sont
pas blancs comme la neige, ni comme le lait, ni comme le papier.

— Les os sont d'un blanc jaunâtre. Certaines parties sont un
peu plus grises. Quand un os est percé d'un trou, il est plus
blanc à l'intérieur qu'à la surface.

Peut-on faire des miroirs en os?

— On ne peut faire des miroirs en os, parce que l'os n'est
pas assez lisse, pas assez brillant.

Peut-on dire alors que l'os est mat comme la farine ou comme le
noir de fumée qui couvre cette feuille de papier?

— L'os est luisant, c'est-à-dire que lorsqu'il est devant une
fenêtre ou une lampe, on voit des places claires à sa surface.

Regardez de plus près encore.

— A la surface de l'os, il y a beaucoup de lignes fines et
courtes, disposées les unes à côté des autres. Elles sont dirigées suivant la longueur dans les os allongés. — Il y a des
endroits où l'os est grisâtre et où ces lignes sont mieux marquées. Au bout des os longs, au contraire, il n'y a nulle trace
de ligne. — On voit encore sur les os certaines bandes ou
certaines bosses qui ressortent plus ou moins : la surface y
est moins lisse. — En d'autres places, on voit parfois des
bandes creuses allongées. — Il y a aussi quelques trous,
comme si on avait piqué l'os avec une grosse épingle enfoncée
de côté.

L'os est-il transparent ou opaque?

— L'os n'est pas transparent, car on ne voit pas à travers un
os comme à travers une vitre. Mais quand il est assez mince,
il n'est pas non plus tout à fait opaque. Il laisse passer une
lueur plus ou moins jaunâtre, où l'ombre du doigt, par
exemple, se dessine bien. Il faut que l'os ait plus d'un demi-
centimètre d'épaisseur pour devenir opaque.

**Si l'on vous disait de faire trois tas, d'après la forme, des os que
vous avez devant vous, comment répartiriez-vous ceux-ci, en
supposant qu'ils soient entiers?**

— Je ferais un tas des os allongés, un tas des os arrondis et
un tas des os minces.

**Il y a en effet trois sortes d'os : les os longs, les os courts et
les os plats. — Comment sont faits les os longs?**

— Ils sont plus ou moins arrondis en travers, et plus gros
aux deux bouts qu'au milieu.

**Comparez cet os coupé vers le bout à cet autre coupé vers le
milieu.**

— Dans l'os coupé vers le bout, on voit un grand nombre de
trous (1, fig. 30) qui rappellent ceux de la mie de pain. Tout
autour, il y a comme une croûte d'os sans trous visibles.
Dans l'os coupé vers le milieu, il n'y a plus qu'un seul trou,
(2, fig. 30) beaucoup plus grand que les précédents, et alentour une croûte beaucoup plus épaisse.

**Le grand trou est rempli, chez l'animal vivant, d'une sorte de
graisse qu'on appelle *moelle*. Toutefois, cette moelle manque dans
les os des poulets, des canards et, en général, dans les os d'oi-**

— 20e LEÇON —

seaux. — Avez-vous vu comment sont faits les **os courts** à l'intérieur?

— A l'intérieur, les os courts sont remplis d'une matière osseuse criblée de trous. La surface forme une croûte serrée.

Et comment sont faits les os plats?

— Il y a sur chaque face des os plats une croûte sans trous, et au milieu de l'épaisseur une lame piquée de trous fins et nombreux.

Les os que vous avez apportés proviennent d'animaux divers: il y a des os de bœuf, de mouton, de porc, de lapin, de volaille. Vous n'avez pas cru devoir apporter des arêtes de poisson, et cependant ce sont des os aussi. — Quand on a l'habitude d'examiner des os, on reconnaît facilement à quel animal ils ont appartenu et dans quelle partie du corps ils étaient situés. — Nous ne sommes pas si savants, mais nous pouvons cependant deviner que ces gros os proviennent d'un bœuf et que cette petite omoplate ne peut être que celle d'un lapin. — Nous pouvons même reconnaître un **os d'oiseau** à un nouveau caractère que vous allez trouver vous-mêmes. Prenez cet os de lapin dans une main et cet os de poulet dans l'autre. Ils sont à peu près de même grosseur. Mais vous remarquez...?

— Je remarque que l'os de poulet est plus léger que l'os de lapin.

Promenons les doigts sur les os qui sont devant nous.

— Quand on frotte une partie criblée de trous, on sent que cela gratte.

Cette surface est *rugueuse*.

— La surface extérieure de l'os est beaucoup plus douce.

Elle est *lisse*.

— Mais il y a des endroits où la surface est encore plus lisse

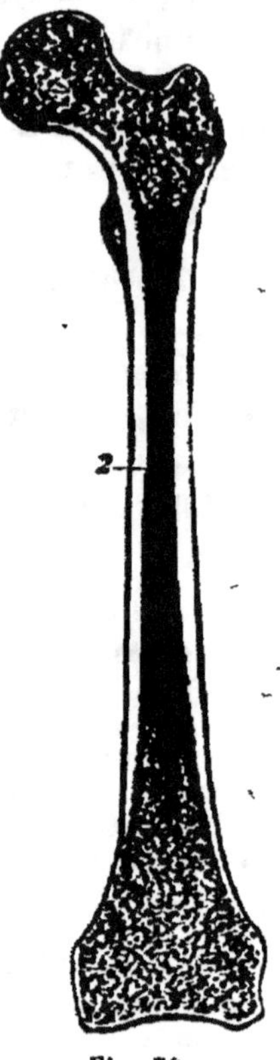

Fig. 30.

Fémur scié en long.

— 20e LEÇON —

où l'on peut même dire qu'elle est vraiment glissante. Ce sont, par exemple, les extrémités des os longs.

En ces endroits-là, précisément, les os doivent glisser sur d'autres os. Ils sont alors recouverts, quand ils sont frais ou vivants, d'une couche de matière molle comme celle qui forme l'oreille et le bout du nez. Cette matière, nommée *cartilage*, est encore plus lisse et plus glissante que l'os lui-même.
L'os est-il dur ou mou?

— L'os est dur.

Mais nous savons qu'on ne peut pas dire qu'un corps est absolument dur ou mou. Il est ordinairement plus dur que d'aucuns et plus mou que d'autres. Essayez de rayer l'os avec votre ongle.

— L'ongle ne raye pas l'os. L'os est plus dur que l'ongle.

Je gratte maintenant avec un canif la surface de cet os; je cherche à y tracer des lignes avec le même canif, et j'y arrive assez facilement. Les os que nous étudions en ce moment ont été coupés pour la plupart au moyen de scies en acier. Que faut-il conclure de tout cela?

— Il faut conclure de tout cela que l'os est moins dur que l'acier.

En résumé, l'os ne compte pas parmi les corps les plus durs, mais, néanmoins, il est plus dur que beaucoup d'autres. Quand il est taillé à angle vif, il peut rayer le bois, la craie, l'ongle, etc. — Faites ces différents essais. — Quand un corps peut en rayer un autre, il peut aussi le **couper**, s'il est convenablement façonné...

— On fait des couteaux en os, pour couper le papier, par exemple; j'en ai justement un au bout d'un porte-plume qu'on m'a donné pour mes étrennes.

Ce porte-plume, qui est rond, nous apprend que l'os peut être tourné. Il peut être aussi limé, poli au papier de verre, de sorte que l'on peut en faire toutes sortes de petits objets : étuis, boutons, manches de canifs, porte-crayons, etc. Avant de savoir tirer le fer de la terre, les hommes ont souvent employé l'os pour fabriquer leurs outils et leurs armes. On a retrouvé des grattoirs, des aiguilles, des pointes de lances et de flèches, des sifflets mêmes, qui datent de ces époques très lointaines.

— *20ᵉ LEÇON* —

Quand on touche un corps, on ressent en général une impression de fraîcheur ou de chaleur. Qu'arrive-t-il avec l'os?

— L'os est assez **frais au toucher**; il est plus frais que le bois, mais moins que le verre ou le marbre.

En frappant fort sur un os avec un marteau, pourrai-je arriver à l'aplatir, à le réduire en lame?

— L'os ne peut pas s'écraser sous le marteau; il est **cassant**. On le broie, on le réduit en poudre, mais on ne l'aplatit pas.

L'os a-t-il une **odeur**, une **saveur**?

— L'odeur et la saveur de l'os sont très faibles.

L'os est-il **élastique**?... On reconnaît qu'un corps est élastique quand il reprend sa forme première si on est parvenu à le déformer, ou encore quand on peut lui faire rendre un son.

— L'os est élastique, car mon coupe-papier se redresse quand je l'ai courbé en l'appuyant sur le bord de la table. Je sais bien, du reste, que je le casserais si j'appuyais trop fort. On fait aussi des *castagnettes* avec deux os plats maintenus l'un près de l'autre et serrés entre les doigts de la main droite.

Jetons cet os dans l'eau.

— L'os tombe au fond. Il est plus **dense** que l'eau.

Si j'avais jeté une éponge dans l'eau, je la retirerais beaucoup plus lourde que je ne l'aurais mise. En est-il de même de l'os?

— L'os ne devient pas nettement plus lourd en séjournant dans l'eau. Il **s'imbibe à peine**.

Mais si je mettais dans l'eau un morceau de sucre, je le retirerais au bout d'un instant moins gros et moins lourd. L'os se comporte-t-il de même?

— L'os ne **fond pas** dans l'eau comme le sucre.

Si j'avais à ma disposition du **vinaigre** assez fort ou un acide, je vous montrerais que l'os se décompose et se ramollit dans ces liquides. — Savez-vous ce qui arrive quand on laisse un os dans un feu très vif?... Voici le résultat de l'expérience sur un os que j'ai mis ces jours-ci dans un foyer très ardent : une cendre qui a conservé la forme de l'os lui-même, mais qui est plus blanche et plus cassante. Donc, l'os **brûle** dans le feu, en donnant beaucoup de *cendre*.

— 20ᵉ LEÇON —

XXI. — LES MOUVEMENTS

*En analysant quelques mouvements importants, on prépare utile-
ment l'étude des muscles. Dans cette leçon, qui est entièrement
accessible aux débutants, nous allons choisir nos exemples de
manière à bien montrer comment agissent les muscles, comment ils s'attachent aux organes passifs du mouvement, et
aussi comment on peut décomposer une série de mouvements
rythmés.*

Matériel de la leçon. — Une corde à sauter.

Quels organes trouve-t-on en remontant du bout des doigts
vers l'épaule?

— En remontant du bout des doigts vers l'épaule, on trouve
les doigts, la main, le poignet, l'avant-bras et le bras.

C'est de l'avant-bras que nous allons nous occuper, en nous
demandant comment il remue, quels mouvements il peut faire.
Mettez votre bras tout contre votre corps, et, sans le bouger,
élevez l'avant-bras autant que vous pourrez (fig. 31).

— Je puis très bien ainsi arriver à toucher mon épaule en
avant.

Ainsi rien n'empêche d'élever l'avant-bras. Celui-ci ne s'arrête
que lorsqu'il touche le bras en avant.... **Abaissez** maintenant
l'avant-bras.... Bien.... Continuez, c'est-à-dire efforcez-vous de
toucher votre épaule en arrière comme vous l'avez touchée en
avant.

— Je ne puis pas toucher mon épaule en arrière avec mon
avant-bras. Lorsque mon avant-bras est arrivé dans la direction du bras, je ne puis pas le tourner davantage.

Il y a donc quelque chose dans le coude qui empêche l'avant-bras
de se plier en arrière, mais il n'y a rien qui l'empêche de se
plier en avant. Pouvez-vous amener l'avant-bras devant la
poitrine, toujours sans bouger le bras?

— Je puis facilement faire ce mouvement.

Cependant je crois bien que votre bras bouge dans ce cas. Recommencez le même mouvement avec l'avant-bras droit, en mainte-

nant le bras du même côté avec la main gauche. Que sentez-vous?

— Je sens le bras qui tourne en même temps que l'avant-bras.

En effet, on ne peut amener l'avant-bras devant la poitrine sans entraîner le bras, qui tourne sur lui-même. C'est alors l'épaule seulement qui reste fixe. Essayez maintenant de porter en dehors l'avant-bras à moitié plié.

— Je sens encore mon bras qui tourne dans ma main. Mais quand mon avant-bras est juste de côté, je ne puis pas le tourner davantage.

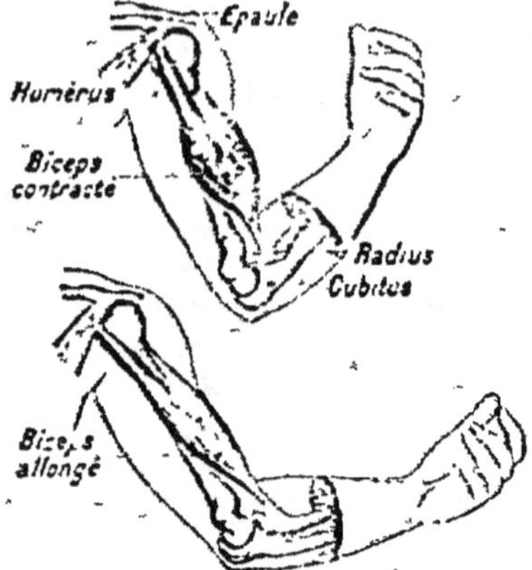

Fig. 31. — Mouvements de l'avant-bras.

Il y a encore un mouvement que vous pouvez faire sans remuer le bras. Posez le poignet sur la table....

— Je puis tourner en haut soit le dedans de la main, soit le dos. Cette fois je ne sens pas du tout mon bras remuer.

Recommencez à relever l'avant-bras, en serrant votre bras dans votre main gauche....

— Je sens quelque chose qui roule sous ma main, qui remonte et qui grossit quand je lève l'avant-bras, qui semble disparaître quand je l'abaisse.

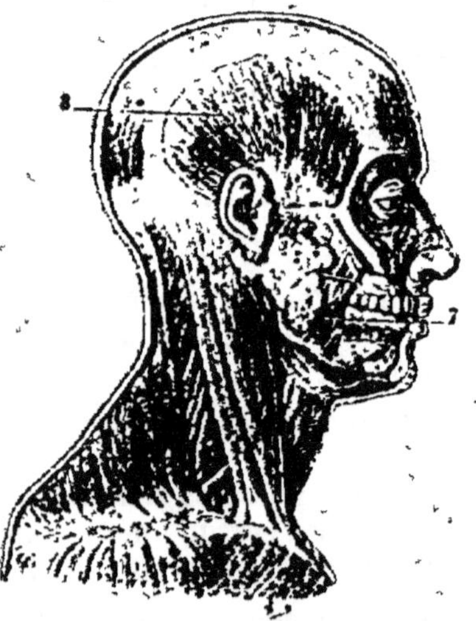

Fig. 32.
Mouvements de la mâchoire inférieure.

Vous n'osez pas dire qu'on croirait une petite souris qui court sous la peau. Mais d'autres l'ont dit avant vous, et ils ont appelé *muscle*, c'est-à-dire petite souris, ce qu'on sent rouler ou durcir sous la peau quand on fait un mouvement. — Je vais vous faire sentir d'autres muscles: essayez de remuer la mâchoire dans toutes les directions (fig. 52).

— 21e LEÇON —

— Je puis abaisser et relever la mâchoire. Je puis aussi la faire avancer et la faire reculer. Je puis enfin la porter à droite et à gauche.

Pendant que vous faites ces mouvements, mettez un doigt en avant de l'oreille.

— Je sens encore une bosse qui roule sous mon doigt, mais elle est plus petite et plus dure que celle de mon bras.

Cette bosse n'est pas un muscle, en effet. C'est un os arrondi qui roule sous l'os de la tempe quand nous remuons la mâchoire. A partir de cet os, promenez le doigt horizontalement, en appuyant, jusque vers le milieu de la joue. Vous sentez partout un os sous la peau. Mais la joue est plus molle au-dessus et au-dessous de la ligne que vous suivez. Au-dessus de cette ligne, c'est la *tempe*. Mettez le bout des doigts sur votre tempe, puis ouvrez et fermez la bouche.

— Je sens un muscle (8, fig. 32) qui durcit et se gonfle quand je ferme la bouche.

Suivez maintenant la joue en descendant depuis la boule osseuse que vous avez sentie tout à l'heure. Vous arrivez à un endroit où la mâchoire forme comme une pointe émoussée. Mettez le bout des doigts entre cette pointe et la ligne osseuse qui traverse la joue, puis serrez fortement les mâchoires, comme lorsque vous mangez.

— Je sens encore très bien un muscle qui durcit (7, fig. 32).

Donc, dans certains mouvements, on sent des muscles qui durcissent. Dans les mouvements inverses, ces muscles deviennent plus mous et semblent disparaître sous la peau. En observant mieux, nous allons voir qu'alors ce sont d'autres muscles qui durcissent à leur tour. Entourez encore le bras droit avec la main gauche, en tâtant surtout avec le pouce, vers le haut. Quand vous relevez l'avant-bras, vous sentez un muscle placé en avant du bras remonter et durcir. Quand vous abaissez l'avant-bras en le tendant comme si vous vouliez le plier en arrière…

— En tendant bien l'avant-bras, je sens un muscle qui remonte et durcit en arrière du bras.

C'est une règle générale que les mouvements soient produits par des muscles qui durcissent et se gonflent à tour de rôle. — Les mouvements des doigts (fig. 33) vont nous apprendre autre chose. Mais d'abord quels sont ces mouvements?

— *21ᵉ LEÇON* —

— **Les doigts peuvent** se plier en trois ou s'étendre en ligne droite. Ils se plient vers la paume de la main, mais non en sens inverse. Ils peuvent encore s'écarter ou se rapprocher.

Pliez et étendez fortement les doigts plusieurs fois de suite.

— Je sens sous la peau du dos de la main des cordons qui font suite aux doigts et qui vont se perdre dans le poignet.

Recommencez les mêmes mouvements en serrant l'avant-bras droit dans la main gauche.

— Je sens les mouvements des muscles.

Les cordons que vous sentiez tout à l'heure à travers la peau sur la main servent à rattacher les muscles aux os qu'ils font mouvoir. On les nomme *tendons*.

Pour terminer, nous allons apprendre — ne riez pas — comment nous faisons pour marcher et pour **courir**. Pour cela, vous allez marcher tout doucement, tout douce-ment, comme si vous vouliez surprendre quelqu'un, en observant bien ce que vous faites. Vous aurez soin de vous arrêter juste au moment où je vous en donnerai le si-gnal. Partez du pied gauche.... Halte !

Fig. 33.
Mouvements des doigts.

Comment posez-vous le pied à terre? Par la pointe ou par le talon?

— Je pose le pied à terre par le talon.

La jambe du même côté est-elle tendue ou pliée?

— La jambe du même côté est tendue.

Quand le pied gauche est posé à plat, comment est l'autre?

— L'autre pied pose à terre par la pointe. En outre, la jambe droite est pliée.

Comment vous y prenez-vous pour faire passer la jambe droite devant la gauche?

— Je m'appuie sur ma jambe gauche, et la jambe droite passe sans toucher terre. Je pose alors le pied droit par le talon.

Prenez cette corde entre vos mains et servez-vous-en comme quand vous sautez à la corde, mais en marchant.

-- 21ᵉ LEÇON --

— La corde ne peut pas passer.

Pourquoi?

— Parce que, lorsqu'on marche, le corps ne quitte pas la terre comme quand on saute, et il y a toujours un pied qui empêche la corde de passer.

Il y a même un instant où les deux pieds posent à terre ensemble. Quand on court, on s'appuie soit sur une jambe, soit sur l'autre, mais non sur les deux à la fois. Enfin, comme vous l'avez dit, lorsqu'on saute, il y a un moment où le corps est lancé au-dessus du sol. C'est pourquoi on peut sauter à la corde.

— 21ᵉ LEÇON —

XXII. — LE CHIEN

*Le caractère saillant de l'exercice actuel, c'est de mettre en jeu la
mémoire autant que la faculté d'observation volontaire et attentive. Ce qui sera dit ici du chien sera justifié par des remarques faites en dehors de la classe et antérieurement à la leçon.
Un tel genre d'exercice est fort recommandable lorsqu'il vient
s'intercaler de temps en temps parmi les exercices d'observation
directe, conduits par le maître. On ne saurait lui reprocher de
substituer la leçon de mots à la leçon de choses, car il s'agit
en l'espèce, non d'enrichir le vocabulaire de l'enfant, mais de
lui faire exposer de mémoire ses constatations personnelles. Au
reste, rien n'empêche de raviver et de préciser les souvenirs
des élèves en mettant sous leurs yeux des tableaux ou des gravures représentant des chiens.*

Matériel de la leçon. — Tableau mural ou gravures se rapportant
au chien (fig. 34). — Pièces squelettiques et, en particulier, tête ou
mâchoire de chien.

Puisque vous avez regardé attentivement tous les chiens que
vous avez rencontrés
depuis notre dernière
leçon, vous pouvez
me dire ce que c'est
qu'un chien?

— Un chien est
un animal.

Un chien est-il un
animal qui vole
comme un corbeau,
ou qui nage comme
une truite?

Fig. 34. — Un chien.

— Un chien ne
vole pas; il ne nage pas non plus; il marche, court ou
saute.... Il vit sur terre, et non dans l'air ou dans l'eau....
Cependant, un chien jeté à l'eau nage très bien ordinairement pour revenir au bord.

Quelle est la grandeur d'un chien? Connaissez-vous d'autres

— 22ᵉ LEÇON —

animaux qui vivent sur terre et qui sont toujours plus petits que les plus petits chiens, ou plus gros que les plus gros chiens?

— Une souris est toujours plus petite que n'importe quel chien, et on n'a jamais vu de chien aussi gros qu'un cheval.

Quelles sont les différentes parties du corps d'un chien?

— Les différentes parties du corps d'un chien sont : la tête en avant, le tronc au milieu, la queue en arrière, les pattes en dessous, en avant et en arrière du tronc.... Les chiens ont quatre pattes....

Quelle est la couleur d'un chien?

— Il y a des chiens de toutes les couleurs.

Cependant, je ne connais pas de chiens bleus ou verts. Et vous?

— Il n'y a pas de chiens de ces couleurs-là, ni de chiens violets non plus; mais il y a des chiens blancs et des chiens noirs, des chiens roux clair ou roux foncé, des chiens gris, des chiens de deux ou trois de ces couleurs.

De quoi est couvert le corps d'un chien?

— Le corps d'un chien est couvert partout de poils, sauf aux yeux, au bout du museau, sous les doigts....

Ces poils sont-ils longs ou courts?

— Cela dépend des races.... Il y a des chiens à poil tout ras et d'autres à poils longs ou à poils frisés. C'est pour ceux-ci que passe de temps en temps le tondeur de chiens.... Quand ils n'ont pas les poils ras, les chiens les ont surtout longs sous la queue et sur les côtés du tronc; au contraire, ils les ont ordinairement plus courts au bout des pattes et surtout en avant.

Nous pouvons maintenant étudier en particulier chacune des régions du corps que vous avez reconnues tout à l'heure. D'abord la tête.

— La tête est étroite en avant, de la pointe du museau jusqu'aux yeux, et plus large en arrière, des yeux au cou.... Le museau se termine en avant et en haut par une place sans poils, toujours humide et fraîche.... Les narines s'ouvrent en avant.... La lèvre supérieure est relevée au milieu et pendante sur les côtés.... Elle cache à peu près complètement la lèvre inférieure, sauf en avant.... La gueule est largement fendue....

Avez-vous pu examiner les **dents**, pendant que le chien bâillait?

— Il y a d'abord en avant une rangée de petites dents... au nombre de six.... Puis viennent les crocs, plus pointus et plus longs.... En arrière, on voit encore d'autres dents, plus grosses, avec des pointes, mais il n'est pas facile de les compter.

Vous les observerez et les compterez plus facilement sur cette demi-mâchoire inférieure de chien, échantillon de notre musée scolaire.

— Les dents qui sont en arrière des crocs portent une pointe en leur milieu. Les cinq premières sont de plus en plus grosses d'avant en arrière.... Les deux dernières sont faites différemment.... Au lieu d'une pointe, elles portent plusieurs bosses.

Vous avez bien vu. Remarquez de nouveau la cinquième dent en arrière des crocs. C'est la plus grosse et la plus solide de toutes, comme vous pouvez vous en assurer. C'est avec cette dent que le chien s'efforce de briser les os pour en sucer la moelle. Voilà pourquoi il pousse dans le coin de la bouche l'os qu'il veut broyer. La mâchoire supérieure est armée de dents disposées à peu près comme celles de la mâchoire inférieure. Cependant on ne compte que six dents en arrière des crocs. Que voit-on encore dans la bouche?

— Dans la bouche, on voit encore la langue, étroite et mince, qui paraît un peu élargie en avant.... Le chien se sert de sa langue pour boire, ou, comme on dit, pour laper.... Quand un chien a très chaud, il respire avec précipitation, et sa langue va et vient, tirée hors de la bouche.

Remarquez que le front est en saillie très nette au-dessus de la ligne du nez. Les yeux sont placés de chaque côté, dans l'intervalle des deux régions de la tête.

— Les **yeux** du chien ne sont pas cachés comme les nôtres, sous des sourcils épais, mais on y voit une prunelle ronde, au milieu de laquelle est une pupille, ronde également. Ces yeux ont souvent un reflet particulier, qu'on ne remarque pas dans les yeux de l'homme.

Qu'avez-vous à dire des **oreilles**?

— 22ᵉ LEÇON —

— **Les oreilles** sont plus souvent pendantes que dressées.... On coupe les oreilles des boules-dogues, qui sont des chiens batailleurs. -

Les chiens sauvages ont au contraire les oreilles droites et pointues. Mais cela nous intéresse peu, car nous ne connaissons guère que les chiens domestiques, c'est-à-dire ceux qui vivent dans la maison d'un maître, auquel ils obéissent. — Après avoir examiné la tête du chien, laissons, sans nous en occuper, la région du cou, qui va s'élargissant vers le tronc, et dites-moi si ce dernier a quelque chose de remarquable dans sa forme.

— Le tronc est plus haut et un peu plus épais en avant qu'en arrière. L'épaule y forme une bosse allongée de haut en bas et d'arrière en avant. Derrière l'épaule, on voit souvent plus ou moins bien les **côtes** sous la peau des chiens à poil ras. Puis, le tronc s'amincit jusqu'au **bassin**, où s'attachent les pattes de derrière.

Avez-vous quelque chose à dire de la **queue**?

— La queue est longue ordinairement, sans arriver toutefois jusqu'à terre. Elle peut se courber dans tous les sens, et le chien la fait aller vivement comme un fouet quand il est content.

Occupons-nous maintenant des **pattes**.

— Les pattes de devant sont toutes deux pareilles, ou plutôt symétriques; à l'endroit où elles se détachent du tronc, elles ont une bosse en arrière.

Cette bosse est le **coude**. Car les chiens ont des bras, tout comme nous, mais ces bras sont cachés sous la peau du tronc. Seul, l'avant-bras est libre. C'est l'avant-bras qui forme la plus grande partie de la patte de devant.

— La patte de devant va s'amincissant un peu vers le bas jusqu'à une seconde bosse bien marquée surtout en arrière.

C'est le **poignet**. Au-dessous, se trouve ce qu'on pourrait appeler la **main** du chien.

— Ainsi le chien ne marche que sur les **doigts** à moitié repliés.

Avez-vous compté ces doigts et savez-vous comment ils se terminent?

— **22ᵉ LEÇON** —

— Chaque patte de devant a cinq doigts, terminés par des **griffes** étroites, courbées et pointues.

Passons aux pattes de derrière.

— Les pattes de derrière sont symétriques entre elles comme les pattes de devant. Elles sont plus larges en haut, où l'on voit une bosse osseuse en avant, un peu au-dessous du tronc.

Cette bosse est le **genou**. Les cuisses des chiens sont cachées sous la peau du tronc, comme leurs bras.

— Au-dessous du genou, les jambes du chien se portent en arrière en descendant jusqu'à une bosse très apparente, située en dessus de la patte.

Vous voulez parler du **talon**, au-dessous duquel est le pied.

— Le pied du chien est donc toujours relevé, et l'animal ne pose à terre en arrière que sur ses doigts à moitié repliés, comme ceux de devant.

Combien de doigts aux pieds de derrière?

— Il n'y a que quatre doigts aux pieds de derrière. Le pouce manque. Ces doigts sont terminés, comme ceux de devant, par des **griffes** étroites, courbées et pointues.

Devinez-vous pourquoi le chien ne marche que sur les doigts?

— C'est sans doute pour aller plus vite, car, lorsqu'on veut courir légèrement, on ne pose pas le talon à terre.

C'est, en effet, exact. — Toutes les fois que vous voyez un chien, vous le reconnaissez sans peine. Mais pouvez-vous savoir s'il y a un chien dans une maison, sans l'avoir jamais vu?

— On sait qu'il y a un chien dans une maison quand on entend **aboyer**.

Pour trouver un chien, il faut que vous le voyiez ou que vous l'entendiez. Mais le chien est bien plus subtil que vous : alors même que vous seriez caché et que vous ne feriez aucun bruit, un chien saurait vous retrouver....

— Le chien a le **flair** très délicat. Nous laissons derrière nous une odeur que nous ne sentons pas, mais que le chien sent bien. C'est pourquoi il retrouve si facilement la trace de son maître. C'est aussi grâce à son odorat qu'il peut **suivre** la piste du gibier et en découvrir la retraite.

— 15ᵉ LEÇON —

XXIII. — LA TÊTE DE LAPIN

On a l'habitude de jeter les os de lapin, de poule, etc., après en avoir détaché la chair. Le mieux est, en effet, de s'en débarrasser quand le temps manque pour les regarder de près. Mais tel n'est pas notre cas. Ces mêmes déchets, recueillis, lavés à l'eau bouillante, brossés soigneusement, dépouillés aussi complètement que possible des chairs, des tendons, des nerfs et de la graisse qui y adhèrent, deviennent d'attrayants objets d'étude. Nous supposons ici que certains élèves ont traité de cette manière quelques têtes de lapin. Le maître, du moins, aura pu lui-même faire cette préparation. Quoique de tels spécimens ne puissent en général faire honneur à des naturalistes de profession, on aura soin de les conserver d'une année à l'autre, afin d'augmenter avec le temps le nombre des échantillons disponibles. La même pratique est d'ailleurs recommandable pour les os des membres, l'épaule, le bassin, les côtes, la colonne vertébrale, et, en général, le squelette des petits vertébrés.

Matériel de la leçon. — Têtes de lapins préparées et apportées en classe par le maître et les élèves. — Une paire de petites pinces.

Vous connaissez tous le lapin. Vous pourriez, par conséquent, en faire de mémoire un portrait ressemblant.

— Le lapin est un petit animal velu qu'on élève dans les clapiers ou dans les garennes. Il a quatre pattes armées de griffes, un pelage souvent gris, ou blanc, ou roux, ou noir. Sa forme est ramassée quand il est au repos, mais, quand il se sauve, il s'allonge au contraire beaucoup. Il bondit facilement, grâce à ses pattes de derrière, plus longues que celles de devant. Il a de longues oreilles couchées en arrière. Sa tête, allongée en forme d'œuf, plus étroite en avant, se termine par une bouche et des naseaux qui sont presque toujours en mouvement.

Nous allons étudier seulement la tête de cet animal (fig. 35) afin de voir en quoi elle ressemble à la nôtre et par quoi elle et diffère.

En combien de pièces s'est séparé le squelette de cette tête?

— En deux ou en trois, selon que les demi-mâchoires inférieures sont restées réunies ou non.

Remarquez que le squelette de notre tête aussi n'est formé que de deux pièces, savoir : la mâchoire inférieure, et tout le reste. Commençons donc par examiner la mâchoire inférieure.

— La mâchoire inférieure est un os à peu près plat, pointu en avant, beaucoup plus large en arrière. On peut y distinguer deux régions : celle d'avant, qui est plus épaisse et porte les dents ; celle d'arrière, qui est beaucoup plus mince, translucide, avec des bourrelets d'épaississement sur les bords et au milieu.

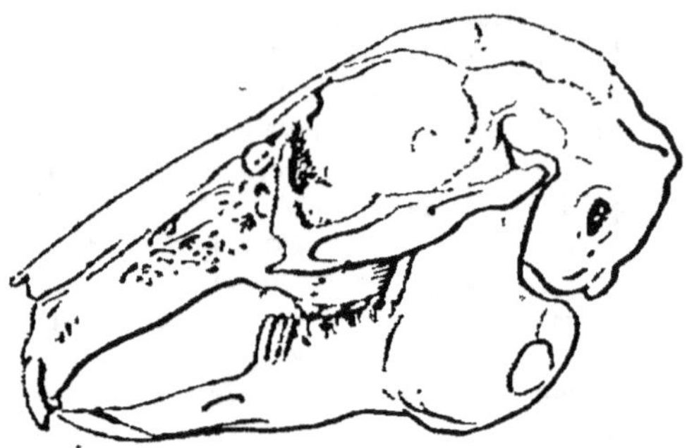

Fig. 55. — Squelette d'une tête de lapin.

Appuyez avec la main sur votre mâchoire inférieure en partant du menton et en suivant le bord.

— Ce bord est à peu près horizontal dans sa première partie ; il est de moins en moins épais ; arrivé au milieu du côté de la tête, il monte tout droit vers l'oreille.

L'angle de la mâchoire, à l'origine de la branche montante, est plus allongé et plus arrondi chez le lapin ; en outre, la branche montante elle-même est échancrée en arrière, ce qui n'a pas lieu chez nous ; mais ce sont là des différences sans grande importance. Vous allez en découvrir de bien plus remarquables, dans la disposition des **dents** d'abord. Comment sont distribuées celles-ci à la mâchoire inférieure ?

— A chaque demi-mâchoire inférieure, il y a, tout en avant, une dent tranchante comme un ciseau.

Cette dent se nomme, à cause de cela, une **incisive**. Continuez...

— Puis la mâchoire est dégarnie de dents sur une certaine longueur ; elle est bordée en haut par un tout petit bourrelet ; enfin son bord remonte et porte d'autres dents. On en compte facilement cinq si on regarde la mâchoire en dedans ; mais, sur la face tournée en dehors, on les distingue moins bien, parce qu'elles sont creusées de sillons profonds dans leur longueur ; la première dent porte deux sillons ; les autres n'en portent qu'un. En regardant ces dents avec attention, tant par-dessus que par côté, il apparaît que la première dent est formée par trois dents plates collées ensemble, et que les autres sont formées de deux dents soudées de même.

Ces dents sont-elles plus brillantes ou moins brillantes que l'os où elles s'implantent?

— Elles sont plus brillantes et tachées de brun vers le haut. Leur face supérieure est creusée de deux ou trois enfoncements peu profonds, jaunâtres au centre.

Vous avez certainement vu déjà une dent arrachée. Elle est plus longue que la partie visible en place. Mais la différence est-elle bien grande?

— Une dent entière, avec sa racine, peut être deux ou trois fois aussi longue que la partie visible.

Regardez cette incisive de lapin encore attachée à la mâchoire inférieure.

— En dessous, elle dépasse l'os au moins deux fois plus qu'en dessus.

Arrachons-la, ce qui est très facile.

— Elle est très longue ; en place, elle s'enfonçait dans la mâchoire jusqu'à une bosse qu'on voit, en dedans, près des cinq autres dents du fond.

Celles-ci sont-elles aussi profondément enfoncées?

— La première descend très bas, jusqu'à une bosse située aussi en dedans, un peu au-dessous et en arrière de la précédente ; les autres dents s'enfoncent, sauf la dernière, jusque vers le bas de la mâchoire, mais sans former de bosses bien apparentes.

Passez le doigt sur les dents du fond de votre bouche, puis sur celles du lapin.

— Dans notre bouche, les dents du fond portent des pointes arrondies ; celles du lapin font l'effet d'une râpe.

Comment pouvez-vous faire mouvoir votre mâchoire inférieure?

— On peut la faire aller de haut en bas ou de bas en haut, d'avant en arrière et inversement, de droite à gauche et de gauche à droite.

— 23e LEÇON —

Placez le doigt en avant du trou de votre oreille et abaissez la mâchoire inférieure.

— Quand la mâchoire s'abaisse, on sent une bosse qui roule sous le doigt.

Regardez le haut de la mâchoire inférieure du lapin.

— Il y a là aussi une sorte de boule glissante qui se prolonge en arrière par un bord étroit.

Mettons cette mâchoire en place.

— La boule vient se loger dans une rainure située entre la tête et une sorte de pont qui borde en bas la cavité de l'œil.

D'après cela, le mouvement le plus facile de la mâchoire inférieure est le mouvement d'avant en arrière. C'est aussi le plus important pour le lapin. Vous savez en effet que celui-ci grignote, *ronge*, c'est-à-dire qu'il gratte la surface de ses aliments. Or, de même qu'on pousse en long une lime rayée en travers, de même le lapin pousse en avant sa mâchoire, où les dents forment des crêtes transversales

Regardons maintenant le reste de la tête.

— Le dessus de la tête est lisse. D'avant en arrière, en partant des narines, il est d'abord plat, puis il se bombe vers le cou. En se plaçant de côté, on voit des dents en avant, comme à la mâchoire inférieure, puis un long intervalle dépourvu de dents, puis les dents du fond de la bouche, puis la place de l'œil, puis le derrière de la tête, avec le trou de l'oreille en arrière de l'attache de la mâchoire.

Observons de près les incisives de la mâchoire supérieure.

— Elles ne ressemblent pas tout à fait à celles de la mâchoire inférieure; elles portent un sillon suivant toute leur longueur, au milieu, tandis que les précédentes sont simplement marquées de raies peu apparentes, serrées en travers. Elles sont aussi très longues et arquées; on peut suivre aisément leur trajet sous la surface de l'os. Les incisives du haut et du bas sont toutes quatre translucides, mais cependant plus blanches et plus opaques dans leur partie découverte, surtout en avant.

Vous n'avez pas pu manquer de voir, en arrière des incisives supérieures, deux autres dents beaucoup plus petites.

— *23ᵉ LEÇON* —

— Elles sont arrondies en travers et plates au bout; elles ne s'enfoncent guère que d'un centimètre dans la mâchoire; elles sont aussi plus blanches et plus opaques en avant.

Il nous reste encore à examiner les **dents** du **fond** de la mâchoire supérieure. Arrachons-les avec de petites pinces pour mieux les compter.

— Il y en a six, la première et la dernière beaucoup plus petites que les autres; elles sont bien plus larges en travers que les inférieures: elles ont de même au milieu une crête entourée de jaune sur trois côtés, en fer à cheval.

L'ensemble de ces dents forme une seconde râpe au-dessus de la première.

L'os qui porte les incisives se continue en arrière jusqu'à l'œil par une baguette osseuse, surmontée de deux os plats et longs. Avons-nous des os analogues à ceux-là?

— Ce sont les **os du nez**.

Sur les côtés, on voit une sorte d'éponge osseuse, continuée par l'os qui porte les dents du fond de la bouche : c'est l'équivalent de notre mâchoire supérieure. Nous avons déjà remarqué la lame osseuse qui borde l'œil en bas. En arrière des os du nez, au-dessus de l'œil, sont deux autres os, engrenés ensemble par une ligne dentelée en arrière : ce sont les **os du front**. — Plus en arrière encore, séparés par une ligne dentelée aux sinuosités très marquées, sont deux os à peu près carrés, correspondant aux os du côté de notre tête. Des lignes très dentelées les séparent aussi du front en avant, des **tempes** sur le côté, et de l'occiput en arrière.

L'os de la tempe porte un grand trou rond avec rebord osseux : c'est le **trou de l'oreille**, au-dessous duquel pend un sac osseux. Vous pouvez sentir, derrière votre oreille, une bosse tout à fait comparable à ce sac. La tempe envoie en avant un prolongement qui se réunit à celui de la mâchoire supérieure.

L'os du derrière de la tête, par lequel nous terminerons cette description, est un peu compliqué, avec sa surface rugueuse et ses crêtes : nous possédons son équivalent au-dessus de la nuque. Il est percé en arrière d'un grand trou, qui s'ouvre sur un espace vide, rétréci en avant, où était logée la cervelle chez l'animal

— 25ᵉ LEÇON —

vivant. En arrière du trou, vers le bas et de chaque côté, vous remarquez deux bourrelets; c'est par là que la tête s'attachait à la colonne vertébrale. En effet, la première vertèbre est creusée de deux rigoles disposées pour recevoir ces bourrelets.

Vous voyez donc que, malgré la différence d'aspect, une tête de lapin est conformée, dans ses dispositions générales, comme une tête d'homme. Les plus grandes dissemblances portent sur la dentition, ce qui s'explique par le fait que nous ne sommes pas des *rongeurs*, comme le lapin.

— 23ᵉ LEÇON —

XXIV. — L'ŒUF DE POULE

L'œuf est intéressant : au point de vue biologique, comme représentant l'état précoce d'un oiseau ; au point de vue hygiénique, par sa valeur alimentaire ; au point de vue chimique, par la variété et la complexité des substances minérales et organiques qui le composent. Mais, ajournant ces diverses études, nous nous contenterons, dans cette leçon préliminaire, d'observer la forme et la couleur de l'œuf, de mesurer ses dimensions et de reconnaître — sans nous astreindre à les nommer toutes — les différentes parties qui le composent, en constatant leurs propriétés physiques les plus évidentes.

Matériel de la leçon. — Un œuf frais et un œuf dur. — Une assiette. — Une fourchette. — Un décimètre.

Comment feriez-vous le portrait d'un œuf à quelqu'un qui n'en aurait jamais vu?

— Un œuf est un objet **rond**, blanc, fragile...

Quand on dit qu'un corps est rond, il faut s'expliquer, car il y a bien des sortes de corps ronds qui ne se ressemblent guère. Citez vous-mêmes des corps ronds très différents des œufs par la forme, et différents aussi les uns des autres.

— Un sou,... une roue,... une baguette,... un boisseau,... une boule,... un pain de sucre,... un anneau,... un tonneau,... un seau évasé,... un saladier,... une soupière,... une assiette,... une tasse,... une toupie,... la tête...

Dans tout ce qui vient d'être cité, choisissez les trois choses qui ressemblent le plus à l'œuf.

— Dans ce qui vient d'être cité, la boule, le tonneau, la tête sont les trois choses qui ressemblent le plus à l'œuf.

En quoi une boule ressemble-t-elle à un œuf?

— Une boule ressemble à un œuf en ce qu'elle a une forme régulière.... Quand on regarde un œuf par le bout, surtout par le gros bout, on croirait voir une boule.... Un œuf couché peut rouler comme une boule.

Et en quoi une boule diffère-t-elle d'un œuf?

— 24e LEÇON —

— Une boule est arrondie régulièrement et de la même manière dans tous les sens, tandis qu'un œuf est allongé dans une direction. On peut dire qu'un œuf est debout ou couché, on ne peut pas en dire autant d'une boule.

Comparez, de la même manière, la forme du tonneau et celle de l'œuf.

— Le tonneau et l'œuf ont une forme allongée, amincie vers les deux bouts. Mais le tonneau est terminé par deux surfaces plates, tandis que l'œuf est arrondi partout. En outre, la partie la plus épaisse du tonneau est juste au milieu de sa longueur, tandis que la partie la plus épaisse de l'œuf est plus voisine du gros bout que du petit. Les deux bases du tonneau sont pareilles, tandis que l'œuf a un gros bout et un petit bout.

Comparez, enfin, la forme de la **tête** et celle de l'œuf.

— La tête ressemble à l'œuf en ce qu'elle est plus grosse en arrière et amincie en avant. Mais elle est beaucoup moins régulière. Notamment la bouche, le nez, les yeux et les oreilles, avec les angles de la mâchoire inférieure, rendent sa forme beaucoup plus compliquée.

Vous avez dit que l'œuf est **blanc**?

— L'œuf est vraiment blanc à l'ordinaire. Cependant, on peut souvent dire aussi qu'il est **jaunâtre**.

Quelle est la **grosseur** d'un œuf de poule? Citez d'autres corps aussi gros, ou plus gros, ou moins gros.

— Un œuf de poule est à peu près de la grosseur d'une petite poire ou d'une petite pomme de terre. Il est plus gros qu'une cerise, une prune ou un abricot. Mais il est plus petit qu'une pomme de moyenne grosseur, plus petit que le poing d'un écolier ou d'une grande personne.

Le mieux est de dire, en centimètres et millimètres, quelle est sa longueur et quelle est sa largeur. **Mesurez-les.**

— On ne peut pas mesurer la longueur ni la largeur d'un œuf, puisqu'il ne pose à terre que par son milieu.

Nous allons, cependant, faire cette chose que vous croyez impossible : je place l'œuf que voici entre deux livres qui touchent ses bouts. Mesurons la distance entre les deux livres. Combien trouvez-vous?

— 24ᵉ LEÇON —

-- Je trouve 5 centimètres et 8 millimètres,

C'est justement la longueur de l'œuf. Pour trouver sa largeur, je le cale à droite et à gauche par les deux livres, dont la distance est maintenant...?

— La distance des deux livres est maintenant de 4 centimètres et 4 millimètres.

Quel est l'aspect de l'œuf?

— L'œuf est mat ou à peine luisant. Il porte à sa surface un grand nombre de piqûres. Quand on le place devant une lumière vive ou devant une lampe, il est un peu translucide, et l'on voit à sa surface des taches claires plus ou moins étendues qui lui donnent l'apparence du marbre, et qui indiquent que la *coquille* n'a pas partout la même épaisseur.

Je casse maintenant, avec précaution, la coquille au gros bout. Ai-je beaucoup de peine?

— Non, Monsieur, il est très facile de casser un œuf. On casse même souvent les œufs sans le vouloir. On dit que les œufs sont très fragiles.

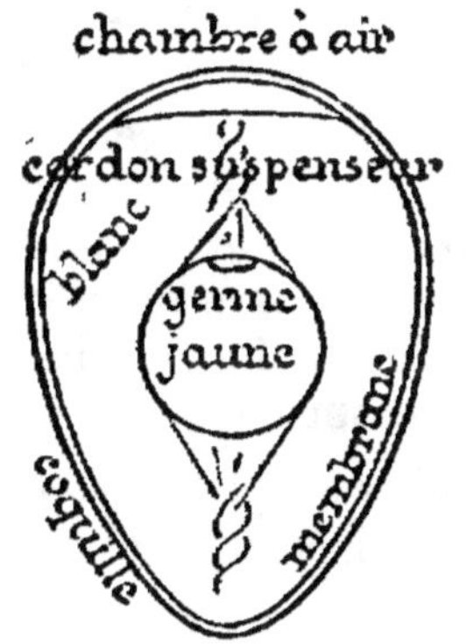

Fig. 36. — Œuf de poule.

Si la coquille était une enveloppe de drap ou de cuir, pourrais-je ainsi la casser en frappant dessus avec mon canif?

— Non, Monsieur. La coquille se casse quand on la frappe, parce qu'elle **est rigide**. Et elle se casse facilement parce qu'elle est **mince**.

Quelle est à peu près l'épaisseur d'une coquille d'œuf? **Mesurez-la.**

— Une coquille d'œuf a moins d'un millimètre, et même moins d'un demi-millimètre d'épaisseur.

Que trouvons-nous **sous la coquille?** Regardez bien (fig. 36).

— Sous la coquille, il y a comme une doublure. C'est une peau blanchâtre, translucide, bien plus mince encore que la coquille même. Elle se déchire très facilement.

Puisque j'ai fait un trou au gros bout de l'œuf et que j'ai déchiré

— 24e LEÇON —

la peau qui double la coquille, le contenu de l'œuf doit pouvoir couler. **Essayons.**

— L'œuf ne coule pas.

Pourquoi? Voyez vous-mêmes.

— L'œuf ne coule pas parce que, **sous la première peau**, il y en a une seconde. A voir comme celle-ci tremblote et se fripe lorsqu'on remue l'œuf, elle semble aussi bien mince et bien fragile.

Je déchire cette seconde peau, et, cette fois, je puis **vider l'œuf** dans une assiette. Le trou que j'ai fait à la coquille étant petit, vous allez observer des choses intéressantes.

— Je vois descendre de la coquille une sorte de boudin transparent, qui s'allonge de plus en plus et s'amincit en bas. Quand il arrive à l'assiette, il s'étale comme de l'huile, pendant qu'une colonne transparente continue à sortir de l'œuf. A la fin, il reste une matière blanche comme de l'ouate mouillée, suspendue au trou. Elle tombe à son tour.

Il reste quelque chose dans la coquille. Nous nous en occuperons tout à l'heure. Pour le moment, dites-moi ce que vous voyez dans l'assiette.

— Dans l'assiette, il y a un liquide transparent, jaunâtre, épais. C'est ce qu'on appelle le *blanc d'œuf.*

Avant de vider complètement l'œuf, **agrandissons le trou** et regardons à l'intérieur.

— Sur les bords du trou, on voit les lambeaux des deux peaux qui doublent la coquille. A l'intérieur, il y a d'autres peaux tout à fait transparentes et brillantes, qui forment des bulles semblables à celles qu'on voit sur l'eau de savon. Puis le *jaune d'œuf.* Dans un coin, on voit une petite masse blanchâtre, cotonneuse, comme celle qui est tombée dans l'assiette avec le blanc de l'œuf. Sur le jaune, il y a aussi une petite *tache* toute ronde qui reste toujours en dessus, même quand on tourne l'œuf entre ses doigts.

Faisons **tomber le jaune** à son tour dans l'assiette.

— Le jaune forme une espèce de galette ronde et presque aplatie, sur laquelle on voit toujours la petite tache.

Cette petite tache blanchâtre est le germe, c'est-à-dire le premier état d'un petit poulet.... Je promène maintenant la lame de mon canif sur le jaune.

— Voilà le jaune qui s'étale et se répand au milieu du blanc. On voit ainsi qu'il est enveloppé dans une peau très mince. Il est lui-même plus foncé et plus brillant que cette peau.

Pour terminer l'étude de l'œuf cru, je vais mélanger le blanc et le jaune, en les battant avec une fourchette. Avez-vous déjà vu battre ainsi les œufs?

— On bat les œufs pour faire des omelettes.

Que remarquez-vous?

— Tout ce qu'il y a dans l'assiette devient d'une couleur uniforme, jaune pâle. On voit aussi, çà et là, de la mousse qui se forme.

Quand un liquide, comme de l'œuf cru, de l'eau de savon, etc., mousse par l'agitation, on dit que ce liquide est **visqueux**.... Nous ne savons pas encore comment est fait l'intérieur d'un œuf, car tout le contenu, étant liquide, s'est étalé dès que nous l'avons fait sortir par le trou de la coquille.... Heureusement, tout change quand on met l'œuf dans l'eau chaude pendant quelques instants.

— Quand on met l'œuf dans l'eau chaude pendant quelques instants, il durcit.

Voyons ce changement. Je casse, sans précaution, cette fois, la coquille d'un œuf dur....

— On voit encore, sous la coquille, les peaux minces et trans-lucides que nous avions remarquées tout à l'heure. Mais elles sont plus épaisses, plus opaques, et ne se séparent plus.... Le blanc est devenu solide, brillant à la surface comme de la porcelaine, opaque, élastique comme du caoutchouc. Il est aplati vers le gros bout, où il forme même une espèce de fossette. En le regardant de très près, on voit à sa surface des lignes fines, irrégulières, qui se croisent comme les cordes d'un filet....

Puisqu'il est solide, le blanc cuit peut se couper. Profitons-en pour voir où est placé le jaune dans l'œuf, et comment il est fait. J'enlève le blanc par petits lambeaux, avec précaution, et vous voyez qu'ensuite le jaune se détache facilement.

— *24ᵉ LEÇON* —

— Le jaune est d'une couleur sale à la surface, On dirait qu'il a roulé dans la poussière. Mais au-dessous de la peau qui l'enveloppe et qui est ainsi devenue grise, il est d'un plus beau jaune. Il est rond, rond comme une boule.

Je le coupe en tranches minces jusqu'à ce que j'aie atteint le milieu, en passant par le germe. Que voyez-vous?

— Il y a une couche jaune pâle peu épaisse, puis une couche mince foncée, puis une seconde couche claire, une seconde couche foncée, et enfin, au centre, une couche claire qui semble se rattacher au germe par une traînée plus étroite.

Vous apprendrez plus tard les noms et les usages de ces différentes parties de l'œuf.

— 24ᵉ LEÇON —

XXV. — LA CREVETTE

C'est par raison d'économie que nous préférons la crevette à l'écre-
visse, plus généralement étudiée comme type de crustacé. On
vend ordinairement la crevette cuite, et c'est dans cet état que
nous l'utiliserons, car la cuisson n'a pas effacé les traits essen-
tiels auxquels seuls on doit s'arrêter dans un premier examen.
La crevette est un animal assez compliqué déjà pour qu'on
y puisse retrouver un certain nombre des organes principaux
de l'homme; mais ces organes occupent des positions inatten-
dues, qui surprendront certainement les élèves : la leçon y gagnera
en intérêt.

Matériel de la leçon. — Une ou deux crevettes à chaque élève.
— Une épingle.

Pourquoi vend-on des crevettes?

— Pour les manger.

**Les crevettes ont donc bon goût? Les mange-t-on d'une bouchée,
sans en rien laisser?**

— Oh! non, cela gratterait trop la gorge. On sépare d'abord
la *tête*, en tirant dessus en long, puis on épluche la *queue*,
c'est-à-dire qu'on enlève la peau, pièce par pièce, pour découvrir une sorte de boudin de chair rose, plus large et plus
épais en avant, aminci en arrière, et qu'on mange.

N'enlève-t-on pas d'abord les os ou les arêtes?

— Il n'y a ni os, ni arêtes, à l'intérieur d'une crevette.

**Vous venez de diviser le corps de la crevette en deux régions.
Nous conserverons à celles-ci, entre nous, les noms que vous
leur avez donnés, bien qu'elles en aient d'autres plus corrects et
plus savants. — Comment se procure-t-on des crevettes?**

— On les achète à des marchands, qui les ont eux-mêmes
achetées à d'autres, et ainsi de suite jusqu'aux pêcheurs, qui
les ont prises dans la mer.

Qu'est-ce donc qu'une crevette?

— C'est un poisson.

— *25ᵉ LEÇON* —

Vous croyez, sans doute, qu'on peut appeler poisson tout ce qui vit dans l'eau. Mais aujourd'hui même vous apercevrez votre erreur, car la crevette n'a ni écailles, ni nageoires, ni bien d'autres organes qu'on trouve chez les poissons. — La crevette est un *crustacé*. On l'appelle ainsi parce que sa peau est dure comme de la croûte.

Quelle est la couleur de la crevette?

— La crevette est rouge clair, ou plutôt couleur de chair, plus pâle en dessous qu'en dessus, avec des places grisâtres et quelques lignes sombres en travers. La queue se termine par une nageoire de couleur foncée, et les yeux sont noirs.

Tout cela est vrai des crevettes cuites que vous avez devant vous. Mais lorsque ces petites bêtes étaient vivantes, elles étaient grises et transparentes. L'eau chaude où on les a plongées a détruit la couleur grise et démasqué la couleur rosée que vous apercevez maintenant.

Si la saveur des crevettes est agréable, pouvez-vous en dire autant de leur odeur?

— Au contraire, les crevettes ont une fâcheuse odeur de marée.

Comment est faite une crevette? (fig. 37).

— Une crevette est allongée et courbée comme un U,

Les crevettes cuites, du moins, car les crevettes vivantes s'étendent fort bien lorsqu'elles nagent. Vous pouvez d'ailleurs remarquer que toutes ne sont pas également courbées.

— La partie la plus large de la crevette est à la jonction de la tête et de la queue. A partir de là, le corps s'amincit en arrière jusqu'à n'avoir plus de largeur, et en avant jusqu'à n'avoir presque plus d'épaisseur. En avant des yeux se trouve une sorte de lame mince et plate, sous laquelle prennent naissance deux cornes courbées, minces comme des fils, et aussi longues que le reste du corps. En dessous, il y a dans toute la longueur de l'animal deux rangées de pattes, trop nombreuses pour qu'on puisse les compter.

Mesurez la crevette.

— Les crevettes n'ont pas toutes la même taille. Une crevette moyenne étendue peut avoir 6 centimètres de longueur, un centimètre dans sa plus grande largeur, et 8 millimètres environ dans sa plus grande épaisseur.

Il convient maintenant d'examiner la crevette de plus près, afin d'apprendre quels sont ses principaux organes et comment ils sont disposés. Le plus commode est de distinguer le dessus et le dessous, que nous pourrons appeler région du dos et région du ventre. — Suivez d'avant en arrière la région du dos.

— En arrière des longues cornes, on voit la lame mince et coupée carrément qui précède les yeux.

C'est plus compliqué que cela. Regardez plus attentivement, en vous servant de votre épingle pour écarter les pièces distinctes.

— A droite et à gauche, la lame est formée par deux écailles transparentes, tigrées de points sombres, épaissies sur leur bord externe et bordées de poils en avant et en dedans. Entre les écailles, et partant des yeux, sont deux rangées de trois pièces ; chaque rangée se continue en avant par deux pointes allongées, formant une fourche à branches inégales, l'externe plus courte et plus pâle, l'interne garnie de longs poils, toutes deux rayées en travers.

Tout le dos est brillant et formé de pièces dures qui peuvent jouer les unes sur les autres, étant réunies par des membranes pâles et molles, ce qui permet à l'animal de s'étendre ou de se replier. La plupart de ces pièces n'entourent pas complètement le corps, mais s'arrêtent sur les côtés de la face inférieure. La tête est couverte d'une longue pièce unique portant en avant deux échancrures semi-circulaires d'où sortent les yeux. (La pointe qui sépare ceux-ci se prolonge en avant en deux petites cornes blanches imperceptibles). Viennent en arrière une articulation molle en forme de boutonnière transversale, largement ouverte, et la série des pièces dures qui recouvrent la queue. — Ces pièces sont au nombre de sept. Elles se dé-

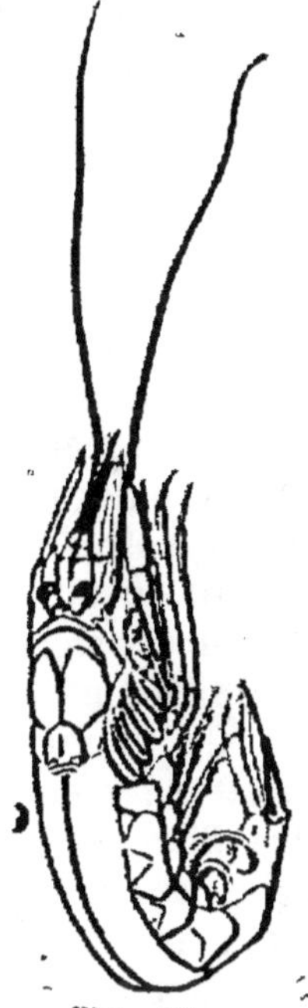

Fig. 37.

Crevette dont la carapace a été enlevée sur la face dorsale.

passent en partie sur les côtés, et aussi sur le dos quand l'animal est étendu. — La première pièce passe sous la seconde, mais celle-ci déborde sur la troisième, car elle est élargie des deux côtés, en avant et en arrière. La troisième, élargie en arrière, déborde la quatrième, et ainsi de suite jusqu'à la dernière. — La sixième pièce se ferme par-dessous, en une sorte de tube conique, et la septième est une gouttière effilée, bordée de poils.

Pour étudier la face ventrale, il est préférable de poursuivre nos observations d'arrière en avant.

— La dernière pièce de l'enveloppe dure ne porte pas de pattes, mais elle est flanquée, à droite comme à gauche, de deux nageoires brunes, allongées et arrondies au bout libre. La nageoire interne est bordée, sur tout son contour, de poils dont la longueur augmente régulièrement de la base à l'extrémité libre. La nageoire externe n'est velue qu'à son bord interne; son bord externe est renforcé par un bourrelet pointu. Ces deux nageoires s'attachent à la sixième pièce de la queue.
Viennent ensuite cinq paires de pattes correspondant aux cinq autres pièces du dos. Chacune comprend un socle dur et un filament enroulé en dehors à la manière d'un cheveu frisé. Ce filament est rayé en travers. Il est bordé de poils suivant sa concavité.— De sa base, et en dedans, part un autre filament plus court, plus pâle, velu, se terminant en mèche de cheveux, et enroulé également en dehors. Chez un certain nombre de crevettes, mais non chez toutes, l'espace libre entre les bases des pattes est bourré de grains brillants, jaunâtres ou noirâtres.

Ces grains sont des œufs, et les crevettes qui les portent sont des femelles.

— Les pattes attachées sous la tête sont au nombre de cinq paires. Les deux pattes d'une même paire se rapprochent de plus en plus les unes des autres d'arrière en avant, les dernières naissant tout à fait sur le côté, tandis que les deux premières naissent côte à côte, séparées seulement par une pointe dressée en avant.
Ces pattes sont formées d'un certain nombre de baguettes mises bout à bout, dures à la surface, et pouvant se plier les unes sur les autres. Les trois dernières sont terminées par une griffe très aiguë. La troisième est beaucoup plus mince

— 25e LEÇON —

et beaucoup plus pâle que la quatrième et la cinquième. La seconde, également très mince, est repliée sur elle-même. Si on l'étend, on remarque que son extrémité est fourchue et velue. Enfin la **première** (fig. 38) est de beaucoup la plus grosse et la plus remarquable ; la griffe qui la termine se replie sur la pièce précédente, très large elle-même et munie d'une pointe ; on croirait voir, en petit, un index rabattu sur un pouce dressé.

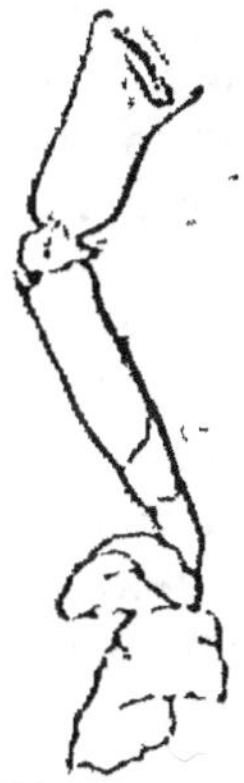

Arrachez avec de grandes précautions la patte qui est à votre gauche.

— Celle-ci entraîne avec elle un lambeau blanc déchiré, sans forme nette[1].

La bouche de la crevette s'ouvre entre les premières pattes, à peu près au milieu de leur longueur, comme vous pouvez vous en assurer en enfonçant votre épingle en cet endroit sans éprouver de résistance. — Détachez maintenant toutes les pattes de la tête, afin de dégager la bouche.

— La bouche est bordée à droite et à gauche par deux nouvelles pattes, cachées jusqu'ici sous les précédentes, dont elles ont à peu près la longueur, et qui, naissant côte à côte, s'écartent pour se réunir ensuite. — Ces pattes enlevées, la bouche apparaît, bordée à droite et à gauche de pièces dentelées et frangées, qui sont sans doute des mâchoires, si la bouche s'ouvre en long et non en travers comme la nôtre.

Fig. 38.
Première patte ambulatoire droite de crevette.

Ce sont en effet des mâchoires, qu'il serait intéressant, mais trop long et trop difficile, d'étudier en détail. — Jetons maintenant les yeux sur l'organisation intérieure de la crevette. Pour cela, en appuyant l'épingle sur les flancs de l'animal, à droite et à gauche, fendez l'enveloppe (ou *carapace*) dans toute sa longueur suivant deux lignes, entre lesquelles vous mettrez l'intérieur à découvert, avec de grandes précautions. Achevez de détacher les côtés de la carapace dans la région de la tête (fig. 37).

Vous remarquez d'abord que les yeux sont portés sur de courts supports. — Un peu en arrière, vous notez une poche noirâtre, qui est l'estomac. — Entre l'estomac et la base des yeux, une

1. C'est un lambeau de branchie.

région blanche loge le cerveau. — En arrière de l'estomac, et sur les côtés, sont deux masses d'un brun clair qui représentent le foie. En arrière du foie, cette langue large, appuyée contre la queue, est le cœur. — Enfin, sur les côtés, vous voyez deux rangées d'organes blancs, épais, d'apparence plumeuse : ils servent à la **respiration de la crevette.**

Dans la région de la queue, vous avez mis à nu la chair, autrement dit la viande ou **substance musculaire.** Détachez délicatement la couche supérieure des muscles : vous trouvez ainsi un sillon au fond duquel rampe un tube très fin que vous pouvez détacher. C'est le tube digestif, l'**intestin.**

Si maintenant vous **arrachez la tête** et si vous **soulevez la masse musculaire de la queue** en déchirant le moins possible les adhérences, le cordon grisâtre, fragile, qui restera fixé, soit aux muscles, soit à la peau molle et transparente du ventre, est la **chaîne nerveuse.**

N'êtes-vous pas un peu surpris de voir un animal sans squelette intérieur, enfermé dans une sorte d'armure, avec la bouche fendue en long, le cœur dans le dos et le système nerveux rampant contre le ventre? C'est pourtant une disposition très fréquente chez les animaux inférieurs.

— 23ᵉ LEÇON —

XXVI. — LA GIROFLÉE

Pour une première étude sur la plante, la giroflée se recommande par sa taille réduite, par la facilité avec laquelle on se la procure, par la grandeur de ses fleurs, et, d'une manière générale, par la netteté de ses caractères botaniques.

Matériel de la leçon. — Un ou deux pieds entiers de giroflée. — Fleurs assez nombreuses pour que chaque élève puisse en avoir au moins une à sa disposition.

A quoi reconnaissez-vous que ceci est un pied de giroflée?

— On reconnaît facilement un pied de giroflée à ses fleurs.

S'il était défleuri, pourriez-vous le reconnaître encore?

— Ce serait beaucoup moins aisé, car il y a bien d'autres plantes basses dont les feuilles ressemblent à celles de la giroflée.

Et s'il n'y avait même plus de feuilles?

— Les racines et les rameaux de giroflée ressemblent beaucoup à ceux d'un grand nombre d'autres plantes, de sorte que les vrais connaisseurs seuls pourraient les distinguer.

En effet, on regarde généralement les fleurs avec beaucoup plus d'attention que les feuilles et les racines : on est surtout frappé par les ressemblances des racines et des feuilles, et par les différences des fleurs. Cependant, lorsque nous aurons regardé de près un pied de giroflée, nous hésiterons beaucoup moins à reconnaître ses pareils et nous aurons trouvé des organes, autres que les fleurs, qui ne nous permettront plus de nous y tromper. Dès maintenant, alors même que nous n'aurions jamais vu de giroflée, **nous saurions** déjà bien des choses au sujet de cette plante. Nous saurions, par exemple, ce qu'il a fallu faire pour se procurer les échantillons qui sont ici.

— Il a fallu les arracher de terre.

Nous saurions aussi quelle était la partie cachée et quelle était la partie apparente.

— 26ᵉ LEÇON —

— La racine était cachée, mais on pouvait voir la tige, les feuilles et les fleurs.

Nous saurions encore comment se tenait la plante lorsqu'elle était en place.

— Elle était dressée, la racine en bas, les fleurs en haut.

Nous pourrions nous demander si en toute saison la giroflée porte des feuilles et des fleurs.

— Non, les fleurs n'apparaissent qu'au printemps et les feuilles tombent à l'automne, comme chez beaucoup d'autres plantes.

Si nous voulions avoir des giroflées dans notre jardin, comment ferions-nous?

— Il faudrait se procurer des graines de giroflées.

Où trouve-t-on les graines?

— Dans les fruits.

Et d'où viennent les fruits?

— Les fruits viennent des fleurs.

Puisque les giroflées que nous avons ici portent des fleurs, elles auraient pu sans doute donner des fruits, puis des graines, si nous les avions laissées en place?

— Oui, et c'est pourquoi on pense que pendant longtemps encore il y aura des giroflées dans les jardins et sur les vieux murs.

Examinons d'abord la racine, après l'avoir bien lavée pour la débarrasser de la terre qu'elle retient.

— La racine est formée d'un paquet de filaments enchevêtrés, parmi lesquels sont des ramifications un peu plus grosses.

Regardons de plus près.

— Les filaments fins comme des cheveux s'attachent aux ramifications plus grosses. Ils ne sont pas disposés au hasard, ni régulièrement tout autour de leur support, mais seulement sur deux rangées opposées.

Si on plonge dans l'eau une racine de giroflée, on la voit, au moment où on la retire, s'affaisser en une sorte de lame. Cela

— 26ᵉ LEÇON —

nous prouve que, malgré les irrégularités évidentes de cette portion enterrée de la plante, les plus grosses racines elles-mêmes se ramifient surtout suivant deux rangées opposées. Il y a encore une disposition bien remarquable à noter.

— La racine qui fait suite à la tige est la plus grosse de toutes, et c'est d'elle que naissent les autres sur le côté.

Coupons la racine en travers. Nous éprouvons quelque peine.

— La racine est dure comme du bois.

Il est plus juste encore de dire que la racine est en bois.

— Sous une mince enveloppe grise, on voit un liséré blanc, étroit, limité en dedans par une ligne grise, puis un cercle à centre noirâtre, avec de nombreuses lignes rayonnantes. Si la racine est grosse, on voit encore ces lignes rayonnantes coupées par une ou deux ombres circulaires. Si la coupe est faite à l'endroit d'où part une ramification (fig. 39), les rayons s'écartent jusqu'auprès du centre noirâtre pour laisser la place d'une pointe, origine de cette ramification.

Fig. 39.

Coupe d'une racine de giroflée au niveau d'une radicelle.

Comment est faite la tige?

— La tige est grise en bas. Elle se ramifie, et ses rameaux sont gris à la base, verts au sommet. Tous ces rameaux naissent à des hauteurs différentes. On n'en voit jamais deux au même niveau.

— Pour passer d'un rameau à celui qui en est le plus rapproché en montant, il faut tourner à droite. La partie grise et dure de la tige et des rameaux est arrondie, mais la partie verte est anguleuse : cela tient à ce que les nervures du milieu des feuilles se prolongent en descendant le long de la tige et des rameaux. La base est grise, simplement parce qu'elle est couverte d'une enveloppe mince de cette couleur, enveloppe qu'il est facile d'enlever rien qu'en grattant avec l'ongle. Cette enveloppe garde la trace des nervures médianes, desséchées et peu saillantes, d'anciennes feuilles disparues. Au-dessous de l'enveloppe grise, les rameaux sont verts, d'un vert plus foncé à la surface et plus clair à l'intérieur.

Coupons un rameau en travers dans sa portion grise.

— 26ᵉ LEÇON —

— On voit (fig. 40) l'enveloppe grise, doublée d'un cercle vert foncé, puis d'un cercle blanchâtre qui envoie de petits prolongements de même teinte vers le centre. La moelle, placée à l'intérieur, est foncée en dehors et claire au milieu, où l'on remarque un trou allongé, une sorte de fente.

Fig. 40.
Coupe transversale d'un rameau de giroflée.

Faites une autre coupe en travers dans la partie verte.

— L'aspect de cette coupe est à peu près le même que celui de la précédente, mais le tour n'est pas gris et les côtes qui dépendent des nervures des feuilles sont parfois un peu blanchâtres.

Coupons un rameau en long (fig. 41) de manière à passer par une côte.

— De chaque côté de la moelle, presque blanche, sont des filaments verts, accolés ensemble, qui d'un côté s'écartent en dehors pour atteindre la feuille. Au-dessus, la matière verte forme encore une saillie, qui est au centre d'un bourgeon. En plusieurs points de la plante, ce bourgeon est déjà devenu un rameau, portant quelques feuilles et terminé par un bouquet de fleurs.

Fig. 41.
Coupe longitudinale d'un rameau de giroflée.

Comment sont faites et disposées les feuilles de la giroflée?

— Chaque feuille est épaisse à la base, avec trois faces, l'une tournée vers le rameau et les deux autres en dehors. De la base monte un bourrelet qui s'amincit peu à peu comme une aiguille et traverse toute la longueur de la feuille. La feuille elle-même s'élargit vers son milieu et devient pointue au bout. Ses bords sont continus, un peu ondulés; çà et là il en sort parfois une toute petite pointe blanchâtre. La face supérieure est de couleur plus foncée que le reste. Aux feuilles du bas, qui sont les plus âgées, car elles sont les plus grandes, les plus épaisses, les plus dures et les plus foncées, cette face supérieure laisse voir des côtes, nées à droite et à gauche de celle du milieu. Les feuilles de giroflée s'étagent le long des rameaux. Il n'y en a jamais deux qui partent de la même hauteur.

— 26e LEÇON —

—Les feuilles sont isolées sur les rameaux comme les rameaux
sur la tige principale.

Au bas ordinairement un rameau porte des traces de nervures, mais celles-ci aboutis-
sent à une sorte de petite pla-
te-forme et non à une feuille.
Il est facile de comprendre
pourquoi : une feuille tirée
vers le bas se détache net à
sa naissance ; les petites plates-
formes sont les points d'attache de feuilles tombées. Pour
passer d'une feuille à la plus
rapprochée en montant, on doit
tourner à gauche ; c'est le contraire de ce que nous avons
remarqué pour la tige princi-

Fig. 42. — Fleur de giroflée.

pale. Il en est ainsi du moins vers le sommet des rameaux, où
les feuilles sont bien détachées ; mais, vers le bas, où les feuilles
sont plus serrées, il arrive qu'elles sont situées à peu près de
part et d'autre du rameau, et qu'il est difficile de dire de quel
côté il faut tourner pour pas-
ser de chacune à la suivante ;
même au-dessous de ces régions indécises, on voit souvent qu'il faut tourner à
droite. Ainsi, la disposition
des feuilles sur les rameaux
est assez compliquée.

Passons aux fleurs. Sont-elles
placées n'importe où ?

— Non, elles sont toujours
groupées au bout des ra-
meaux.

Comment sont-elles ?

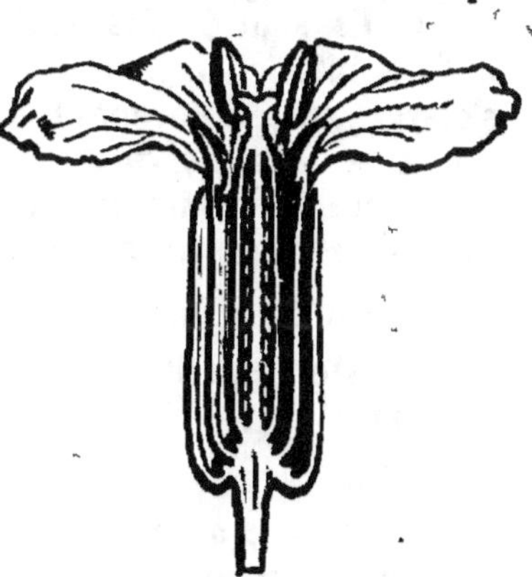

Fig. 43. — Coupe de la même fleur

— Elles sont d'un brun rouge, avec du jaune vif souvent.
Leur base est plus grisâtre, violacée. Au-dessous du groupe
des fleurs se trouvent des baguettes vertes ou noirâtres qui
proviennent certainement de fleurs tombées, car elles sont
attachées sur les rameaux comme les fleurs elles-mêmes.

— 26ᵉ LEÇON —

Ce sont les fruits.

Examinons une fleur avec quelque soin (fig. 42).

Elle est portée sur une queue courte, équarrie. De là part une sorte de godet aplati en travers.

C'est le *calice*; il est formé de pièces séparées nommées *sépales*. Comptez-les.

— Il y en a quatre. Les deux de côté s'attachent un peu plus bas et sont bossus (fig. 43). Si on arrache les sépales en les tirant avec précaution vers le bas, on remarque une goutte de liquide en dedans des sépales bossus, mais non en regard des autres. Le reste de la fleur est jaune pâle en bas, plus ou moins brun en haut.

Fig. 44.
Pétale de g roflée.

A l'extérieur sont les *pétales*, dont l'ensemble constitue la *corolle*. Comptez les pétales.

— Il y en a quatre, qui sont disposés en croix. Ils sont étroits (fig. 44) dans leur moitié inférieure jaune verdâtre, puis ils s'élargissent en devenant d'un jaune plus vif, avec des nervures foncées disposées en éventail; enfin ils se terminent par une lame large, un peu dentée au bord.

Que reste-t-il de la fleur?

— Il reste de petites baguettes montantes (fig. 45).

Comptez-les.

— Il y en a six autour, de couleur jaunâtre, et une au milieu, d'un vert plus franc.

Les six baguettes du tour se nomment *étamines.*

— Chacune est terminée par une petite masse large, longue, aplatie, d'où sort une poussière qui tache les doigts en jaune.

Les six étamines sont-elles égales?

— Il y en a quatre plus grandes, disposées par paires en deux

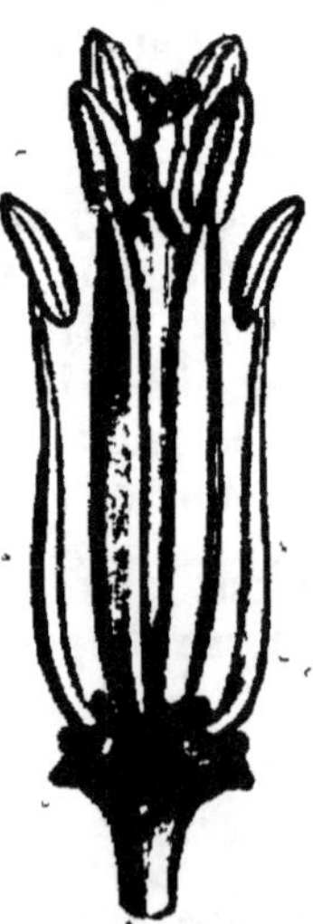

Fig. 45.
Organes
reproducteurs
de la giroflée.

groupes. Les deux plus petites ont à leur base la gouttelette liquide que nous avons découverte en arrachant les deux sépales bossus.

Vous pouvez d'ailleurs constater, sur d'autres fleurs de giroflée ayant conservé leur corolle, que les pétales naissent dans les intervalles entre les grandes et les petites étamines, ou, autrement dit, dans les intervalles des sépales. Nous n'avons plus qu'à examiner la baguette du milieu, qu'on nomme *pistil*.

— Cette baguette monte d'abord tout droit, en conservant la même largeur; puis elle s'amincit et verdit au sommet, pour se terminer par une sorte de fourche courte.

Son aspect argenté est dû à des poils qui la couvrent. En vieillissant, elle noircit et devient le fruit.

Fig. 46.
Silique de
giroflée.

— Le fruit a conservé la forme du pistil, mais on voit nettement, sur deux lignes opposées, des côtes qui aboutissent aux deux branches de la fourche. Entre ces côtes sont deux lames bombées qui se détachent avec facilité à partir du bas (fig. 46). Quand ces lames sont enlevées ou tombées, on voit une rangée de graines attachées alternativement à la côte de gauche et à celle de droite en avant d'une membrane. L'autre face de cette membrane porte aussi une rangée toute semblable de graines.

— 16ᵉ LEÇON —

XXVII. — LA RACINE

Nous connaissons une plante dans son ensemble. Nous allons maintenant en reprendre les différentes parties, en commençant par la racine. Nous choisissons comme exemples : une plante à racine rameuse (érable), une plante à racine tubéreuse pivotante (panais) et une plante à racine fasciculée (poireau).

Matériel de la leçon. — Racines comestibles, telles que navet, carotte, panais, etc., racines rameuses de plantes basses; racines fibreuses de poireau, oignon, blé, etc.

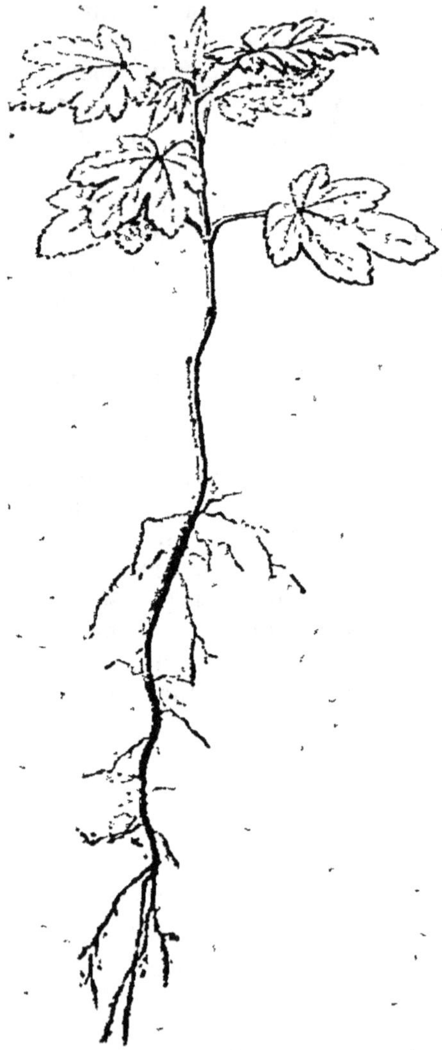

Vous rappelez-vous quelles sont les principales parties d'une plante?

— Les principales parties d'une plante sont : la racine, la tige, les feuilles, les fleurs, les fruits et les graines.

Savez-vous à quoi sert la racine, en particulier?

— La racine sert à fixer la plante.

Elle sert aussi à la nourrir, ce qui est très important. Certaines racines sont utiles encore autrement, car nous les mangeons.

Pouvez-vous me citer quelques racines qu'on mange?

Fig. 47.
Jeune pousse d'érable sycomore.

— 31ᵉ LEÇON —

— Parmi les racines qu'on mange, on peut citer : la carotte, le navet, le salsifis, la betterave, le radis....

Quelques racines, comme celle du panais, servent à donner meilleur goût aux autres aliments. Les médecins nous soignent aussi parfois avec des racines, comme celles de la réglisse, de la rhubarbe, etc.

Mais examinons un peu les échantillons que vous m'avez apportés. Par chance, voici un érable déjà robuste (fig. 47) qui vous montre le premier état d'un arbre, au sortir de la graine. La tige a déjà plus de vingt centimètres, et porte quatre paires de feuilles avec un bourgeon terminal prêt à s'ouvrir. En bas se trouve la racine. Quelle est sa **couleur**?

— La racine est grise, surtout au milieu.

Qu'appelez-vous le milieu de la racine?

— Ce que j'appelle le milieu, c'est la grosse branche tortueuse qui porte les autres. Elle va d'abord en s'épaississant, puis devient de plus en plus pointue. Elle finit même par n'être pas plus grosse que les filaments qui l'entourent.

Cette partie de la racine s'appelle **pivot**. — Le pivot est-il lisse?

— Il est ridé en longueur.

Est-il luisant ou mat, transparent ou opaque?

— Le pivot est **terne**; les **rides** forment à sa surface des lignes blanchâtres; il est **opaque**.

Quelle est sa longueur?

— Il a environ vingt-cinq centimètres de longueur, comme la tige. Du reste, comme il n'est pas droit, on ne peut pas facilement le mesurer.

Quelle est sa plus grande **épaisseur**?

— La plus grande épaisseur du pivot est d'environ cinq millimètres.

Regardez bien comment s'attachent les ramifications du pivot, et dites si elles sont tout à fait disposées au hasard.

— Les petites racines ne sont pas rangées au hasard sur le pivot. Elles forment quatre files suivant la longueur; mais dans chaque file elles sont parfois rapprochées et parfois éloignées. Elles sont de couleur plus claire que le pivot....

— 2ⁱ LEÇON —

Elles ne sont guère plus grosses que du fil. Elles sont toutes tortillées.... Vers le haut de la racine, elles peuvent avoir quatre ou cinq centimètres de long, mais elles sont de plus en plus courtes vers la pointe.... Elles portent des racines encore plus courtes et plus fines....

Voici une autre racine, plus intéressante par son usage : c'est le **panais. Voulez-vous la comparer à la précédente?**

— La racine de ce panais est beaucoup **plus grosse et plus** longue que celle du petit érable. Elle **a à peu près vingt-cinq** centimètres de longueur et trois centimètres dans sa plus grande épaisseur. Elle devient brusquement plus mince vers le bas.

Et si nous l'avions cueillie avec soin, de manière à ne rien arracher, nous aurions vu qu'elle se prolongeait bien au-delà.

— La racine du panais est de couleur claire.... Mais elle est tachée par de la terre en beaucoup d'endroits.... Elle se compose seulement d'un gros pivot....

En êtes-vous bien sûrs?

— En regardant mieux, on voit de petites racines qui partent du pivot.... Elles sont rangées en lignes comme dans la racine de l'érable.

Comment le pivot se termine-t-il en haut?

— En haut, le pivot devient plus **étroit et se continue** par des feuilles....

Ce ne sont pas des feuilles entières, mais seulement des bases de feuilles.

— Celles du dehors sont sèches et grises; d'autres, plus en dedans, sont d'un vert pâle avec un bout gris; d'autres encore sont continuées par de véritables feuilles découpées, plus ou moins fanées ici.

N'avez-vous plus rien à dire de la **surface** du pivot?

— La surface du pivot est ridée en long, comme celle de la racine d'érable. En outre, elle porte des côtes en travers. Chaque côte est à peine large d'un ou deux millimètres, et longue souvent d'un centimètre ou moins. Ces côtes sont bien plus visibles vers la pointe de la racine que vers le haut.

Touchez cette racine.

— 27ᵉ LEÇON —

— Cette racine est un peu molle et fraîche.

Frottez-la dans votre main.

— En la frottant dans la main, je la trouve un peu rude.

On dit qu'elle est rugueuse. Grattez-la avec l'ongle à la surface.

— En la grattant avec l'ongle, on enlève la peau grise, et le dessous apparaît tout blanc.

Je fends maintenant cette racine suivant sa longueur jusqu'à la moitié. J'observe quelque chose de très frappant.

— Les deux moitiés s'écartent comme deux jambes.

Et pourquoi s'écartent-elles?

— Les deux moitiés s'écartent parce que le couteau les a séparées.

Voilà une réponse qui ne me satisfait guère, car lorsque je coupe un gâteau en deux, je ne vois pas les morceaux se séparer ainsi. En coupant la racine en travers jusqu'à la moitié de son épaisseur, les deux parties ne se séparent pas aussi nettement. Il y a certainement une autre raison, que vous pourriez peut-être trouver si je vous aidais un peu. Je serre assez fortement l'une contre l'autre les deux moitiés qui se séparent comme des jambes. Elles restent collées, pour ainsi dire, l'une à l'autre. Pourquoi?

— Les deux moitiés restent collées l'une à l'autre parce qu'elles sont humides.

L'humidité peut donc servir à réunir plusieurs objets?

— L'humidité peut réunir plusieurs objets. Ainsi, en prenant ces deux petits morceaux de papier et en les mouillant d'un côté, je puis les faire tenir ensemble jusqu'à ce qu'ils soient secs.

Mais vous avez remarqué que les deux moitiés de la racine ne sont pas restées longtemps accolées; elles se sont de nouveau séparées et courbées en dehors, comme deux ressorts. Pourquoi, toujours pourquoi?... Touchez en même temps la partie blanche qui a été coupée et la partie grise extérieure.

— La partie blanche est plus fraîche que la partie grise.

Qu'est-ce que cela vous apprend?

— *27ᵉ LEÇON* —

— Cela nous apprend que l'intérieur de la racine est plus humide que l'extérieur.

Voici d'ailleurs un fait analogue. J'envoie mon haleine sur un côté de cette bande de papier. Vous voyez celle-ci se bomber du côté humide et se creuser sur la face sèche. Mais nous n'avons pas encore notre explication complète. Pourquoi l'humidité courbe-t-elle la feuille de papier ou la racine coupée? Bien avisé qui le dira!

— Je crois avoir trouvé : c'est parce que l'humidité tient de la place; alors le côté mouillé devient plus grand; et comme il est attaché au côté sec, il est obligé de se courber.

Vous ne sauriez mieux comprendre pour le moment la cause de cette courbure. Vous allez voir maintenant que si **je fends en long l'une des moitiés** de la racine, elle donne encore deux parties qui s'écartent, de sorte que si je fendais de même l'autre moitié, la racine se terminerait en bas par quatre branches, comme la tour Eiffel de Paris. Il résulte de tout cela que l'intérieur d'une racine est enfermé dans une enveloppe trop étroite. Ce point acquis, dites-moi si vous avez déjà vu gonfler les pneumatiques d'une bicyclette.

— Pour gonfler les pneumatiques d'une bicyclette, on pousse de l'air dedans avec une pompe.

Et qu'arrive-t-il quand on a ainsi poussé beaucoup d'air, et que cet air se trouve enfermé dans un conduit trop étroit?

— Quand on a poussé beaucoup d'air, le pneumatique devient très dur. Au contraire, quand le pneumatique a perdu de l'air, il devient mou et s'aplatit sous le doigt.

Devinez-vous maintenant ce qui doit arriver quand la racine **contient trop d'humidité** dans une peau trop étroite?

— Quand la racine contient trop d'humidité, elle doit devenir plus dure.

Cela est vrai de la plante tout entière. Quand elle a perdu trop d'eau, elle devient molle et tombe, à moins qu'elle ne soit un arbre au bois dur. Que dit-on alors?

— On dit que la plante se fane.

Et pour la redresser, on l'arrose. Dès qu'elle a bu assez d'eau, elle reprend sa belle apparence. — Examinons maintenant la coupe en long de la racine. Que voyez-vous en allant du bord au milieu?

— 27ᵉ LEÇON —

— En allant du bord au milieu, je vois d'abord une couche blanche rayée en travers par des lignes jaunes, tantôt rapprochées et tantôt éloignées; puis il y a une ligne jaune qui s'étend dans toute la longueur et qui réunit toutes les autres; en dedans, une autre bande blanche qui n'est pas rayée en travers; enfin, au milieu, une ligne jaune étroite. A partir de l'autre bord, en allant vers le milieu, on voit la même chose.

Vous avez pu observer tous ces détails parce que j'ai eu soin de couper la racine bien au milieu, en faisant passer le couteau par une ligne où s'attachent les petites racines. Les lignes jaunes que vous avez vues en travers de la coupe aboutissent à ces petites racines. Regardez maintenant une **coupe faite en travers** dans ce panais.

— Je vois une couronne blanche qui entoure un cercle jaune. La ligne de séparation est d'un jaune un peu plus foncé, ainsi que le centre du cercle. Dans la partie blanche, il y a aussi des rayons blanchâtres.

Si nous en avions le temps, nous pourrions examiner de même cette **carotte**; nous trouverions qu'elle ressemble beaucoup au panais, à la couleur près, car....

— La carotte est rouge.

Et à l'odeur aussi, car la carotte et le panais ont des odeurs agréables, mais fort différentes. — Après vous avoir montré une racine où l'on ne voit guère que le pivot, je vais vous en montrer une autre où le pivot n'apparaît pas.

— C'est le **poireau**. Cette racine ressemble à un paquet de ficelles, toutes à peu près de même grosseur. On ne voit pas le pivot, mais c'est peut-être qu'il est caché au milieu.

Comment faire pour le savoir?

— On pourrait arracher les racines qui sont alentour.

Je connais un moyen plus commode et moins long : je fends le poireau en deux : et s'il y a un pivot, il sera coupé aussi, de sorte que nous le verrons.

— Le poireau se termine en rond, et les racines s'attachent directement à sa base. On ne voit pas de pivot.

Ainsi, nous retiendrons que *dans une racine il y a un pivot et des radicelles*; tantôt on voit bien à la fois le pivot et les radicelles, et tantôt on ne voit bien que le pivot ou les radicelles.

— 27ᵉ LEÇON —

XXVIII. — LA BÛCHE

Non seulement, dans cette leçon, nous étudierons la bûche comme un cylindre quelconque et comme un morceau de bois quelconque, mais nous observerons les caractères distinctifs du bois et de l'écorce, et nous ferons des remarques propres à nous renseigner sur la position originelle de la branche qui a fourni la bûche, sur son âge et sur la manière dont elle a été façonnée.

Matériel de la leçon. — Une ou plusieurs bûches. — Une râpe. — Une lime, un couteau pointu.

Voici la bûche qui va servir aujourd'hui à notre leçon[1]. Elle ressemble beaucoup, j'en suis sûr, à celles que vous avez déjà observées seuls. Vous savez à quoi servent les bûches?

— On met les bûches dans la cheminée, pour se chauffer, l'hiver.

Savez-vous d'où viennent les bûches?

— Les bûches sont des troncs ou des branches d'arbre qu'on scie à la même longueur, pour pouvoir les empiler dans des coins où ils ne gênent pas trop jusqu'au moment où on les emploie.

La bûche que je vous présente est-elle grosse ou non, pour une bûche?

— Celle-ci est une petite bûche, car on en brûle ordinairement de beaucoup plus grosses.

Mesurons-la.

— Cette bûche a 38 centimètres de longueur. Elle n'est pas tout à fait ronde : à un bout, elle a 6 centimètres 1/2 dans sa plus grande épaisseur, et 5 seulement dans la plus petite. Elle est, du reste, à peu près aussi grosse dans toute sa longueur, et je trouve à l'autre bout 6 centimètres sur 5.

1. Une bûche de chêne

— 2ᵉ LEÇON —

Vous me dites que la bûche n'est pas tout à fait ronde. Vous la trouveriez sans doute mieux faite si sa base était un cercle?

— Oui, Monsieur. Il y a des bûches, comme celle-ci, qui ont des bases irrégulières, mal faites, mais il y en a beaucoup aussi qui sont bien mieux arrondies.

Cherchons comment nous allons pouvoir dire quelle est la forme d'une bûche, bien arrondie ou non. Je suppose qu'une toute petite bête, un insecte, par exemple, coure le long de la bûche; comment avancera cette petite bête?

— Cette petite bête avancera tout droit.

Et si elle courait en travers?

— Si une petite bête courait en travers de la bûche, elle en ferait le tour et reviendrait à son point de départ.

Pour avoir plus vite fait un tour, vaudrait-il mieux qu'elle courût auprès d'une extrémité plutôt qu'auprès de l'autre?

— Cela n'y ferait rien. Comme la bûche a la même grosseur partout, la petite bête, si elle court toujours aussi vite, aura aussitôt fait le tour à un bout qu'à l'autre.

Citez-moi des objets qui sont ainsi droits dans la longueur, ronds en travers, et partout d'égale grosseur.

— Parmi les objets droits en longueur, ronds en travers et partout d'égale grosseur, on peut citer : un bouchon, un boisseau, le tuyau du poêle, un porte-plume, un crayon, un canon de clé, un drain, un pot à pommade, un manchon, un rouleau, une canne, etc.

On dit que tous ces objets sont des *cylindres*. Une bûche a grossièrement la forme d'un cylindre. — Quelle est la couleur de celle-ci?

— Cette bûche est grise, un peu luisante comme de l'argent sali. Son enveloppe est arrachée par endroits, et elle apparaît alors d'un jaune roux.

L'enveloppe qui s'arrache ainsi s'appelle l'*écorce*. Examinons-la de près. Est-elle lisse, ou bien y remarquez-vous certains détails à signaler?

— Suivant la longueur, on voit des lignes un peu plus sombres, plus ternes, et du reste mal marquées, entre lesquelles l'écorce luisante forme des côtes plus ou moins soulevées. Elle commence aussi à se déchirer suivant certaines de ces côtes. Mais on voit mieux d'autres lignes fines et courtes, disposées en travers. Ces lignes ressemblent souvent à des chapelets de petites bosses. En quelques endroits, les bosses deviennent plus visibles et plus épaisses : on dirait que la bûche a la chair de poule. Il y a même des places où l'écorce est couverte d'un amas de boutons noirâtres. En regardant de près, il semble que ces boutons aient crevé l'écorce et l'aient traversée en passant par des sortes de boutonnières ; souvent ils sont formés d'un petit rond entouré d'un bourrelet.

Ceux qui ont remarqué les premiers ces boutons les ont comparés à de petites lentilles. Mais je crois que vous oubliez de voir d'autres particularités plus remarquables encore.

— Il y a en quelques points des bosses beaucoup plus grandes et beaucoup plus épaisses. Chacune d'elles forme une place arrondie et allongée comme un œuf.

Aussi direz-vous que cette place est *ovale*.

— De cette place ovale partent deux lignes qui s'écartent comme les ailes d'un oiseau qui vole, et ces deux lignes sont reliées par une troisième, qui est tout à fait en travers. Les trois lignes forment comme le pignon d'une maison.

On dit plutôt qu'elles forment un *triangle*.

— A l'intérieur du triangle, l'écorce est toute ridée, et même plissée assez régulièrement. Les plis, très fins, s'entourent les uns les autres : ils sont arrondis autour de la bosse ovale, et deviennent presque droits le long des bords du triangle.

Devinez-vous ce que marquent les grosses bosses ?... Savez-vous ce qui s'attache aux branches ?

— Ce qui s'attache aux branches, ce sont les rameaux et les feuilles. Les bosses marquent sans doute la place où s'attachaient **les rameaux ou les feuilles** sur la branche qui a fourni la bûche.

Rien de plus vrai. Les rameaux et les feuilles s'attachent aux branches comme les radicelles d'une racine s'attachent au pivot. Il y a cependant une différence dans la **disposition**. Vous rappelez-vous comment étaient placées les radicelles autour du pivot ?

— 28ᵉ *LEÇON* —

— Autour du pivot, les radicelles formaient des files en longueur.

Les traces de feuilles et de rameaux sont-elles distribuées de la même manière?

— Elles forment des files qui vont de côté.

En effet, si nous partons d'un bout de la bûche, à l'endroit où se trouve une trace, il faudra tourner la bûche d'un demi-tour pour trouver la suivante; en tournant encore d'un demi-tour à peu près, on trouverait la troisième trace, puis la quatrième à peu près au-dessus de la seconde, et ainsi de suite. — Je serais bien curieux encore de savoir comment la bûche était placée sur l'arbre, où était le bas, par exemple.

— Dans chaque trace, la bosse ovale est du côté du bas et la ligne en travers est du côté du haut.

Qu'est-ce qui vous a donné l'idée de répondre ainsi?

— Il y a beaucoup de feuilles dont l'attache est élargie. Cette attache est bombée en dessous, plate ou creuse en dessus. La trace des feuilles et des rameaux doit donc être aussi bombée en dessous et plate en dessus.

Votre raisonnement est juste en ce qui concerne les traces de feuilles. Les cicatrices que laissent celles-ci sur un jeune rameau sont allongées en travers et plus ou moins concaves vers le haut. — Mais le rameau n'est pas la feuille. Il naît d'un bourgeon entre l'attache d'une feuille et le rameau qui la supporte. C'est entre le bourgeon et le rameau que se forme un bourrelet transversal, qui descend vers la droite et vers la gauche en s'amincissant. Ce bourrelet devient plus net quand le bourgeon s'épanouit en rameau, et c'est lui dont la trace reste la plus apparente quand le rameau est tombé ou coupé. Vous aviez donc mal conclu : le bas de la branche est à l'opposé des cicatrices ovales des traces. **Enlevez la peau grise** en quelques-uns des points où elle se soulève.

— Sous la peau grise, on voit une autre peau brune, rousse, avec les mêmes lignes en long et en travers, avec les mêmes bosses que nous avons déjà remarquées.

Soulevez cette peau brune.

— La peau brune se casse très facilement. Quand on l'enlève,

— *28ᵉ LEÇON* —

on voit au-dessous une autre peau de couleur plus claire, toujours avec les mêmes lignes et les mêmes bosses.

Regardez la bûche à cette extrémité.

— A cette extrémité, on voit l'enveloppe de la bûche qui s'est détachée de l'intérieur.

Arrachez un lambeau de l'enveloppe et regardez-le du côté de l'intérieur.

— Je vois des lignes parallèles, dirigées suivant la longueur de la bûche.

Nous appellerons *écorce* toute la couche qui se détache ainsi de l'intérieur. L'intérieur lui-même est le *bois*. Quelle est la couleur du bois sous l'écorce?

— Sous l'écorce, la couleur du bois est brune.

Le bois a-t-il la même apparence que l'écorce?

— Le bois n'a pas la même apparence que l'écorce. Il forme des côtes beaucoup plus fines et beaucoup

Fig. 18.

Coupe en travers d'une bûche.

mieux visibles que celles de l'écorce. Ces côtes sont dirigées en long. Il n'y a ni lignes en travers, ni petites bosses comme sur l'écorce.

Arrachez l'écorce sous une trace de rameau, en vous aidant au besoin de ce couteau.

— La trace d'un rameau forme une bosse à la surface du bois, mais non des rides et une facette ovale comme sur l'écorce.

Regardez encore les deux bouts de la bûche, pour les comparer.

— Ce bout-ci est tout gris, tout fendillé.

— *28ᵉ LEÇON* —

Comment sont disposées les fentes?

— Les fentes vont de la surface vers l'intérieur, en devenant de plus en plus étroites. Quelques-unes sont irrégulières.

C'est la sécheresse qui les a produites. Continuez.

— Cet autre bout est beaucoup plus clair. Il porte des côtes parallèles en travers.

Comment ces côtes ont-elles été faites, et pourquoi la bûche est-elle plus claire de ce côté?

— Ces côtes ont été faites quand on a scié la bûche à la longueur voulue, il y a sans doute peu de temps.

A part ces traits de scie, la surface de la bûche en bout est-elle unie?

— Elle est encore percée de nombreux petits trous.

Sa couleur est-elle uniforme?

— Non, Monsieur, elle est plus foncée sur le bord, où les trous sont aussi plus grands.

Je vais râper, puis limer le bout de la bûche, afin de faire disparaître les traits de scie, qui nous cachent des détails intéressants. Ces détails apparaissent mieux quand je mouille le bout de la bûche.

— On voit maintenant un point brun au centre de la surface. Ce point est entouré d'un rond, celui-ci d'un autre, puis d'un troisième, et ainsi de suite jusque vers la surface, où la couche brune reste mal limitée.

Tous ces cercles laissent entre eux des couches de bois. Comptez-les.

— Je trouve douze couches.

J'en conclus que cette bûche avait douze ans au moment où on l'a coupée. Car il se forme chaque année une de ces couches de bois que vous avez comptées. — Quelle est l'épaisseur de chaque couche?

— Les couches ne sont pas toutes également épaisses. Mais elles ont de deux à trois millimètres d'épaisseur en général.

Le bois est-il dur ou mou?

— Le bois est dur. Cependant il est moins dur que l'acier, puisqu'on peut le couper au couteau.

— *28ᵉ LEÇON* —

Essayez d'enfoncer la pointe de ce couteau, d'abord dans un bout de la bûche suivant des directions différentes, puis sur le côté, en mettant la lame en long, puis en travers.

— La pointe du couteau s'enfonce bien dans le bout de la bûche, quelle que soit sa direction. Elle se plante bien aussi dans le côté quand elle est dirigée suivant la longueur. Mais elle n'entre pas facilement quand on veut l'enfoncer en travers.

C'est que le bois est formé par des espèces de fils qu'on appelle des *fibres*. Ces fibres sont placées les unes à côté des autres, suivant la longueur. Il est assez facile de les séparer, mais beaucoup plus difficile de les couper. Vous savez que d'un coup de hache je pourrais fendre cette bûche dans toute sa longueur, tandis qu'il faut la scier patiemment pour la couper suivant sa faible épaisseur. L'écorce est bien plus cassante, comme vous l'avez constaté tout à l'heure. — Le bois vous paraît-il froid ou chaud au toucher?

— Le bois n'est ni très froid, ni très chaud, mais il semble assez frais.

Est-il plus **dense** ou moins dense que l'eau?

— Le bois est moins dense que l'eau, puisqu'il flotte.

A-t-il une **odeur**, une **saveur**?

— Le bois a une odeur particulière, qu'on sent bien quand on entre dans le bûcher. Il n'a guère de goût. Le bout de la bûche dessèche la langue.

Est-ce que le bois **peut supporter en travers un poids lourd** sans se briser?

— Oui, Monsieur. Et la preuve, c'est que les solives d'un plancher supportent tout ce qu'il y a dans la chambre.

Est-ce qu'on peut **aplatir** le bois en lames ou l'**étirer** en fils?

— Le bois se casserait, se déchirerait, si on voulait l'écraser ou l'étirer.

Vous savez ce qui arrive quand on met le bois dans le **feu**. Mais c'est là un sujet très important, qui doit être étudié à part.

— 28ᵉ LEÇON —

XXIX. — LA POMME DE TERRE

On a dit que la pomme de terre est le pain du pauvre. Il y a là quelque exagération, car si la pomme de terre est riche en fécule, elle contient, en revanche, trop peu d'azote. C'est un très bon aliment respiratoire, propre à fournir l'énergie dont les muscles ont besoin pour le travail, mais ce n'est pas un aliment plastique, c'est-à-dire capable de réparer les tissus usés par la nutrition. Malgré tout, Parmentier nous a rendu un service inestimable en propageant dans nos pays la culture et la consommation de ce précieux tubercule, considéré avant lui comme un poison. La description qui va suivre s'applique à une variété rouge, mais il sera facile de faire les transpositions de détail si c'est d'une autre sorte de tubercule qu'on dispose.

Matériel de la leçon. — Une pomme de terre « en germination » devant chaque élève. — Une pomme de terre cuite. — Un réchaud à alcool. — Un verre d'eau. — Une petite casserole. — Un peu de teinture d'iode. — Un rameau quelconque garni de bourgeons. — Une motte de beurre ou d'argile. — Un couteau rond.

Pourquoi appelle-t-on ceci une pomme de terre?

— Parce que c'est arrondi comme une pomme et que cela pousse dans la terre.

Cependant une pomme a une forme beaucoup plus régulière et contient quelque chose qui manque, vous le savez certainement, à l'intérieur de la pomme de terre.

— Une pomme contient des pépins, la pomme de terre n'en contient pas.

Il y a par contre, à la surface de la pomme de terre, quelque chose qui manque toujours à la surface des pommes.

— A la surface de la pomme de terre, il y a des **yeux** et parfois des **germes**, qu'on ne trouve jamais sur une pomme.

Nous trouverions bien d'autres différences si nous voulions comparer dès maintenant la pomme de terre et la pomme. Mais demandons-nous pour commencer à quoi sert la pomme de terre.

— 29e LEÇON —

— La pomme de terre sert à nourrir les hommes et les animaux domestiques. On met de la pomme de terre dans un grand nombre de plats, dans les soupes, dans les potages; on mange les pommes de terre entières cuites sous la cendre, ou sautées (quand elles sont petites), après les avoir nettoyées à la surface; on les mange coupées en tranches, frites ou bouillies; on les réduit en purée, on en fait des gâteaux, etc. Dans certains pays, on fait aussi de l'alcool avec la pomme de terre.

Il faudrait se féliciter de ce dernier emploi de la pomme de terre, si l'alcool produit devait simplement alimenter des réchauds ou brûler dans les lampes; mais malheureusement l'alcool est aussi consommé sous forme d'eau-de-vie, breuvage toujours nuisible, et l'eau-de-vie de pomme de terre est peut-être la plus détestable de toutes.

Regardons avec attention les pommes de terre qui sont devant nous.

— La pomme de terre est arrondie, mais de forme irrégulière. Il n'y en a pas deux qui se ressemblent; parmi celles qui nous ont été distribuées, il y en a d'allongées et de ramassées, de rondes et de plates en travers, d'amincies à un bout, etc.; quelques-unes portent des germes et d'autres de véritables petites pommes de terre.

Quelle est la couleur de ces pommes de terre?

— Elles sont grises à la surface; mais cette teinte est surtout due à la terre qui les salit. Quand on les essuie bien, elles paraissent brun rosé. Nous savons que d'autres sortes de pommes de terre ont une enveloppe plus claire.

Que remarquez-vous encore à la surface?

— La surface est terne. Dans quelques échantillons elle est assez lisse, mais dans un plus grand nombre elle se soulève en petites écailles allongées et très étroites. Le toucher de la pomme de terre est assez rugueux, même quand on a enlevé toute la poussière.

Regardez de plus près encore.

— Les écailles sont les bords relevés de petites bandes très minces qui se croisent en tous sens comme les fils d'un réseau. De place en place, la surface est creusée de petits enfonce-

— 29e LEÇON —

ments allongés, étroits et peu profonds, du milieu desquels s'élèvent de petites pointes grises ou des germes.

Entamons la pomme de terre, comme pour l'éplucher. Le premier coup de canif enlève un lambeau de pelure d'un centimètre carré de surface, ou à peu près, et laisse voir l'intérieur de la pomme de terre.

— L'intérieur a une couleur jaune pâle ; la place épluchée est bordée de rose violacé ; ce contour coloré paraît large parce que la pelure a été coupée en biais.

Coupons maintenant la pomme de terre en deux.

— La pomme de terre se coupe aisément, car elle n'est pas très dure. A l'intérieur, elle a partout à peu près la même teinte. Cependant on remarque sur la tranche une ligne étroite, arrondie, de couleur un peu plus foncée, qui paraît formée de petits points rangés à la suite les uns des autres.

Grattons doucement la surface de cette tranche avec le canif.

— On fait sortir ainsi une sorte de lait, presque blanc.

Délayons cette crème dans un verre d'eau.

— On voit tomber dans l'eau de petits lambeaux blanchâtres ; quelques-uns, plus petits encore, tombent très lentement : et dans l'eau on observe un nuage qui s'étend de plus en plus, formé d'une poussière blanche très fine.

Les grains de poussière blanche que vous remarquez sont appelés grains de fécule ; ils constituent la partie nourrissante de la pomme de terre. Ils sont tout à fait comparables aux grains d'amidon que l'on extrait de la farine. Vous savez qu'en chauffant de l'amidon avec de l'eau, on forme de l'empois. La fécule se comporte de même ; quand on fait cuire les pommes de terre, elles deviennent bien plus faciles à écraser, parce que la chaleur, en présence de l'eau qui les imprègne, a fait gonfler les grains de fécule, en brisant les petites poches invisibles qui les contenaient. — Nous allons terminer cette première partie de la leçon par une jolie expérience qu'on peut répéter indifféremment avec de la fécule ou de l'amidon. Décrivez-la à mesure que je la fais.

— Vous faites chauffer l'eau de fécule ; vous la reversez dans le verre ; elle est plus trouble que tout à l'heure et les grains de fécule ne s'y distinguent plus bien ; vous y versez une gouttelette de teinture d'iode, et elle devient aussitôt d'un beau bleu.

C'est par cette expérience ou d'autres analogues qu'on reconnaît la présence de la fécule ou de l'amidon dans une poudre blanche.

La pomme de terre, cette masse informe que nous avons examinée trop sommairement, n'est autre chose **qu'un rameau tout à fait comparable à celui-ci. Décrivons** d'abord celui que je vous montre.

— Il se compose d'une baguette portant quelques bourgeons ; à un bout, on voit la trace de l'endroit où on l'a coupé, et à l'autre bout se trouve un dernier bourgeon.

Nous devons donc retrouver dans la pomme de terre ces différentes parties. Où est l'axe, c'est-à-dire la baguette ?

— Cette baguette est la pomme de terre elle-même ; mais c'est une baguette très grosse pour sa longueur, puisqu'elle est presque globuleuse.

Où sont les **bourgeons** ?

— Les bourgeons sont les petites pointes logées dans les enfoncements dont on a parlé tout à l'heure. Ces enfoncements ont une forme remarquable, toujours la même. L'un de leurs bords forme un bourrelet arqué en accent circonflexe, tandis que l'autre bord se dessine mal. On produirait un enfoncement semblable, ou à peu près, en **appuyant** légèrement le bout d'un couteau rond dans une motte de beurre ou de terre glaise. Si l'on tient la pomme de terre entre deux doigts, de manière à rendre horizontaux à la fois deux de ces enfoncements non parallèles, tous les autres deviennent horizontaux en même temps, et tous les bourrelets sont tournés ensemble du même côté, soit en haut, soit en bas.

Vous savez déjà ce que deviennent les bourgeons au printemps ?

— Au printemps, les bourgeons s'ouvrent et s'allongent en rameaux.

Les bourgeons de la pomme de terre en font autant lorsqu'ils sont dans un endroit chaud. On dit alors que la pomme de terre **germe. Décrivez** un *germe*.

— Un germe est blanc, luisant, translucide dans son ensemble. Sa forme générale est celle d'une corne ; sa base est violacée, tandis que le voisinage de sa pointe est verdâtre et que son sommet est occupé par de toutes petites languettes violacées.

— 29ᵉ LEÇON —

On voit du reste, sur la longueur même du germe, d'autres languettes violacées disposées en long. En regardant de très près, on remarque encore de tout petits points violets, mais ceux-ci sont à peine perceptibles.

Il est difficile d'en voir davantage à l'œil nu. Mais ce que vous venez de constater directement vous permettra de comprendre le dessin que j'ai fait (fig. 49) en regardant le germe au travers d'un verre grossissant. Ce dessin représente en réalité le premier état d'une pomme de terre : son axe est blanc parce qu'il vit à l'obscurité, et il est un peu translucide, gorgé d'eau, parce qu'il est jeune. Les petits points violets sont des **organes de respiration** dont on vous reparlera plus tard. Les languettes violettes sont des **feuilles** attachées par leur base à des bourrelets transversaux qui persisteront sur la pomme de terre devenue globuleuse. Au fond de l'intervalle qui les sépare de l'axe, on voit de petites pointes verdâtres, origines des **bourgeons** futurs. Enfin, vers le sommet, les languettes violettes sont serrées les unes contre les autres et enroulées plus ou moins à leur pointe : leur ensemble forme le **bourgeon terminal** du germe, c'est-à-dire du rameau en voie de formation.

Fig. 49.
Jeune bourgeon
axillaire
de pomme de terre.

Mais la pomme de terre elle-même étant un rameau, on doit pouvoir trouver ses deux extrémités. Ce n'est pas aisé, semble-il, à cause de sa forme globuleuse ; pourtant, en nous aidant de ce que nous venons d'apprendre, nous y parviendrons sans trop de peine : tournons la pomme de terre de manière que les bourrelets des yeux (ou bourgeons) soient horizontaux et forment le bord supérieur des enfoncements. En regardant de haut en bas, ils nous paraissent rangés comme en des cercles de plus en plus étroits autour d'un point que nous ne tardons pas à découvrir, qui est de couleur grise, où la pelure manque évidemment, et où nous pourrons remarquer une foule de petits cercles concentriques, ou bien des lambeaux qui témoignent d'un arrachement.

— C'est la base du rameau, de la pomme de terre ; c'est là qu'elle a été arrachée.

— 29ᵉ LEÇON —

L'autre **extrémité** doit être occupée par un bourgeon terminal. Elle est maintenant facile à trouver, à l'opposé de la base.

— En effet on trouve là un bourgeon ou un germe, parfois entouré d'autres bourgeons plus petits, disposés en bouquet.

L'axe d'un rameau ordinaire est formé d'un cylindre central entouré d'une écorce. L'écorce de la pomme de terre est son enveloppe plus ou moins brune; et le réseau que nous avons observé à la surface, quand elle est suffisamment âgée, est tout à fait comparable au réseau de crevasses qu'on remarque sur la plupart de nos arbres. Quant à la masse même de la pomme de terre, de couleur claire et gorgée de fécule, c'est de la moelle. Dans un rameau ordinaire, la moelle est peu abondante et trouve à peine à se loger entre les paquets de tubes qui conduisent la sève, entremêlés de fibres

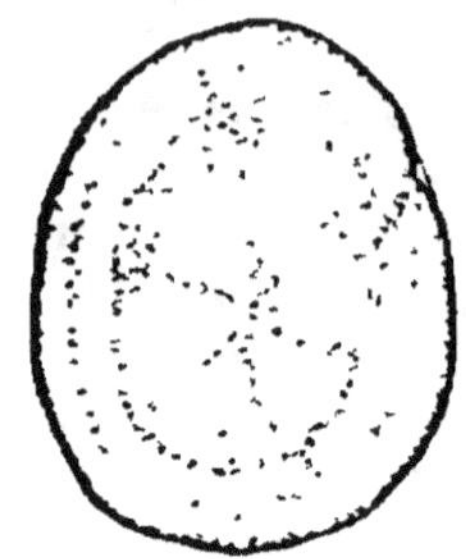

Fig. 50.
Coupe transversale d'une pomme de terre au niveau d'un œil.

de soutien. Ici, c'est le contraire, comme vous le voyez : la moelle tient toute la place et les **conduits de la sève** sont rangés suivant une mince surface dont la tranche se dessine en une courbe fermée sur une section transversale de la pomme de terre.

Les conduits de la sève doivent évidemment passer dans les bourgeons. En effet, pratiquons une coupe transversale de la pomme de terre au niveau d'un bourrelet (fig. 50).

— La courbe des conduits de la sève se déforme en pointe et vient toucher la surface au point d'attache du bourgeon.

Nous pouvons prévoir ce que nous montrera une **coupe longitudinale**, menée de la base de la pomme de terre à son bourgeon terminal.

Fig. 51.
Coupe transversale d'une pomme de terre, près du sommet.

— On verra les **conduits de la sève** partir de la base, où ils sont très rapprochés, et s'écarter vers le milieu de la pomme de terre pour se réunir ensuite au bourgeon terminal.

— 29ᵉ LEÇON —

C'est en effet ce que nous constatons. En outre, comme il y a un bouquet de bourgeons autour du bourgeon terminal, nous voyons nettement les conduits s'y ramifier.

Enfin la coupe transversale de la pomme de terre (fig. 51), tout près du sommet, nous montre autant de cercles de conduits qu'il y a de bourgeons en bouquet, et chaque germe possède un de ces cercles sur sa section transversale.

XXX. — LE POIREAU

Après avoir étudié l'organe principal de réserve de la pomme de terre, nous allons nous occuper d'une autre plante comestible qui accumule surtout ses provisions dans ses feuilles.

Matériel de la leçon. — Poireaux entiers devant chaque élève, ou devant de petits groupes formés de manière que tout le monde puisse efficacement observer.

Vous savez déjà comment s'appellent les herbes potagères qu'on a mises devant vous. **A quoi servent les poireaux?**

— Les poireaux servent à la nourriture.

Les mange-t-on crus ou cuits? Mange-t-on le tout, ou choisit-on certaines parties?

— Quand on veut préparer des poireaux, on met à part la partie blanche ou de couleur claire, et on jette le reste, ainsi que les enveloppes fanées ou gâtées. On coupe ensuite en quatre, suivant la longueur, ce qu'on a gardé, pour le nettoyer plus facilement, et on le jette dans l'eau, froide ou chaude. Le poireau s'amollit par la cuisson. On le coupe en petites tranches quand on veut l'employer dans la soupe. On le presse dans une passoire quand on en veut faire de la purée. Le poireau cuit accompagne le pot-au-feu; il entre dans la composition du court-bouillon. On le mange aussi à la sauce blanche ou à la vinaigrette, etc.

Apprenons comment est fait ce poireau, dont nous tirons si bon parti.

— Le poireau est long et étroit. Il est blanc au milieu, avec un paquet de feuilles vertes à un bout et des racines grises à l'autre.

Voilà une description exacte, mais trop sommaire, de l'objet qui nous intéresse. Reprenons-en une à une les différentes parties :

— Le paquet de **racines** est un peu plus large que la tête du poireau; mais il s'amincit au point où il s'attache. Les racines sont longues et fines comme du vermicelle; elles ne sont pas bien arrangées, mais cependant elles vont toutes du même côté en s'emmêlant plus ou moins; elles sont contournées en zigzags irréguliers; elles sont en général un peu renflées au point où elles s'attachent; elles sont coupées assez brusquement : il n'y en a pas de vraiment pointues.

Regardez attentivement le pourtour de la racine.

Autour des longs filaments, on en voit de beaucoup plus courts, plus pointus, et qui semblent plus jeunes. Ils ont percé la tête du poireau pour s'allonger vers le bas.

— Ensuite vient la **tête** du poireau, un peu épaissie, comme un commencement d'oignon. Elle est bien plus blanche que la racine, luisante, et elle se continue par une partie de couleur claire qui a partout à peu près la même épaisseur. Toutefois la couleur de cette partie blanche tire de plus en plus sur le vert en s'éloignant de la tête. Dans la région où elle commence à verdir, elle se fend et se termine par une peau qui est certainement un bout de feuille fanée ou coupée.

Cette partie du poireau est-elle bien droite?

Ordinairement elle est plus ou moins courbée en **arc**.

A-t-elle la même épaisseur dans tous les sens? Peut-on la rouler facilement entre les doigts?

— Elle est aplatie en travers, formant ainsi deux espèces de côtes qu'on sent très bien sous le doigt. C'est suivant l'une de ces côtes que l'enveloppe se fend et se continue par une **feuille**, pliée en deux dans sa longueur. De la fente sort une seconde feuille, dont la base est enveloppée dans celle de la première, mais qui est tournée en sens inverse. De la seconde feuille en naît une troisième, opposée à cette seconde, et par conséquent emboîtée dans la première, et ainsi de suite. Si on regarde les feuilles de poireau en tournant vers soi l'un ou l'autre côté, ces feuilles se cachent toutes les unes derrière les autres. Au contraire, en tournant vers soi une face de la partie blanche, les feuilles forment deux groupes, l'un dirigé vers la droite et l'autre vers la gauche. Si on numérote les feuilles en partant du bas, celles de rang pair sont d'un côté et celles de rang impair de l'autre.

D'où viennent ces feuilles? Pour le savoir, déchirez la première enveloppe, qui est la base de la première feuille apparente.

— *30ᵉ LEÇON* —

En déchirant jusqu'en bas la première enveloppe, on en met à nu une seconde toute semblable, qui se fend seulement un peu plus bas que la première, de sorte que le poireau a toujours le même aspect général.

Que trouve-t-on en déchirant à son tour la seconde enveloppe?

— On en trouve une troisième toute semblable aux deux autres, mais fendue de plus bas encore, et ainsi de suite.

Ainsi ce qui apparaît dans un poireau, c'est un ensemble de racines et de feuilles, ces dernières s'enveloppant les unes les autres à leur base.

Où a-t-on trouvé le poireau?

— Dans le potager.

Gisait-il à terre et n'a-t-on eu besoin que de le ramasser?

— Il était planté en terre et il a fallu l'arracher.

Qu'est-ce qui sortait de terre?

— L'ensemble des feuilles.

Montrez comment le poireau était placé et indiquez à peu près jusqu'où il était recouvert de terre.

Avez-vous vu parfois des racines porter des feuilles?

— Non, jamais.

Nous n'avons donc pas tout trouvé dans le poireau, et il nous reste à découvrir la tige. Coupons d'abord le poireau en travers, à deux centimètres environ de la racine (fig. 52).

— Des deux côtés de la coupe, on voit des couches qui s'enveloppent jusqu'au centre, et rien que cela.

Fig. 52.
Coupe transversale du poireau. au voisinage du bulbe.

Nous corrigerons cette observation tout à l'heure, mais en attendant, fendons en longueur, par le milieu, la tête du poireau, ce qui va nous permettre de faire de nouvelles remarques sur la racine et sur les feuilles, tout en nous découvrant la tige (fig. 53). Dites d'abord quelle est l'apparence générale de la coupe.

— En allant de haut en bas, on remarque une surface jaune au milieu, blanche sur les bords, avec des lignes longitudinales qui sont certainement les épaisseurs des feuilles. La région jaune est mal délimitée et se termine en pointe vers le bas. Au-dessous on voit un triangle blanc grisâtre qui a sa base en haut et son sommet en bas; ce triangle est aplati et son angle inférieur est obtus. Ses sommets sont arrondis. Les feuilles partent de sa base et des régions voisines des sommets latéraux. Les racines partent des côtés obliques.

Faites quelques nouvelles remarques sur les racines.

— Les filaments qui partent du sommet inférieur sont plus courts, plus minces, plus desséchés que ceux du pourtour. On devine qu'ils sont vieux. Mais tout à fait sur le pourtour, les filaments sont très jeunes évidemment. Nous avons déjà dit qu'ils sont très courts et qu'ils percent la base des feuilles.

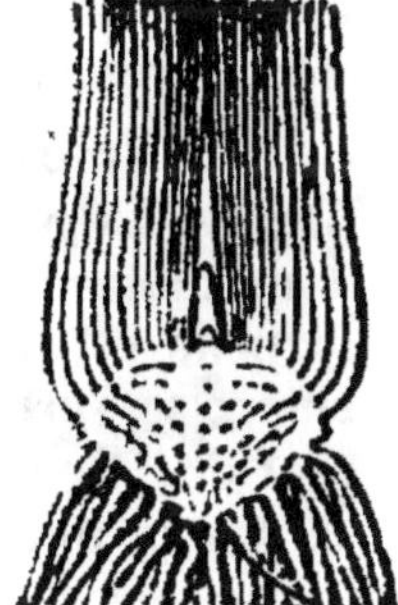
Fig. 53.
Coupe longitudinale du poireau.

Examinez maintenant la tige. Vous avez tous trouvé qu'elle a une section triangulaire en long. C'est donc que cette forme ne dépend pas du sens dans lequel on a fait la coupure. Pouvez-vous d'après cela retrouver la vraie forme de la tige? Quel est le solide pointu dont la tranche est toujours un triangle quand on le fend à partir du sommet?

— C'est un cône. La tige du poireau a la forme d'un cône renversé.

Regardez de plus près la coupe.

— La coupe de la tige n'est pas lisse; elle est comme hérissée de petites écailles. Celles-ci ne paraissent pas rangées au hasard. Vers le milieu, il y en a plusieurs lignes qui montent directement de la pointe inférieure jusqu'au centre de la base; d'autres, plus longues, sont disposées en éventail et se dirigent du côté des feuilles. En regardant bien, on voit encore des lignes transversales, parallèles à la base supérieure. On ne peut s'empêcher de remarquer une **bordure continue** sur les côtés obliques : c'est de là que partent les racines.

Nous pouvons reprendre enfin l'étude des feuilles. Avant d'interpréter le haut de la coupe que nous venons d'étudier, prenons l'autre partie du poireau, celle qui porte les feuilles. Enlevons une à une les enveloppes en les tirant suivant la longueur, et, après les avoir disposées dans leur ordre naturel, **examinons-les séparément** en les comparant entre elles.

— Nous trouvons une douzaine de feuilles, de plus en plus petites. La première, en partant de l'extérieur, est blanche dans toute la partie où elle forme un tube; cette région blanche est translucide et d'aspect soyeux, surtout à l'intérieur; sa surface est un peu ridée, mais on y remarque avant tout des lignes qui s'étendent en longueur et qui apparaissent bien nettes à l'extérieur.

Ce sont des **nervures**, comme celles qu'on voit sur les feuilles de blé ou sur les feuilles d'arbres.

— La nervure du milieu est un peu plus apparente. A l'endroit où le tube **se fend** pour former une feuille, la surface jaunit. Mais tandis que le changement de teinte se fait graduellement à l'extérieur, sur le dos de la feuille, il est brusque au contraire en dedans, et même la partie blanche se termine par un rebord libre d'un ou deux millimètres de largeur; c'est comme la doublure de la feuille en dedans.

Sur cette feuille extérieure, déjà amincie et un peu desséchée, vous pouvez remarquer encore certaines parties minces, presque transparentes.

— On pourrait les comparer à de la pelure d'oignon.

Vous voyez là l'épiderme de la feuille. Avant d'aller plus loin, cassez en travers, avec précaution, la gaine que nous étudions, et tirez doucement sur les parties séparées.

Elles restent réunies par quelques filaments très fins, qui s'allongent à mesure qu'on écarte les fragments déchirés, et qui finissent par se briser.

Ces filaments, vus à travers un verre grossissant, vous apparaîtraient comme des espèces de ressorts en boudins. Quand ils sont en place, leurs spires étant serrées, ils forment des tubes où circule la sève qui va vers la pointe de la feuille. Vous remarquez qu'ils sont toujours dans le prolongement d'une nervure.

— Le reste de la feuille est plié en deux, surtout vers le milieu de la longueur. Sa couleur passe insensiblement du jaune au vert, une sorte de vert bleuâtre. Quand on frotte sa surface, elle devient luisante et d'un vert bien plus franc, comme si on avait enlevé une légère couche de farine qui l'aurait recouverte. Au reste les deux faces de la feuille ont la même couleur, ce qui est remarquable, car les feuilles des arbres ont le plus souvent une face foncée et une face claire. On y voit des nervures nombreuses, parallèles au pli du milieu, qui correspond lui-même à une nervure plus épaisse que tout le reste, comme on le constate en étalant la feuille. Lorsqu'on casse celle-ci en travers et qu'on tire sur les deux fragments, on étire des filaments identiques à ceux que nous avons observés dans la gaine. Enfin le **bord** de la feuille est ondulé.

— La feuille suivante ressemble beaucoup à celle qui vient d'être décrite, mais elle se fend plus bas, est plus nettement pliée et reste jaune sur une bien plus grande longueur. Ces remarques s'appliquent de mieux en mieux aux feuilles suivantes. En outre les deux moitiés du pli se collent ensemble à la pointe, de manière à former une sorte de **capuchon** pour abriter la pointe de la feuille suivante. Bientôt la lame est uniformément jaune et on ne distingue plus de gaine. C'est sans doute que celle-ci ne dépasse pas la région que nous avons laissée attachée à la tige.

Il en est bien ainsi. Vous voyez maintenant en quoi votre première observation était défectueuse : les couches intérieures ne sont pas continues comme les autres; elles sont interrompues suivant les côtes que nous avons remarquées dès l'abord à la surface du poireau ; et celles du centre se réduisent à des lames pliées en deux. Vous comprenez aussi pourquoi la tête du poireau est renflée : c'est que les feuilles s'attachent aux côtés comme au plateau de la tige.

Il ne nous reste plus qu'à jeter un coup d'œil sur **la base des feuilles.**

Au centre du plateau se dresse une pointe jaune qui en abrite une autre plus petite, et ainsi plusieurs fois.

Cette pointe est le **bourgeon terminal,** qui devait plus tard grossir et s'allonger, en même temps qu'à la base des feuilles seraient apparus quelques autres bourgeons, origines de poireaux futurs.

— 32ᵉ LEÇON —

XXXI. — LA CERISE

Une cerise est tôt avalée. Mais on peut demander à ce fruit autre chose qu'une légère satisfaction du palais. Son étude est, en effet, même avec nos rudimentaires moyens d'observation, fort intéressante et fort instructive. Quand on a une fois ouvert une cerise, on ne peut plus hésiter à reconnaître que sa chair succulente est formée par une feuille épaissie et enroulée, dont les bords se sont rejoints.

Matériel de la leçon. — Une demi-douzaine de cerises devant chaque élève. — Des noyaux lavés et secs, en nombre au moins égal à celui des élèves.

Qu'est-ce qu'une cerise?

— La cerise est le fruit du **cerisier.**

Qu'est-ce qu'un cerisier?

— Un cerisier est un arbre.

Où voit-on des cerisiers?

— On voit des cerisiers dans les vergers, dans les jardins fruitiers; il y a aussi des cerisiers sauvages dans les bois.

Pourquoi dites-vous que la cerise est un fruit?

— La cerise est un fruit parce qu'elle renferme une graine cachée dans son noyau. Cette graine, mise en terre, pourrait reproduire un cerisier.

Quel est l'aspect de la cerise à l'extérieur?

— La cerise est rouge, brillante; elle forme miroir : avec un peu d'attention, on se voit dans une cerise comme dans une bille de verre. Mais la surface de la cerise étant très bombée et peu régulière, l'image est petite et toute déformée; elle n'est pas non plus d'une bien grande netteté.

Quelle est la forme de la cerise?

— La cerise est ronde.

C'est là une réponse trop vague, car il y a bien des formes rondes qui ne se ressemblent guère : une assiette, un sou, un chapeau, une boule, un tuyau, un seau, etc., etc., sont ronds et pourtant très différents de forme. Il vaut mieux dire que la cerise est globuleuse, ce qui signifie qu'elle est ronde à la manière d'un globe, d'une boule ; cependant sa forme n'est pas bien régulière, vous l'avez dit.

— La cerise est un peu moins haute que large, si on la regarde d'un certain côté. Mais en lui faisant faire un quart de tour, elle paraît plus étroite (fig. 54). En outre, son contour n'est pas régulièrement arrondi. Il ressemble un peu à un carré dont on aurait abattu les angles et courbé les côtés. Pour plus d'exactitude, on doit remarquer que la cerise est un peu plus large et surtout plus épaisse vers la queue. A l'endroit où s'attache celle-ci, la cerise est creusée ; elle est encore creusée, mais très peu, à l'opposé, autour d'un tout petit point blanc jaunâtre.

Vous pourriez faire encore quelques observations au sujet de l'aspect et de la forme de la cerise.

— La couleur de la cerise n'est pas uniforme ; non seulement on distingue à sa surface des endroits plus clairs et d'autres plus foncés, puisqu'elle est luisante et éclairée d'un côté seulement, mais sous la peau assez transparente on voit courir des veines pâles qui entourent des places plus sombres. L'une des deux faces est rayée en son milieu par une ligne, une sorte de couture allant de la queue au point clair opposé [1].

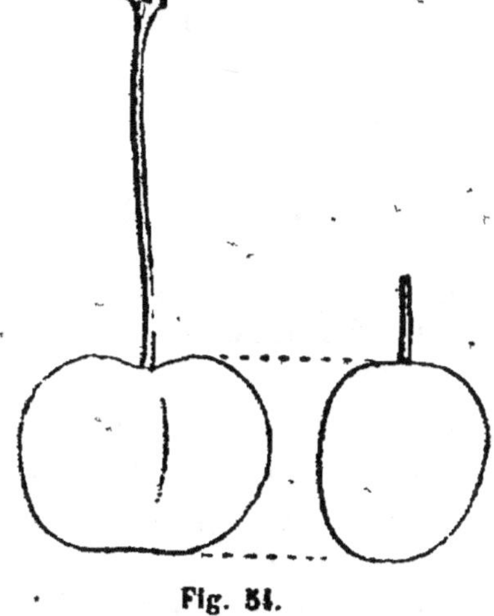

Fig. 54.
Cerise de face et de profil.

Avant d'examiner l'intérieur de la cerise, regardons la queue.

1. Dans certaines variétés de cerises, cette suture suit l'axe d'un bourrelet mal formé, accompagné à droite et à gauche de deux autres côtes moins distinctes. Quand cette particularité se présentera, il sera bon de la signaler, car elle rappelle une disposition instructive, mieux marquée dans l'amande, par exemple.

— 31e LEÇON —

— La queue est longue de 4 centimètres environ. Elle est verte, arrondie en travers, plus ou moins courbée en long, plus mince au milieu qu'aux extrémités. Sa surface est couverte de fines raies disposées en long, surtout apparentes aux deux bouts. Du côté où elle s'attachait au rameau, elle se prolonge ordinairement par une partie courte et brusquement plus large, brune ou verdâtre, ayant toute l'apparence d'un rameau couvert d'écailles larges, étagées en rangs serrés.

C'est, en effet, un rameau court, ayant porté de petites feuilles, dont quelques-unes sont parfois conservées à l'état d'écailles brunes bien reconnaissables.

— A côté de l'attache de la queue, ce rameau montre des cicatrices comme s'il avait porté d'autres cerises maintenant tombées.

C'est que généralement les cerises naissent en bouquets sur ces rameaux courts; et vous savez qu'il n'est pas rare de trouver des cerises attachées ensemble par groupes de deux, trois ou quatre. Pouvez-vous montrer comment la cerise était fixée sur l'arbre?

— La cerise pendait; en effet, ce fruit est lourd pour sa queue mince, et il est impossible de le maintenir dressé.

Arrachez la queue sans entraîner le noyau.

— A l'autre extrémité, la queue est entourée d'une sorte de collerette étroite, au delà de laquelle elle s'enfonce dans la cerise par une sorte de petit tampon court.

Enlevons la peau rouge de la cerise, en nous servant au besoin d'un canif.

— Sous la peau, la chair est d'un rouge plus clair, avec des lignes jaunâtres qui s'entrecroisent comme les cordes d'un filet. Nous les avions déjà aperçues à travers la peau. Elles rayonnent à partir de la queue et deviennent d'ailleurs peu distinctes en deux endroits, savoir : sous la couture que nous avons reconnue à la surface du fruit, et à l'opposé de cette couture. Sous la couture, en particulier, la chair est plus jaunâtre, comme si elle laissait voir un peu le noyau.

Coupons en long une cerise intacte, suivant les deux lignes qui viennent d'être remarquées.

— 31ᵉ LEÇON —

— On voit d'abord que les deux moitiés s'écartent d'elles-
mêmes sur leurs bords, ce qui ne nous surprend plus depuis
notre étude de la racine. Puis, les deux
moitiés étant rabattues l'une à côté de
l'autre (fig. 55), on remarque que du côté
de la couture le noyau porte des bourrelets, tandis que tout le reste de sa surface
est lisse.

Détachez avec précaution le **noyau**, sucez-le
puis examinez-le bien.

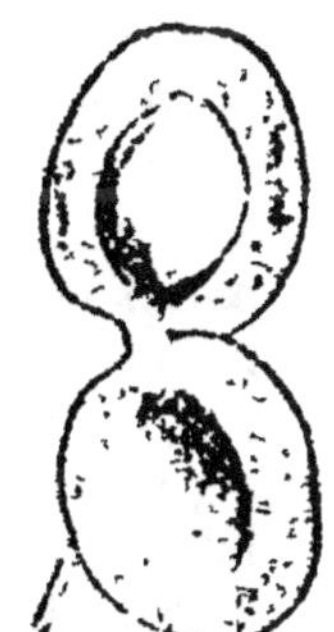

Fig. 55.
Cerise coupée sui-
vant le plan de la
suture.

— Un noyau de cerise a une forme qui rappelle un œuf irrégulier et aplati : il est plus
long que large et plus large qu'épais. On
pourrait encore le comparer à deux cuillers
sans manches qui seraient accolées par
leurs bords. Du côté le plus courbé, ce contour forme une sorte de tranchant ; de
l'autre — du côté de la couture — il descend plus bas et il
est creusé en long entre les bourrelets. Chaque face présente
ainsi suivant un bord deux bourrelets voisins qui courent sur
toute la longueur du noyau, plus quelques autres plis qui
montent beaucoup moins haut. Bourrelets et plis partent
de la base, c'est-à-dire du côté où la cerise était attachée à
la queue. En cet endroit se trouve une cicatrice plus ou
moins bien marquée. A l'autre extrémité, le noyau forme une
pointe, souvent à peine visible.

Regardez maintenant la **chair coupée**, sur les deux moitiés de la
cerise.

— Dans la chair rouge courent des filets blanchâtres.

Appelons-les des *nervures*, car ces filets ont une certaine ressemblance avec les nerfs des animaux.

— Ces nervures suivent l'empreinte du noyau du côté de la
couture et du côté opposé, en allant du point d'attache de la
queue vers la pointe du noyau. Elles envoient des ramifications, soit vers la surface de la cerise, soit vers le noyau, et
ces ramifications s'enfoncent dans la chair, où elles deviennent bientôt invisibles.

Coupez une autre cerise en travers (fig. 56) et regardez la
partie restée adhérente à la queue.

— 31e LEÇON —

— Le noyau sort à moitié de cette demi-cerise. On remarque tout de suite que la partie la plus large de la cerise correspond à la partie la plus étroite du noyau, et inversement. Des nervures rayonnent encore du noyau vers la surface, très apparentes en dehors, où elles se réunissent en une ligne parallèle à la peau, beaucoup moins distinctes en dedans, là où la chair est plus rouge au contact du noyau. Du bord aigu de celui-ci, à l'opposé des bourrelets, deux nervures principales partent en s'écartant et en se courbant à droite et à gauche, au lieu de rayonner simplement comme les autres.

Fig. 56.
Coupe transversale
d'une cerise.

Coupons encore une dernière cerise en long (fig. 57), de manière à séparer ses deux faces larges, et enlevons au canif la partie opposée à la couture.

— L'aspect de cette coupe est très semblable, par la disposition des nervures, à celui de la coupe en travers.

Enlevez le noyau avec précaution (fig. 58).

— On voit au fond du creux quatre nervures principales que nous avions déjà remarquées sur le côté dans la première coupe en long. On voit aussi que c'est évidemment vers le bas que le noyau s'attache à la chair.

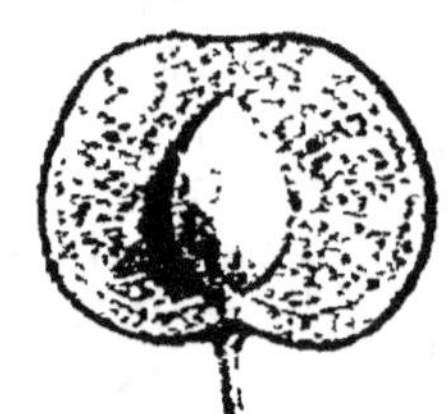

Fig. 57.
Coupe longitudinale
d'une cerise,
perpendiculairement
au plan de la suture.

Après avoir taché une feuille de papier blanc en violet avec du jus de cerise, il nous reste à examiner l'intérieur du noyau. Celui-ci est en bois, et nous ne pourrons l'ouvrir qu'avec un canif. Pour plus de facilité, nous opérerons sur des échantillons lavés et séchés à l'avance. La surface n'étant plus glissante, grâce à cette préparation, nous grattons le milieu du bord aigu, et nous y introduisons la lame du canif pour faire sauter une partie de la coquille, enlever l'amande, puis travailler le reste de manière à

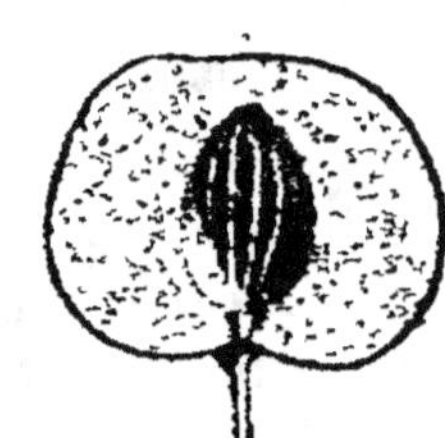

Fig. 58.
Même coupe,
le noyau enlevé

— 31e LEÇON —

obtenir une coupe en long passant entre les deux faces (dans la figure 59, les deux moitiés du noyau sont intactes).

— Ce noyau est un peu plus mince du côté où son bord est plus courbé. Du côté opposé, il est creusé d'un conduit qui court le long de son épaisseur, depuis la base jusqu'au milieu, puis débouche dans l'intérieur. La cavité du noyau est assez lisse et luisante. Elle porte, dans le prolongement du conduit dont on vient de parler, la cicatrice de l'endroit où s'attachait l'amande.

Fig. 59.
Coupe longitudinale d'un noyau de cerise dans le plan de la fig. 55.

Étudions une **autre coupe en long**, pratiquée de la même manière, mais passant par le milieu des faces. Conservons la moitié située du côté des bourrelets (fig. 60).

— Cette coupe est plus étroite que la précédente ; elle est aussi plus régulière, les deux moitiés de la coquille étant également épaisses et également bombées. Le fond de la coupe est arrondi vers la base du noyau ; mais, vers son sommet, il se creuse en long d'une gouttière étroite, de chaque côté de laquelle nous retrouvons la cicatrice du point d'attache de l'amande.

Fig. 60.
Coupe longitudinale d'un noyau de cerise, dans le plan de la fig. 57.

Comment est faite l'amande ? (fig. 61).

— L'amande se moule assez bien sur la cavité intérieure du noyau. Elle est un peu aplatie suivant deux faces, arrondie vers la base du noyau et pointue vers son sommet. Elle s'attache sur le côté et vers la pointe, à l'endroit que nous avons précédemment remarqué. Elle est recouverte d'une enveloppe un peu jaunâtre, et, à l'intérieur, elle se partage d'elle-même en deux moitiés, correspondant chacune à une face du noyau. Ces deux moitiés se séparent aisément, sauf vers la pointe, qui est une petite racine de cerisier. En les détachant complètement, on voit sur l'une d'elles que la racine se prolonge en dedans par une petite lame presque blanche, une sorte de petite feuille.

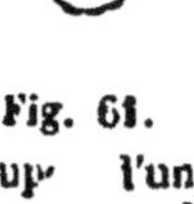

Fig. 61.
Coupe l'une amande de cerise.

C'est là, en effet, l'origine du bourgeon qui termine toute tige ou tout rameau de cerisier.

— 31ᵉ LEÇON —

En découvrant dans la chair de la cerise des nervures ramifiées, vous avez dû penser à d'autres organes de la plante, qui ont aussi des nervures.

— La chair de la cerise ressemble par là aux feuilles.

C'est même une véritable feuille, devenue méconnaissable en s'épaississant, et qui s'est fermée sur elle-même par ses bords, pour protéger la graine[1]. Nous apprendrons bientôt que la graine elle-même est une plante en miniature.
Remarquons, en terminant, que l'amande de la cerise ne se mange pas, comme celle du fruit de l'amandier[2].

1. Nous commettons une incorrection volontaire en négligeant de rattacher le noyau au reste de la feuille carpellaire. Il y aurait plus d'inconvénient que d'avantage à compliquer la leçon en la précisant sur ce point.
2. Allusion à une leçon sur l'amande verte.

— 31ᵉ LEÇON —

XXXII. — LE HARICOT

Nous plaçant volontairement dans les conditions les moins avanta-
geuses, nous supposerons ici que l'emploi du temps ne permet
pas de suivre jour par jour la germination du haricot, et que les
diverses phases de ce phénomène doivent être présentées en une
seule séance aux élèves. Il faut alors qu'une semaine à l'avance
le maître sème dans une assiette quelques haricots qu'il main-
tiendra à une douce chaleur, et qu'il répète la même opération
tous les jours jusqu'au moment de la leçon, en ayant soin de
noter sur chaque récipient la date du semis. Pour les semis des
derniers jours, des soucoupes suffiront. Au reste, c'est sur l'ob-
servation même du haricot que nous nous appesantirons ici.

Matériel de la leçon. — Haricots secs distribués aux élèves. —
Haricots plongés dans l'eau, les uns depuis une heure, d'autres depuis
une demi-journée au moins. — Un corps dur et plan, une pelle, par
exemple. — Un marteau. — Assiettes et soucoupes où germent les haricots mis en expérience.

A chacune de vos places, on a distribué d'avance quelques haricots.
J'ai disposé aussi sur mon bureau d'autres haricots, que j'avais
mis germer de jour en jour depuis quelque temps dans des soucoupes et des assiettes pleines de terre[1], en les maintenant à
une douce chaleur dans ma cuisine. Quelques-uns ont été
enterrés ce matin, d'autres hier, d'autres avant-hier, et ainsi de
suite. Nous les examinerons les uns après les autres. Mais commençons par ceux qui sont devant vous. Quelle est leur **couleur**?

— Les haricots qui sont devant moi sont blancs.

Les haricots ont-ils toujours cette couleur?

— Il y a aussi des haricots rouges, des haricots noirs, des
haricots tachetés.

Ceux-ci sont-ils luisants ou mats à la surface?

— Ces haricots sont luisants à la surface.

Sont-ils transparents, translucides ou opaques?

1. La mousse, le sable, le coton humide peuvent remplacer la terre.

— Ils sont presque opaques. Même sur leur contour, la lumière passe à peine.

Si la lumière était plus vive, elle passerait beaucoup mieux, et les haricots vous paraîtraient translucides. Dites-moi maintenant quelle est leur forme?

— Ces haricots sont ronds.

Il faut préciser, car il y a plusieurs sortes de corps ronds.

— Ces haricots sont plus longs que larges et plus larges qu'épais. Ils sont arrondis dans tous les sens, aussi bien en long qu'en travers. On peut dire qu'ils ont deux faces bombées. Chaque face est plus arrondie sur un bord, et plus plate, ou même un peu creusée, sur l'autre. Sur ce bord plat ou creusé, on voit (fig. 62) au milieu une tache arrondie, plus longue que large....

Fig. 62.
Haricot vu suivant l'épaisseur, du côté du hile.

Ovale, par conséquent. Regardez-la avec attention.

—Cette tache est grise, entourée d'une bordure creuse jaune verdâtre, qui manque parfois. A un bout de l'ovale on voit une autre tache ou fossette beaucoup plus petite et arrondie, à partir de laquelle le bord du haricot se renfle en un gros bourrelet gravé dans sa longueur par une sorte de couture. A l'autre bout de la tache allongée, après un court intervalle, on observe un petit mamelon arrondi qui se prolonge vers l'extrémité du haricot par un bourrelet mince.

Regardez avec plus d'attention la surface du haricot. Vous avez dit tout à l'heure qu'elle est blanche, mais est-ce un blanc uniforme, sans aucun dessin?

— Chaque face est couverte de lignes grisâtres qui s'entrecroisent comme les nervures d'une feuille. Ces lignes semblent partir à peu près du mamelon arrondi; elles se courbent pour se diriger surtout vers le bout où se trouve le plus gros bourrelet. A ce bout même, les lignes grisâtres manquent et la surface est unie, plus lisse que partout ailleurs.

Quelles sont les dimensions des haricots que vous avez devant vous? Mesurez-en un qui ne soit ni très gros, ni très petit.

— 32ᵉ LEÇON —

— Ce haricot a 16 millimètres de longueur, 8 de largeur et 5 d'épaisseur.

Est-il dur ou mou?

— Le haricot est dur. Cependant l'ongle s'enfonce bien dans sa surface et y laisse une trace.

Un haricot est-il lourd?

— Un haricot est léger.

Précisons. Combien pèse-t-il à peu près? Mettons-le dans le plateau d'une balance.

— Il pèse moins d'un gramme.

Nous n'avons pas de poids assez petits pour peser un haricot. Mais nous pouvons peser vingt haricots de grosseur moyenne, par exemple. Combien trouvez-vous au total?

— Je trouve à peu près 13 grammes pour le poids de vingt haricots.

Les haricots sont-ils plus denses ou moins denses que l'eau?

— Les haricots sont ordinairement plus denses que l'eau, car ils tombent au fond. Cependant quelques-uns flottent.

Les haricots ont-ils une odeur?

— Les haricots n'ont pas d'odeur, du moins quand ils sont crus.

Ont-ils une saveur?

— Les haricots n'ont pas de saveur quand ils sont crus et secs. Mais quand on les fait cuire dans l'eau chaude, ils deviennent bons à manger.

Je frappe ce haricot avec un marteau, en me servant d'une pelle comme d'enclume.

— Le haricot s'écrase, mais ne s'émiette pas facilement.

On peut ainsi écraser les haricots, comme on écrase le blé, et en faire une sorte de farine. Les haricots se dissolvent-ils ou non dans l'eau, à la manière du sucre ou du sel?

— Les haricots ne se dissolvent pas dans l'eau.

Regardez ceux-ci, qui trempent dans l'eau depuis une heure à peu près.

— 32ᵉ LEÇON —

— Ils sont tout ridés à la surface.

Pourquoi?... Vous ne devinez pas?... C'est que l'enveloppe s'est laissé gonfler par l'eau, comme une éponge. Elle est devenue alors trop grande pour ce qu'elle contient, et elle s'est plissée comme un vêtement trop étoffé. — **Pressez** légèrement entre vos doigts les haricots plissés.

— L'intérieur se sépare en deux moitiés qui glissent l'une contre l'autre.

Mettons à nu ces deux parties. Déchirez l'enveloppe du côté opposé aux taches, juste assez pour pouvoir en faire sortir l'amande. — Conservez l'enveloppe pour l'examiner tout à l'heure. Comment est l'amande?

—L'amande est formée de deux moitiés, d'un blanc jaunâtre ou verdâtre. Ces deux moitiés sont plates ou un peu creuses sur les faces où elles se touchent, et bombées du côté de l'enveloppe. Les faces plates sont de couleur plus claire, surtout en leur milieu. L'une des moitiés porte à une extrémité de son bord creusé un petit corps blanc, un peu courbé, renflé au milieu et pointu aux deux bouts. L'un des bouts revient vers le milieu de la longueur du haricot. L'autre se continue par une sorte de petit bouton, puis par deux lames pointues qui ressemblent à de toutes petites feuilles blanches pliées (fig. 65).

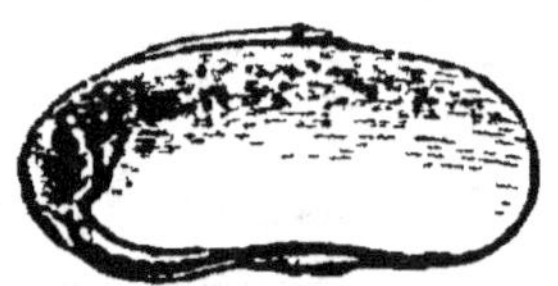

Fig. 65

Coupe longitudinale
d'une graine de haricot.

Ce sont de jeunes feuilles, en effet, comme la pièce arrondie et pointue est une jeune racine. L'ensemble forme une toute petite **plante**, attachée entre les feuilles et la racine aux deux moitiés du haricot. Sur ce haricot dont les deux parties ont été laissées en place, **vous voyez**, une fois l'enveloppe enlevée, la racine apparaître le long du bord concave. Les feuilles sont cachées à l'intérieur, et on peut les apercevoir en écartant avec précaution les deux moitiés du haricot. Si l'on **arrache** l'une de ces moitiés, il se produit une déchirure au point que vous avez appelé un bouton. Si l'on **enlève** complètement la petite plante, les deux moitiés du haricot se ressemblent et sont également creusées de deux gouttières où étaient logées la racine et les feuilles.
C'est la racine qui formait sous l'enveloppe le gros bourrelet que

vous avez observé à la surface du haricot. **Montrez cette racine sur un haricot sec.**

— La voilà Elle est à l'opposé du petit mamelon arrondi.

Regardez maintenant l'intérieur de l'enveloppe.

— Du côté du petit mamelon, on ne voit rien que quelques nervures qui vont se ramifier. De l'autre côté, au contraire, on voit une poche à bords verdâtres. C'est certainement dans cette poche qu'était logée la pointe de la racine.

Cela est vrai. — Voici maintenant d'autres haricots qui trempent dans l'eau depuis hier au soir.

— Ce ne sont pas les mêmes. Ils sont beaucoup plus gros.

Vous faites erreur. Ce sont les mêmes haricots, mais dont le contenu s'est gonflé après l'enveloppe, en absorbant de l'eau. Les petits haricots que vous avez entre les mains deviendraient aussi gros après plusieurs heures de séjour dans l'eau. Mesurez celui-ci.

— Ce haricot a 2 cm. de longueur, 1 cm. de largeur et 7 mm. d'épaisseur.

Pesez-le.

— Il pèse plus d'un gramme et moins de deux grammes; sans doute un gramme et demi.

**Nous pouvons, comme tout à l'heure, peser vingt haricots de moyenne grosseur. — On trouve 52 grammes. Nous en trouvions 15 auparavant. Les 19 grammes de différence sont dus à l'eau absorbée par les haricots.
Déterrons tour à tour les haricots que j'ai semés dans ces soucoupes et ces cuvettes plates, en commençant par les plus jeunes, c'est-à-dire par ceux qui ont été mis les derniers dans la terre humide.**

— Celui-ci a la peau déchirée.

Pourquoi?

— C'est probablement parce que l'amande a continué à se gonfler, alors que l'enveloppe ne pouvait plus grandir.

Votre explication est exacte. Voici un haricot plus âgé.

— 32ᵉ LEÇON —

— L'enveloppe est déchirée, les deux moitiés du haricot sont un peu écartées, et la racine sort d'entre elles en s'éloignant du

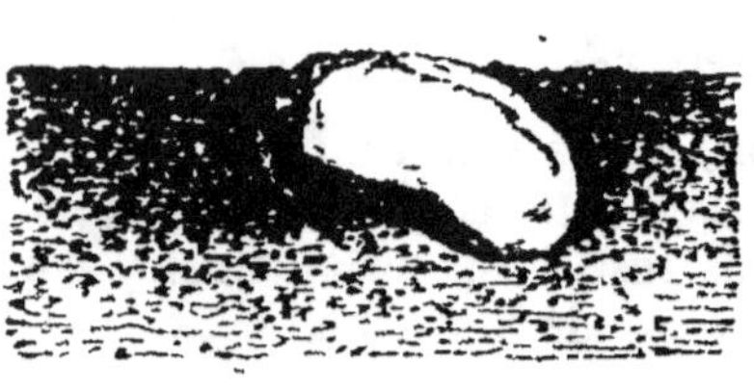

Fig. 64. — Germination du haricot (sortie de la radicule).

Fig. 65. — Germination du haricot (sortie de terre).

bord. Elle a bien maintenant un centimètre de longueur (fig. 64).

Voici le lot du jour précédent.

— Il ressemble beaucoup à celui que nous venons de voir, mais les haricots sortent à moitié de terre. C'est peut-être qu'on les a moins enterrés (fig. 65).

Nullement, mais la tige qui s'allonge entre la racine et les feuilles soulève la graine. Examinez cet autre lot plus âgé.

— Les deux moitiés du haricot sortent presque entièrement de l'enveloppe. Elles sont d'un vert clair. Les feuilles

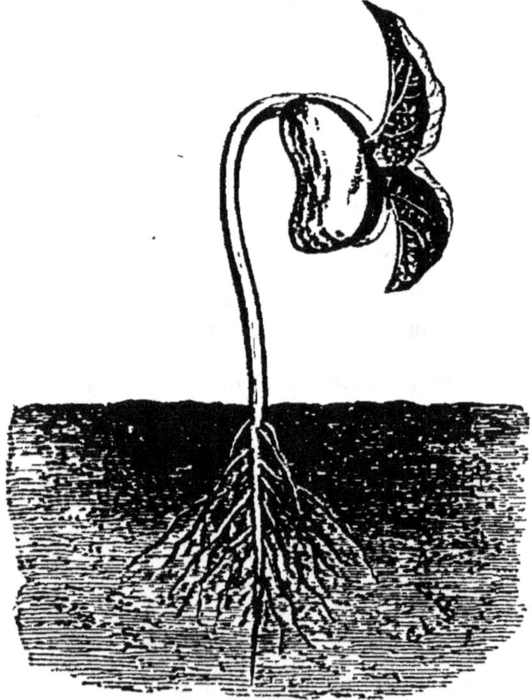

Fig. 66. — Germination du haricot (épanouissement de la gemmule).

qu'elles cachaient sont maintenant beaucoup plus grandes et vertes aussi (fig. 66).

— 32ᵉ LEÇON —

Je déterre avec beaucoup de précaution la racine.

— La racine est maintenant longue et pointue. Elle a près de

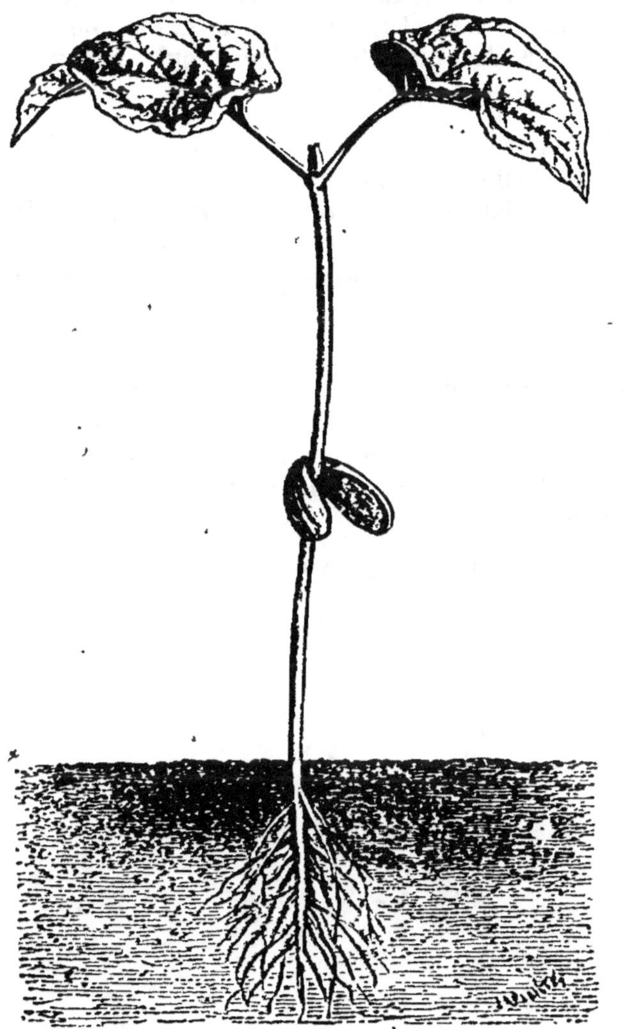

Fig. 67. — Germination du haricot (verdissement des cotylédons).

4 centimètres. On voit bien l'endroit où elle fait suite à la tige.

Passons au lot suivant, dont je déterre un échantillon.

— 82ᵉ LEÇON —   13

— L'enveloppe du haricot est tout à fait tombée; les deux moitiés de l'amande sont maintenant bien vertes et étalées comme des feuilles épaisses. Les vraies feuilles, qui sont au-dessus, sont nettement séparées de la graine. Le pivot de la racine porte des mamelons blancs qui sont des racines jeunes (fig. 67).

Continuons.

— Ce qui distingue ce lot du précédent, c'est que les deux moitiés du haricot sont maintenant toutes racornies et ridées. Ce haricot a quatre grandes feuilles disposées par paires. Entre les deux feuilles supérieures, on voit un petit bourgeon. Les mamelons sont devenus des racines, qui commencent à se ramifier à leur tour.

Voici enfin le dernier lot.

— Le haricot est tombé, ne laissant que deux cicatrices le long de la tige. Les racines sont nombreuses et bien ramifiées; les feuilles sont aussi plus grandes et ne ressemblent pas aux premières nées.

Tout ce que vous venez de voir vous apprend que les deux moitiés du haricot servent à nourrir, pendant son jeune âge, la petite plante qu'elles abritent entre elles. On dit alors que *la plante germe.*

XXXIII. — LA GOMME A EFFACER

Le plus souvent la gomme à effacer est un morceau de caoutchouc vulcanisé. On l'emploie tantôt pour l'encre et tantôt pour le crayon. La gomme à encre est plus dure et ne peut effacer les taches ou les fautes sans enlever en même temps la surface du papier. Plus intéressante et plus réellement utile est la gomme à crayon, dont nous nous occuperons exclusivement. Connaissant par la gomme à effacer les principales propriétés du caoutchouc, nous rechercherons quelles applications importantes on a pu faire de celui-ci.

Matériel de la leçon. — Des gommes à effacer, neuves ou en service. — De la mie de pain. — Balance et poids. — Un verre d'eau. — Un marteau. — Une bougie. — Figures ou tableaux représentant des plantes à caoutchouc. — Un porte-plume en caoutchouc durci.

A quoi sert la gomme à effacer?

— Son nom le dit : elle sert à enlever les traces de crayon ou d'encre sur le papier.

Comme je ne trouve pas très recommandable l'usage de la gomme pour effacer l'encre, nous ne nous occuperons aujourd'hui que de la gomme à effacer le crayon.

Pourquoi dit-on gomme? Connaissez-vous d'autres sortes de gommes?

— Il existe aussi de la *gomme arabique*, de la *gomme adragante*... Sur les pruniers et même sur les prunes, on trouve fréquemment des gouttes de gomme solidifiées.

En quoi est faite la gomme à effacer?

— La gomme à effacer est en caoutchouc.

Le caoutchouc se nomme souvent aussi *gomme élastique*. Comme celles que vous avez citées tout à l'heure, cette gomme se forme sur des plantes d'où elle peut découler par des coupures faites à l'écorce.

Pourquoi cette gomme permet-elle d'effacer le crayon? Frottez contre le pouce un morceau de gomme entamé.

— Quand on frotte un morceau de gomme entamé, il s'en détache de petits lambeaux, de petits tortillons amincis aux deux bouts.

— 33e LEÇON —

Ce sont ces petits tortillons qui entraînent le crayon par le frottement, quand ils roulent sur le papier. En effet, un trait de crayon est formé de poussière de plombagine — ou mine de plomb — écrasée sur le papier. Cette poussière se trouve en quelque sorte collée, puisqu'elle ne s'envole pas quand on souffle dessus, ni même quand on passe la main légèrement sur le papier. Mais si on appuie dessus une autre feuille de papier, en pressant fortement, elle abandonnera en partie son support, et se trouvera imprimée à la fois sur les deux feuilles. Si c'est un morceau de gomme à effacer qu'on applique de cette manière, le crayon s'imprimera sur la gomme. Enfin, si on frotte la gomme, le crayon se collera aux petits tortillons résultant du frottement et sera peu à peu entraîné jusqu'à ce qu'il ne reste plus rien ou presque rien sur le papier. Une autre substance un peu molle et un peu collante, à la manière du caoutchouc, pourrait tout aussi bien servir au même usage. C'est ainsi que, très fréquemment, on emploie la mie de pain pour effacer le crayon. On en fait une boulette qui, appuyée sur des traits à la mine de plomb, conserve la trace de ceux-ci; le frottement agit plus sûrement encore.

Quelle est la couleur de la gomme à effacer?

— La gomme à effacer est grise, parfois rougeâtre.

Cette différence tient à une matière colorante qu'on ajoute à la gomme pour la rendre rouge. Peut-on voir clair au travers d'une gomme à effacer?

La gomme à effacer est opaque.

Pourrait-on se servir de la gomme à effacer comme de miroir?

— Non, car la surface de la gomme à effacer n'est pas lisse, polie, mais au contraire couverte de points creux ou saillants, avec des fendillements plus ou moins visibles qui s'entrecroisent en tous sens.

Quelle impression ressentez-vous au toucher de la gomme?

— La gomme est assez fraîche et douce au toucher, mais non glissante. Si on la gratte avec l'ongle, même sans appuyer beaucoup, on en arrache la surface, qui change de couleur et devient plus rugueuse.

La gomme a-t-elle une saveur? une odeur?

— 33ᵉ LEÇON —

— La gomme à effacer n'a pas de saveur sensible, mais son odeur de caoutchouc est facile à reconnaître.

Quelle est la forme d'un morceau de gomme à effacer?

— Quand le morceau de gomme est neuf, il est plat, avec une épaisseur partout égale. Il est taillé carrément.

On donne souvent à cette forme le nom d'*équarri parfait*. Remarquez-vous que, sur ces échantillons, les épaisseurs ne sont pas plates, mais cannelées en travers?... Pourquoi?

— Pour que le frottement les écorche plus vite. Les plats de la gomme neuve plus lisses, effacent moins bien. Ils effacent moins bien encore parce qu'ils ont plus de surface; la même pression se trouvant répartie sur une plus grande étendue, est moindre en chaque point. — Quand la gomme a servi, ses bords sont arrondis plus ou moins régulièrement, suivant que telles ou telles parties sont plus ou moins usées.

Fig. 63.

Gomme à effacer.

Mesurons les dimensions de ce morceau de gomme neuf.

— Je trouve 33 millimètres sur 24 et 5 millimètres.

Pesons-le.

— Je trouve un peu plus de 6 grammes, mais sûrement moins de 7.

Ce qui nous empêche de donner ce poids avec un peu plus de précision, ce n'est pas le défaut de sensibilité de notre balance, puisque celle-ci penche d'un côté ou de l'autre, suivant que nous mettons dans le plateau 6 grammes ou 7 grammes. Mais nous manquons de poids assez petits. Pour trouver le poids plus exact d'un morceau de gomme, nous avons deux moyens à choisir. Le premier consiste à peser ensemble un certain nombre de morceaux neufs, et à diviser le poids par ce nombre.

— Je prends une douzaine de morceaux de gomme et je trouve pour leur poids $50 + 20 + 2 + 2 = 74$ grammes.

Si vous n'aviez trouvé que 72 grammes, le poids de chaque morceau serait?...

— 6 grammes.

— 33ᵉ *LEÇON* —

Mais il reste 2 grammes à partager entre les douze morceaux, soit 2/12 ou 1/6 de gramme pour chacun d'eux.

— Chaque morceau pèse, en définitive, 6 gr. 1/6.

L'autre moyen servira de contrôle au précédent. N'ayant pas de poids au-dessous d'un gramme, je coupe une feuille de papier rectangulaire et je la rogne en lui conservant sa régularité, jusqu'à ce qu'elle pèse exactement 1 gramme. Puis je coupe cette feuille en deux parties égales, et chaque moitié en trois. L'un des rectangles de papier pèse évidemment 1/6 de gramme, et si je l'ajoute aux 6 grammes déjà installés sur le plateau, je fais exactement équilibre à un morceau de gomme.
Le caoutchouc est-il plus dense ou moins dense que l'eau?

— Un bon moyen de le savoir serait de jeter une gomme à effacer dans un verre d'eau pour voir si elle s'enfoncera ou remontera.

Mais je préfère que vous calculiez par avance le résultat. La gomme pèse 6 gr. 1/6. Combien pèserait un volume d'eau égal au sien?

— Cherchons le volume de la gomme. On pourrait ranger 35 millimètres cubes sur le plus long côté, puis mettre côte à côte 24 rangées semblables, et superposer enfin 5 couches de 35×24 millimètres cubes, soit en tout 3960 millimètres cubes. Or, un millimètre cube d'eau pèse un milligramme, ce qui fait 3960 milligrammes ou 3 gr. 96, pour le poids de l'eau ayant le même volume que la gomme. Le caoutchouc est donc plus dense que l'eau.

Nous pourrions même aller plus loin et dire quelle est la densité du caoutchouc.

— Il suffit de diviser 6 1/6, ou 6,17, par 3,96... On trouve ainsi que la densité du caoutchouc est environ 1 1/2.

Puisque le caoutchouc est plus dense que l'eau, la gomme doit-elle flotter sur l'eau ou s'enfoncer?

— La gomme s'enfonce.

Arrivons maintenant aux propriétés les plus remarquables du caoutchouc. Est-ce une substance dure?

— Non, car l'ongle s'y enfonce et y laisse sa trace, surtout quand on gratte sa surface.

— 35ᵉ LEÇON —

On peut dire que le caoutchouc est une matière molle, car un
objet dur, quelquefois le doigt tout simplement, s'y enfonce sans
difficulté. Essayez de casser en deux la gomme, comme vous
feriez d'un morceau de sucre.

— La gomme ne se casse pas. Elle se plie et se crevasse plus
ou moins, mais une fois laissée libre, elle reprend sa forme
première. C'est pourquoi on dit que le caoutchouc est élastique.

Remarquez bien que l'élasticité n'est pas la propriété de se
laisser déformer, mais, au contraire, la tendance à reprendre la
forme primitive perdue. Des mottes de beurre, de graisse, d'argile, se laissent pétrir sans difficulté, mais ne sont pas élastiques
tandis qu'une bille à jouer, un bloc de métal (sonnette, pièce de
monnaie, etc.,) *résistent à la déformation*, et sont réellement
élastiques.

Grâce à sa mollesse, un morceau de caoutchouc peut être non
seulement plié, mais encore **étiré, tordu**, sans se briser, à con
dition toutefois qu'on ne fasse pas des efforts trop violents. On
peut de même le **frapper** énergiquement à coups de marteau
sans l'écraser.

Quelle est l'action de l'eau sur le caoutchouc?

— L'eau n'a pas d'action sur le caoutchouc; elle ne le dissou
pas, ne le délaie pas, ne l'imbibe pas, ne l'amollit pas, ne le
décompose pas.

Voyons maintenant quel est l'effet de la chaleur sur le caout
chouc. L'un de vous va décrire mon expérience à mesure qu'elle
se poursuivra. Je mets une gomme à effacer au-dessus d'une
flamme de bougie.

— Le caoutchouc devient un peu plus sombre au poin
chauffé; on dirait qu'il transpire. Il se tache faiblement en
jaune en cet endroit.

Teinte jaune due à du soufre mêlé au caoutchouc.

— En chauffant davantage, on voit certains points deveni
bruns, luisants. Puis, de ces endroits roussis, part une flamme
brillante et fumeuse.

Que faut-il conclure de là?

— La flamme brillante doit son éclat au charbon; la fumé
noire est du charbon en poudre. C'est donc qu'il y a du
charbon dans le caoutchouc.

— 33ᵉ LEÇON —

— Le caoutchouc paraît bouillir à l'endroit enflammé : puis la fumée devient blanche : elle a mauvaise odeur ; le caoutchouc brûlé est luisant, taché de noir et de blanc, criblé de petits trous, bordé de cloques. Il colle aux doigts et l'eau de savon même ne suffit pas pour en enlever la trace.

Les plantes qui fournissent le caoutchouc vivent dans les pays chauds ou au delà de l'équateur. On les blesse avec un couteau pour qu'elles laissent écouler leur suc, qu'on recueille à leur pied, dans des vases en poterie ou en métal. On trempe alors dans le liquide des baguettes de bois, des planchettes ou des boules d'argile, que l'on expose ensuite à la fumée d'un feu de bois pour solidifier le caoutchouc. On dépose* ainsi plusieurs couches autour du même moule, et on expédie le tout dans les pays où le caoutchouc est consommé en abondance.

Essayez d'énumérer les principaux usages du caoutchouc.

— Avec le caoutchouc, on fait non seulement de la gomme à effacer, mais encore des balles, des ballons, des bandages pour roues de bicyclettes, d'automobiles et d'autres voitures, des bouchons, des timbres, des cachets, des courroies, des joints, des tuyaux, des jarretières, des bretelles, des vêtements imperméables, des chaussures, des semelles, des fils, des rubans, un grand nombre d'instruments de toilette ou de médecine, etc.

Dans tous ces usages, on tire parti de la flexibilité, de l'élasticité et de l'imperméabilité du caoutchouc. Mais le caoutchouc naturel change de propriétés par le froid ou la chaleur. Par le froid, il devient cassant ; la chaleur de la main suffit pour le rendre visqueux, collant.

— On fait même une sorte de colle avec du caoutchouc dissous dans la benzine.

Pour lui conserver son élasticité dans les limites des températures ordinaires, on le trempe dans du soufre fondu, ou on le chauffe après l'avoir mélangé à du soufre en poudre. Quand il a été ainsi traité, on dit qu'il est *vulcanisé* : c'est à cet état qu'on l'emploie ordinairement. Si on augmente la dose de soufre et qu'on chauffe pendant plusieurs heures, on obtient une matière plus dure, noire, élastique, appelée *caoutchouc durci*, avec laquelle on fait des peignes et d'autres objets de toilette, des instruments de physique et de chirurgie, etc.

— 33ᵉ LEÇON —

Le caoutchouc durci possède une propriété curieuse : quand on le frotte contre du drap ou de la laine, il devient capable d'attirer des corps légers, tels que petits fragments de papier, barbes de plume, morceaux de moelle de sureau, etc. Cette attraction est le *phénomène électrique* le plus anciennement connu ; pendant longtemps on n'a su le produire qu'avec l'*ambre*.

L'ambre est une sorte de résine.

— 35ᵉ LEÇON —

XXXIV. — L'ENCRE

L'encre est le seul liquide employé couramment dans le matériel scolaire. Il est intéressant de comparer ses propriétés à celles de l'eau, et d'essayer les réactions qui lui font perdre sa couleur caractéristique.

Matériel de la leçon. — De l'encre dans un petit verre. — Un verre plein d'eau (où le liquide forme un ménisque concave). — Sept ou huit gros sous. — Fil à plomb. — Un verre pour l'encre et l'eau. — Un autre pour l'eau et l'huile. — Eau de savon. — Vinaigre. — Carbonate de soude. — Eau de Javel. — Une soucoupe. — Un couteau.

On n'a pas l'habitude de verser de l'encre dans des verres. Je l'ai fait cependant aujourd'hui pour vous permettre de mieux examiner ce produit. Ai-je besoin de vous demander quelle est sa couleur?

— L'encre est noire.

Est-elle seulement de couleur foncée, ou bien est-elle réellement noire?

— Si l'encre n'est pas absolument noire, elle est au moins de couleur très foncée, car on dit communément : noir comme de l'encre, aussi bien que : noir comme du charbon.

Fig. 69. — Écritoire.

Vous avez raison. Cependant regardez cette encre au bord de sa surface libre, là où on la voit sous une minime épaisseur. Que remarquez-vous?

— Sous une petite épaisseur, cette encre est rouge foncé. Sa surface est entourée d'une ligne rouge comme de la groseille.

Je rends cette couleur plus apparente en agitant l'encre dans le verre. Il se forme une nappe rouge contre les parois.

— Cette nappe retombe bientôt dans le reste de l'encre, en laissant à sa place de petits grains rouges, qui sont en rangée serrée au bord de la partie mouillée par l'encre.

— 34ᵉ LEÇON —

Cette encre est la même que celle de vos encriers. Prenez-en une goutte au bout d'une plume, et faites un trait sur le papier, sans appuyer. Ce trait est-il bien noir?

— Il est gris-bleu, mais il noircira peu à peu.

L'encre est-elle toujours noire?

— Non, Monsieur. Il y a aussi de l'encre rouge, de l'encre bleue, de l'encre violette....

Et d'autres encore, moins employées. Mais l'encre noire est la plus commune. Pourquoi la préfère-t-on?

— On préfère l'encre noire parce que l'écriture noire se voit mieux sur le papier blanc.

Quelle est la forme de l'encre?

— L'encre est liquide : par conséquent elle prend la forme des vases où on la met, sauf à la surface, où elle est plate et horizontale.

A ce propos, regardez encore attentivement la surface. Est-elle bien exactement partout plate et horizontale, même sur les bords?

— Tout à fait au bord, cette surface se relève un peu. Mais l'eau, le vin, le vinaigre, l'huile, et sans doute tous les liquides en font autant.

Il y a cependant des liquides qui s'abaissent au bord, au lieu de se relever. Même ceux que vous venez de citer peuvent, dans certains cas, avoir les bords abaissés. Je vais vous le montrer pour l'eau, au moyen d'une curieuse expérience : Voyez ce verre plein d'eau jusqu'au bord. Puisqu'il est plein, il semble qu'on ne puisse plus rien y mettre. Et pourtant je puis y plonger ce gros sou sans que l'eau déborde. Après un gros sou, j'en mets un second, puis un troisième, un quatrième; voici le bord de la surface à peu près horizontal. Je continue, et je vois que l'eau, au lieu de déborder, s'élève au-dessus des bords du verre. A la septième pièce, pas une goutte d'eau ne s'est encore écoulée.

Sachez que les liquides sont dans leur surface comme dans un sac. Si l'on introduit quelque chose dans ce sac, il se tend davantage, mais il ne se déchire que lorsque la pression de l'intérieur devient par trop forte.

— 34e LEÇON —

Revenons à l'étude de l'encre. C'est un liquide, m'avez-vous dit, et un liquide noir. Est-ce aussi un liquide **transparent?**

— L'encre n'est pas transparente, puisqu'elle est noire. Si elle était transparente, elle serait comme l'eau, c'est-à-dire sans couleur.

Vous oubliez que l'eau rougie est transparente, bien qu'elle soit colorée, et que les vitraux sont également transparents, malgré leurs teintes plus ou moins vives. Si l'encre n'est pas transparente, c'est surtout à cause des petits grains que nous avons vus se déposer à la surface du verre.

L'encre peut-elle servir de **miroir?** Pour répondre à cette question, vous n'avez qu'à regarder avec attention la surface libre de l'encre.

— A la surface de l'encre, je vois des lignes claires qui changent de forme quand je déplace la tête.

Ces lignes claires sont des images déformées du bord du verre. L'encre peut donc former miroir. L'eau peut bien en faire autant, par exemple quand la surface d'un lac réfléchit le ciel ou les arbres du rivage ; mais dans certains cas, la transparence de l'eau gêne pour bien voir l'image. Ainsi je plonge un fil à plomb dans cette eau. L'image du fil est à peine visible. Si je répète la même expérience avec de l'encre, l'image est au contraire très nette, bien que peu colorée ; et vous remarquez...?

— Je remarque que l'image est juste dans le prolongement du fil.

Je serais bien étonné si vous ne connaissiez pas le goût de l'encre, car la plupart des jeunes écoliers, quand ils commencent à écrire avec une plume, ont tendance à sucer leurs doigts tachés d'encre. Est-ce une liqueur agréable à boire?

— Oh! non. L'encre a très **mauvais goût.**

Demandons-nous maintenant si l'encre est plus ou moins dense que l'eau. — Pour répondre à cette question, je prends une goutte d'encre dans une plume, et je choisis de préférence une plume de ronde pour que la goutte soit plus grosse. Puis je plonge l'extrémité de la plume dans l'eau. Dites ce que vous voyez.

— Aussitôt que la pointe de la plume touche l'eau, on voit deux traînées noires s'en détacher en avant et en arrière, puis s'enfoncer doucement dans l'eau en s'allongeant comme des fils. L'extrémité de chaque fil est terminée par une sorte de bouton qui s'étale en une couronne noire; enfin l'encre se rassemble au fond du verre, ce qui montre qu'elle est plus dense que l'eau.

Répétons plusieurs fois cette intéressante expérience.

— Les traînées d'encre demeurent quelque temps suspendues dans l'eau. Puis elles s'effacent peu à peu, et à la fin l'eau reste bleue au-dessus de l'encre rassemblée au fond.

Est-ce que la surface de l'encre au fond de l'eau est aussi nette que la surface de l'eau surmontée d'une couche d'huile? Je fais devant vous l'expérience pour que vous puissiez bien répondre à coup sûr.

— La surface de l'encre, au fond de l'eau, n'est pas nette comme la surface de l'eau surmontée d'huile, parce que l'encre se mélange peu à peu avec l'eau, ce qui n'a pas lieu pour l'huile.

J'agite l'eau surmontée d'huile et l'encre au fond de l'eau.

— Au bout d'un instant l'huile est remontée à la surface, tandis que l'encre reste mélangée à l'eau, devenue d'un bleu foncé.

L'encre agitée se comporte-t-elle comme l'eau de savon?

— Tandis que l'eau de savon mousse quand on l'agite, l'encre se borde seulement de quelques bulles qui disparaissent bientôt.

Nous allons essayer de changer la couleur de l'encre. Dans cette encre étendue d'eau, je verse quelques gouttes de vinaigre.

— Le liquide qui était bleu devient rouge. Pendant ce changement de couleur, on voit le vinaigre se mélanger à l'eau, grâce aux traînées rouges qui envahissent peu à peu le liquide bleu.

Je jette maintenant dans le liquide rouge une pincée de sel de lessive (carbonate de soude) en poudre....

— Le liquide redevient bleu au fond, mais reste rouge à la surface. Les deux couches ne sont pas nettement séparées, car elles se mélangent comme l'encre et l'eau.

— 34ᵉ LEÇON —

Quelle est l'action de l'eau de Javel? En voici quelques gouttes dans le verre.

— Tout le liquide s'éclaircit en bas et devient d'un jaune pâle et sale. Au-dessus on voit encore la couche bleue, et enfin la couche rouge ; le liquide a maintenant trois couleurs, qui se mêlent aux points où elles se touchent.

L'action de l'eau de Javel est importante à connaître, car ce liquide peut servir à enlever les taches d'encre. Nous allons en faire l'essai sur une page de cahier écrite à l'encre noire ordinaire. Voici quelques gouttes d'eau de Javel versées sur l'écriture...:

— Les lettres pâlissent, jaunissent et disparaissent peu à peu.

Je vais hâter la disparition des lettres en ajoutant un peu de vinaigre à l'eau de Javel.

— On voit un bouillonnement se produire, et tout s'efface plus vivement.

Essayons la même expérience sur une page de livre : D'abord avec l'eau de Javel seule.

— Rien ne se produit.

Ajoutons le vinaigre.

— Rien ne se produit encore.

C'est que l'encre d'imprimerie n'a pas la même nature que l'encre des écoliers. Elle est formée de poudre de charbon délayée dans un peu de matière grasse, tandis que notre encre, à nous, est un composé de fer. Pour vous le prouver, je vais faire devant vous, non pas de l'encre, mais un produit noir qui lui ressemble. Je n'ai qu'à laisser tomber une goutte de vinaigre sur cette lame brillante de couteau : dans quelques instants vous verrez se former une tache noire.

— On voit de même le couteau se noircir quand on coupe des artichauts ou des fruits acides, des pommes, par exemple.

Je vous expliquerai plus tard comment on fait l'encre avec un sel qui contient du fer.
Quand les doigts sont tachés d'encre noire, suffit-il de les mettre dans l'eau pour les nettoyer?

— L'eau de savon même n'enlève pas bien les taches d'encre.

— 84ᵉ LEÇON —

Comment feriez-vous, d'après les expériences que vous avez vues tout à l'heure, pour nettoyer à fond vos doigts tachés d'encre?

— Je les laverais à l'eau de Javel.

Vous pourriez, à la rigueur, employer le même moyen pour effacer les taches de vos cahiers. Mais il est bien plus simple encore de ne pas faire de taches, car on n'a pas toujours de l'eau de Javel à sa disposition : puis à faire ce nettoyage on perd son temps et on abîme son papier.

Pour terminer, faisons encore une expérience : **Je trempe cette plume neuve dans l'encre, aussi loin que je puis aller sans salir le porte-plume, puis je la relève verticalement.** Le liquide redescend et forme une couche un peu plus épaisse en avant et en arrière de la plume, à hauteur du bec. Je recommence, en plongeant cette fois la plume dans l'eau : celle-ci forme une grosse goutte qui retombe dans le verre. Ceci nous montre que l'encre est plus épaisse que l'eau et qu'elle coule moins vite. C'est fort heureux, car autrement on tacherait son papier toutes les fois qu'on mettrait un peu trop d'encre dans sa plume ou qu'on tiendrait trop droit son porte-plume.

XXXV. — LA CRAIE

Tous les jours, au tableau noir, maîtres et élèves écrasent une grande quantité de craie. Il est donc intéressant de se demander d'où vient cette pierre, quelles sont ses qualités particulières et à quels autres usages on peut encore l'employer. La leçon actuelle a pour but de répondre à ces trois questions.

Matériel de la leçon. — Devant chaque élève, un morceau de craie de plusieurs centimètres de longueur. — Un morceau de bois scié en long. — Une petite scie. — Un décimètre gradué en millimètres. — Des morceaux de craie diversement sculptés. — Un marteau. — Un verre d'eau. — Une balance. — Un bâton de craie calcinée. — Du vinaigre. — Une poignée de terre végétale.

Aujourd'hui, c'est vous-mêmes qui allez commencer la leçon.

— Il y a devant chacun de nous un morceau de craie. La craie est une sorte de pierre qui sert à écrire au tableau. Comme elle est blanche et que le tableau est noir, l'écriture et le dessin sont très visibles, même de loin.

Surtout n'allez pas croire que l'on ait choisi la craie à cause de sa couleur, pour écrire au tableau noir. On a, au contraire, peint en noir les tableaux, afin que les traits de craie y soient plus visibles. Ce qui fait rechercher la craie pour les besoins de l'école, ce n'est pas sa blancheur, c'est la facilité avec laquelle elle s'écrase, en laissant une tache partout où elle a passé ; c'est aussi la facilité avec laquelle on enlève cette tache avec une éponge ou un torchon, secs ou mouillés. Faites vous-mêmes un trait à la craie sur votre table.

— Le morceau de craie est aplati et usé à l'endroit qui a frotté. En grattant légèrement avec l'ongle le trait qu'on a fait, on enlève de la poussière de craie. D'ailleurs les doigts qui ont touché la craie restent blancs.

On exprime tout cela en disant que la craie est une pierre tendre et traçante.

Examinons attentivement le morceau de craie que nous avons devant nous. Définissons-en mieux la couleur et l'aspect.

— La craie est d'un blanc mat. Elle est absolument opaque, sans aucune transparence, même sur les bords minces.

Quelle est la forme d'un bâton de craie?

— Le bâton de craie a quatre faces plates, égales, étroites et allongées, à bords droits. Ces faces sont d'aplomb les unes sur les autres, c'est-à-dire que si l'on met l'une d'elles à plat sur une table horizontale, il y en a deux autres verticales, la quatrième étant horizontale comme la première. Aux deux bouts, dans les morceaux entiers, il y a deux bases carrées, bien d'aplomb sur les faces. — Les bords ne sont pas aussi unis que des arêtes de règle; ils sont comme mordillés de petites encoches sur toute leur longueur. Les faces non plus ne sont pas bien lisses: elles sont rayées obliquement de traits parallèles qui ressemblent à des traits de lime.

Il serait plus juste encore de comparer ces traits à ceux que fait une scie dans l'épaisseur d'une pièce de bois. Après ces remarques, il n'est plus besoin sans doute de vous apprendre que les bâtons de craie sont des objets fabriqués, et qu'on les a débités dans des pierres plus grosses.

Pouvez-vous deviner, maintenant, comment on les a taillés?

— On les a sans doute sciés.

Savez-vous un moyen de vous en assurer?

— C'est de scier nous-mêmes un morceau de craie et de voir si l'apparence de la coupe est tout à fait pareille.

Faisons l'expérience.

— Le morceau de craie scié en long a la même apparence sur la coupe et sur les faces.

Mesurons le morceau de craie.

— On trouve, pour ce bâton entier, 78 millimètres de longueur et 9 de largeur pour chaque face. Les bouts ont donc 9 millimètres de côté.

Promenons le doigt sur un morceau de craie.

— La surface n'est pas glissante, mais elle n'est pas rude non plus. Le doigt n'enfonce pas dans la craie, comme dans l'argile, le beurre ou le caoutchouc; mais l'ongle y laisse facilement sa trace.

Une pointe de canif, une aiguille y gravent leur passage, de sorte qu'on peut écrire aisément sur la craie. Du reste, les caractères ainsi gravés peuvent être enlevés par un simple grattage. Quelques-uns de vos camarades ont su mettre à profit la faible dureté de la craie pour tailler au canif des cubes, des cylindres, des cônes, de petits souliers, etc. Ils ont fait ainsi de la **sculpture sur pierre tendre**. Je ne saurais trop vous engager à les imiter pour enrichir notre petite collection.

Je vais donner un **coup de marteau** sur le morceau de craie. Devinez ce qui arrivera?

— La craie va être écrasée, réduite en poussière.

C'est ce que l'expérience confirme.

La craie **est-elle fraîche ou chaude** au toucher?

— La craie est plutôt fraîche au toucher, mais elle n'est pas bien remarquable à cet égard.

Est-elle plus dense ou moins dense que l'eau?

— Pour le savoir, il suffit de **jeter un morceau de craie dans un verre d'eau**. La craie tombe au fond, donc la craie est plus dense que l'eau.

Cherchons la densité de la craie. Autrement dit, demandons-nous combien il y a de grammes de craie dans un centimètre cube. Nous avons d'abord à mesurer le volume d'un bâton de craie, puis sa masse en grammes. Comment trouverons-nous le volume du bâton de craie, dont nous connaissons les dimensions?

— Puisqu'il y a 9 millimètres sur chaque côté du bout, il y a 9 millimètres cubes sur cette longueur; et 9 rangées de 9 millimètres cubes, ou 81, peuvent tenir en une seule couche sur le bout du bâton de craie; enfin, comme le bâton a 78 millimètres, on peut empiler dans sa longueur 78 couches de 81 millimètres cubes, ce qui fait 6318. Ces 6318 millimètres cubes valent 6 cmc. 318.

Portons le morceau de craie sur la balance.

— Nous trouvons un peu plus de 10 grammes.

S'il y a 10 grammes de craie dans 6 cmc. 318, combien y en a-t-il dans un seul centimètre cube?

— Il y en a 6,318 fois moins. On trouvera ce nombre en divisant 10 par 6,318, ce qui donne 1,58.

— 35e LEÇON —

Comme nous avons pris au dividende un nombre un peu trop faible, nous sommes autorisés à accepter 1,6 pour la densité de la craie.

Quand nous jetons la craie dans l'eau, que remarquons-nous?

— De petites bulles apparaissent à sa surface: elles ne peuvent se détacher que par une agitation assez vive.

Ce sont des bulles d'air qui étaient emprisonnées dans la craie et qui se trouvent chassées quand l'eau prend leur place. La craie est une pierre *poreuse*. — Mais voit-on, dans l'eau, la craie disparaître, ou se gonfler, ou se ramollir, ou se désagréger, etc?

— Non, rien de tout cela ne se produit. La craie ne se dissout pas dans l'eau. Si ce n'est que l'eau prend la place d'un peu d'air dans les trous de la pierre, celle-ci n'éprouve guère de changement. Elle devient cependant jaunâtre et il n'est pas facile de s'en servir pour écrire, tant qu'elle n'est pas ressuyée. L'eau sans doute relient ensemble les grains de craie.

En mettant la craie dans du vinaigre, les choses vont se passer tout autrement.

— Un fort bouillonnement se produit, qui persiste pendant longtemps.

Comme nous avons mis peu de craie et une quantité suffisante de vinaigre, la pierre va disparaître, se dissoudre complètement avec le temps. Cette action serait plus prompte encore avec d'autres acides. C'est même là un moyen pratique de reconnaître les pierres qui ressemblent plus ou moins à la craie et qu'on nomme des *calcaires*.
Les calcaires servent souvent à la construction des maisons. Pensez-vous que la craie, qui est un calcaire, puisse être employée à cet usage?

— Non, car elle est trop tendre, trop facile à écraser.

On l'utilise pourtant ainsi quand on ne peut pas faire autrement, quand, par exemple, on veut bâtir des habitations à bon marché dans les pays où toute autre pierre coûterait cher à faire venir de loin; mais si l'on veut que les constructions aient alors quelque résistance, on est obligé de faire en briques ou en pierres dures les angles des murs et toutes les parties qui sont le plus exposées à la destruction.

— 85e LEÇON —

L'un des principaux usages de la craie est la fabrication de la *chaux*. Voici un bâton de craie que j'ai mis quelque temps dans un feu très vif. Il s'est fendillé à la surface, est devenu jaunâtre en certains points, plus blanc en d'autres. C'est de la chaux vive. Cette pierre ne produit plus de bouillonnement avec le vinaigre. Elle sert à faire du *mortier* par son mélange avec du sable.

Quand on fait cuire de la craie avec de l'argile, on obtient de la *chaux hydraulique*, c'est-à-dire une matière qui se prend en pierre très dure au contact de l'eau.

On vend enfin la craie en pains arrondis, bien plus fragiles encore que la craie ordinaire, pour nettoyer les vitres et les objets en métal. C'est le *blanc d'Espagne*, que l'on a préparé en écrasant la craie, en la lavant (et surtout en la débarrassant de ces petits grains durs si gênants que nous trouvons parfois dans notre craie à écrire) puis en la pétrissant en pains qu'on dessèche.

La craie, ou plus généralement le calcaire, existe dans la *terre arable*. Quand on jette du vinaigre ou un acide quelconque sur celle-ci, on observe un bouillonnement dû au calcaire. Sans calcaire, la terre végétale n'aurait pas une consistance convenable et ne s'imbiberait pas de l'humidité nécessaire aux plantes.

Le plus curieux peut-être de l'histoire de la craie, c'est son origine.

Frottons légèrement dans l'eau un morceau de craie avec une brosse douce. L'eau devient laiteuse. Examinons-en une goutte, de préférence sur fond noir. Avec un peu d'attention, nous distinguons, dans le trouble formé d'une poussière presque impalpable, des grains isolés, gros à peu près comme les points les plus fins que vous puissiez tracer en posant légèrement le bec d'une bonne plume sur une feuille de papier. Beaucoup de ces grains paraissent bien réguliers, bien

Fig. 70. — Fossiles de la craie.

arrondis (fig. 70). Et ils le sont en effet, comme on s'en assure en les regardant à travers un verre grossissant. En étalant sur fond noir de la boue de craie aussi peu triturée que possible, on

— 35e LEÇON —

voit de çà, de là, avec une loupe, parmi d'autres débris de forme quelconque, d'élégantes coquilles ornées de dessins divers; et même, une fois averti, on arrive à les distinguer à l'œil nu. Ce sont là des squelettes de petits animaux marins. La craie viendrait-elle donc du fond de la mer? Oui et non. La craie est exploitée dans des carrières, c'est-à-dire dans de grands trous creusés en terre. Mais l'emplacement de ces carrières a été autrefois couvert par la mer. Autrefois, comme aujourd'hui, quand les animaux marins venaient à mourir, leurs cadavres tombaient au fond de l'eau et leurs squelettes se conservaient au milieu de la boue. On peut même dire, quand il s'agit de petits squelettes comme ceux dont nous parlons, qu'ils formaient cette boue. La craie n'a pas d'autre origine. Or, si l'on considère la taille infime de ces débris, on reste persuadé qu'alors même qu'ils tomberaient dru comme la pluie, il leur faudrait un temps très long pour couvrir le fond de la mer d'un très mince dépôt. Et si l'on apprend d'autre part que les dépôts de craie, loin d'être minces, atteignent des épaisseurs de plusieurs centaines de mètres en bien des endroits, on arrive à conclure que les jours, les années et les siècles sont des durées trop courtes pour mesurer le temps pendant lequel la craie s'est formée : c'est à peu près comme si on voulait évaluer en minutes l'âge d'un vieillard. Et le dépôt de craie lui-même n'est qu'un épisode relativement assez court dans l'histoire de notre planète, en supposant que cette histoire commence au moment où l'eau liquide a pu se déposer sur une écorce suffisamment refroidie. Déjà on arrive ainsi à attribuer à la Terre une antiquité qui dépasse tout ce que l'imagination peut concevoir. Que serait-ce alors si l'on remontait au temps où elle brillait dans le ciel comme une étoile, et même au temps, plus lointain encore, où elle n'était qu'une lueur diffuse dans l'espace!

— 33ᵉ LEÇON —

XXXVI. — LA TERRE A MODELER

*A cause de son emploi dans les arts du potier et du sculpteur, la terre
à modeler est la variété d'argile qu'on peut se procurer le plus
facilement. C'est aussi une des roches les plus intéressantes à
étudier, par son origine, par le rôle prépondérant qu'elle joue
dans la constitution du sol arable, par son imperméabilité, par
sa plasticité, par sa coagulabilité, par les curieux changements
que la cuisson fait subir à ses propriétés, etc.*

Matériel de la leçon. — De la terre glaise humide et sèche; un
pâton humide pour chaque élève; quelques autres échantillons à l'es-
trade du maître. — Morceau de verre sali par une mince couche d'argile. — Verres. — Pièce de monnaie ou médaille. — Quelques charbons bien allumés sur une pelle. — Soufflet. — Vase quelconque
modelé en terre glaise — Échantillons de porcelaine, de faïence, de
terre cuite. — Boîte à craie vide. — Eau de pluie ou eau commune.
— Sel. — Pinces.

Vous avez devant vous un petit pâton d'argile. En voici quelques
autres sur mon bureau. Demandons-nous d'abord, comme à
l'habitude, quelle est la couleur de cette argile, qu'on nomme
encore?...

— L'argile se nomme encore terre glaise. Elle est grise.

On en trouve aussi des morceaux marbrés de rouge, de bleu ou
de jaune. — L'argile est-elle terne ou luisante? Avant de répondre,
regardez non seulement les morceaux qui sont devant vous,
mais encore celui que je vous présente.

— L'argile est parfois un peu luisante, comme le morceau
que j'ai devant moi. Parfois, au contraire, elle est mate,
comme le morceau que vous me montrez.

Le morceau d'argile que je vous présente est sec, tandis que les
autres sont humides. De là, la différence d'aspect. Peut-on voir
à travers l'argile?

— L'argile est opaque. Même sur les bords d'un morceau
d'argile, la lumière ne passe pas.

Prenez cependant un petit morceau de l'argile que vous avez

devant vous. **Pressez-le** entre les doigts pour en faire une sorte de plaque, très mince sur le bord.

— C'est à peine si sur le bord très mince on voit un très étroit liséré éclairé.

Nous en conclurons que l'argile est très opaque. Pour qu'elle laisse passer la lumière, il faut qu'elle soit en couche très mince, comme celle que j'ai étendue sur ce morceau de vitre.
Quelle est la forme du pâton d'argile que vous avez devant vous?

— Ce pâton d'argile a une forme irrégulière. Du reste ceux qui sont devant mes camarades ont d'autres formes. Il n'y en a pas deux qui se ressemblent. Il y en a aussi de gros et de petits. L'argile a la forme et la dimension qu'on veut lui donner. On peut même la **pétrir** entre les doigts.

C'est là en effet une de ses propriétés les plus intéressantes. Mais pour qu'elle puisse ainsi se pétrir, il faut qu'elle soit humide. Touchez ce morceau d'argile sèche et essayez de changer sa forme.

— Cette argile sèche est dure. On peut la casser, mais non la déformer.

Si vous pouvez casser avec la main un morceau d'argile sèche, pouvez-vous de même le casser en le faisant tomber à terre?

— Ce morceau d'argile sèche, jeté à terre, s'est brisé en mille miettes.

Que direz-vous d'un corps qui se brise ainsi facilement?

— Un corps qui se brise facilement est un corps fragile. L'argile sèche est fragile.

Un morceau d'argile sèche peut être placé sur une table sans couler comme de l'eau ou sans même s'étaler comme une pâte....

— L'argile sèche est solide.

L'argile humide est-elle solide également?

— L'argile humide est solide, car on n'a pas besoin de la conserver dans des vases, et elle ne s'affaisse pas sur elle-même.

Si vous voulez parler du petit pâton qui est devant vous, vous avez raison, mais un pain d'argile haut et étroit s'affaisserait lentement. L'argile humide est un corps mou et même pâteux. Je mets ce morceau d'argile humide dans un verre. En prend-il la forme, comme feraient de l'eau ou de l'huile?

— L'argile ne se moule pas dans le verre.

Y aurait-il cependant quelque moyen de mouler l'argile dans un verre?

— On pourrait sans doute mouler de l'argile dans un verre. Il suffirait d'appuyer dessus fortement. On la déformerait et on lui ferait prendre la forme intérieure du verre.

Voici une expérience analogue. Je pétris entre mes doigts une boulette d'argile juste assez humide pour former une surface sans plis, et j'appuie sur cette boulette une pièce de monnaie. D'un coup d'ongle je fais sauter la pièce....

— Il reste sur la boulette d'argile une trace de la pièce de monnaie.

Une telle trace se nomme une empreinte. La pièce se trouve imprimée sur l'argile, et celle-ci est même devenue luisante en certaines places. — Mais je dois m'interrompre pour mettre en train une expérience dont nous constaterons tout à l'heure le résultat. J'installe une boulette de glaise, grosse à peu près comme un haricot, au milieu de ces charbons bien allumés, dont la combustion va être entretenue et activée par l'un de vous, au moyen d'un soufflet[1]. Je m'interromps encore pour confier à un autre une boulette d'argile humide, en le priant de la rouler entre ses mains jusqu'à ce qu'il remarque quelque chose de curieux. — Et pendant que ces expériences se poursuivent, je vous apprendrai que les potiers, qui se servent d'argile pour fabriquer les vases de terre, emploient souvent le procédé du moulage, lorsqu'ils ont à faire les anses, par exemple.

Au reste, comme l'argile garde la forme qu'on lui a donnée lorsqu'elle n'est pas trop humide et qu'on ne l'a pas pétrie en une colonne trop haute et trop lourde, on se sert de cette matière pour faire une foule d'objets : toutes les poteries (fig. 71), les porcelaines, les faïences, les grès, les terres cuites, les briques, les tuiles, les drains, les tuyaux de cheminées, etc., etc. Je vous en reparlerai à la fin de la leçon. — Quand un sculpteur veut faire

[1] L'expérience est plus commode à conduire avec un brûleur de Bunsen ou avec l'une des flammes bleues d'un fourneau à gaz.

— 86ᵉ LEÇON —

une statue, il commence ordinairement par en exécuter un modèle en argile, ce qui lui permet d'arriver sans peine aux formes qu'il désire obtenir et de démolir les parties qui lui semblent mal faites, de même qu'un écolier efface les faux traits de son dessin. Tout à l'heure, après la leçon, vous modèlerez à votre guise des maisons, des feuilles, des grappes de fruits, des

Fig. 71. — Poteries.

animaux.... Moi-même j'ai modelé pour aujourd'hui cette coupe de terre dans laquelle je verse de l'eau.

— L'eau ne s'écoule pas.

Voici une boîte à craie qui ne sert plus. J'y verse de l'eau également.

— L'eau fuit par tous les joints.

Mais je recouvre intérieurement tous ces joints d'une couche d'argile.

— L'eau ne coule plus.

— 36ᵉ LEÇON —

On oit que l'argile ne se laisse pas traverser par l'eau, qu'elle est imperméable....

— Monsieur! Je ne peux plus empêcher de se fendiller la boulette que vous m'avez dit de pétrir entre mes mains.

Je savais que cela arriverait : l'argile se fendille en séchant, et vous avez fait sécher la boule en la pétrissant, car vous absorbiez son humidité avec vos mains. — Vous savez que l'argile se trouve dans la terre. Or, quand la terre contient beaucoup d'argile, sa surface se fendille au soleil. Qu'est-ce que cela nous apprend? Remarquez que les fissures de l'argile tiennent de la place : là où il y avait de l'argile humide, il y a maintenant un vide. L'argile sèche tient-elle plus ou moins de place que l'argile humide?

— L'argile sèche tient moins de place que l'argile humide. Sans doute parce que l'eau s'est évaporée.

C'est bien cela. Aussi, quand on mouille l'argile sèche, elle reprend peu à peu de l'eau, se gonfle et redevient imperméable quand ses fissures sont refermées.

Touchez l'argile sèche, en la frottant avec l'index.

— L'argile sèche est assez douce au toucher.

Mettez-la un instant sur la langue.

— L'argile colle un peu à la langue.

Oui, la langue étant très humide, la salive est absorbée par l'argile. Touchez maintenant l'argile humide.

— L'argile humide est beaucoup plus douce au toucher.

Frottez-la légèrement avec le doigt mouillé.

— Le doigt glisse à la surface.... Il se forme comme de l'eau de savon.... L'argile reste luisante à l'endroit frotté.

L'argile humide est en effet très glissante. Quand une terre argileuse est détrempée par la pluie, les charrois s'y enfoncent et les chevaux ont la plus grande peine à avancer, parce que leurs sabots glissent sur le sol. Ne connaissez-vous pas une autre substance, dont vous vous servez chaque jour, et qui glisse de la même manière entre les doigts mouillés?

— Le savon glisse de la même manière entre les doigts mouillés.

— 86ᵉ LEÇON —

L'argile peut aussi servir de savon. On se nettoie très bien les mains avec de la terre à modeler. On se sert même de certaines argiles pour dégraisser les étoffes de drap. — Mettez l'argile humide sur la langue.

— L'argile humide colle moins à la langue que l'argile sèche.

Vous en devinez la raison. Passons. Mettons maintenant un peu d'argile en présence de beaucoup d'eau. Par exemple, dans ce verre plein d'eau de pluie[1], j'introduis une petite boulette d'argile que je frotte entre deux doigts....

— L'eau se trouble.

Qu'est-ce que cela veut dire? Vous allez le deviner si vous frottez vos doigts, en ce moment couverts d'argile sèche, au-dessus de votre table ou de votre cahier.

— Il tombe de la poussière d'argile. C'est cette poussière qui trouble l'eau.

L'argile est-elle soluble ou non dans l'eau?

— L'argile est soluble si l'on voit le liquide s'éclaircir de nouveau sans qu'il se forme de dépôt au fond.

Il nous faudra attendre plusieurs heures pour répondre à cette question. Nous pouvons donc laisser l'eau trouble en repos. Nous la retrouverons quand nous voudrons. Cependant, au lieu de laisser l'eau trouble dans un seul verre, je vais en faire deux parts égales, dans deux verres différents : à l'une j'ajoute une petite poignée de sel, tandis que je laisse l'autre telle quelle. Je puis vous prédire que l'eau salée s'éclaircira plus vite que l'eau simple. D'ailleurs, l'argile ne sera pas plus dissoute dans un verre que dans l'autre; elle formera seulement des dépôts au fond.

Reprenons maintenant la boulette qui chauffe depuis quelque temps au milieu des charbons. Elle a été portée au rouge pendant près d'une demi heure. Je la saisis avec des pinces et je la plonge dans l'eau.

— On entend un bruissement, et de la buée s'échappe de l'eau.

---

1. Avec l'eau ordinaire, l'expérience décrite ici réussit encore, mais moins nettement, à cause des sels calcaires qui coagulent l'argile.

— 36ᵉ LEÇON —

Essayez maintenant de frotter cette boulette entre vos doigts, afin de troubler l'eau comme je le faisais tout à l'heure avec l'argile sèche.

— La boulette est devenue très dure, et l'eau ne se trouble pas.

Cette argile, en effet, ne peut plus reprendre l'eau. Elle est cuite, mal cuite à la vérité, mais c'est maintenant une terre cuite, une poterie, quelque chose d'analogue à de la brique ou à de la faïence. Remarquez sa couleur.

— La boulette est jaune en certaines places et noire en d'autres.

Puisque cette boulette ne peut plus se délayer dans l'eau, vous comprenez bien désormais comment les objets façonnés en terre glaise peuvent garder leur forme quand on les a fait cuire pour les transformer en poteries.

Il ne vous reste plus qu'à modeler vos pâtons de terre glaise pour en confectionner de jolies choses, que nous ne pourrons pas faire cuire, il est vrai, mais que nous pourrons faire sécher pour les durcir et les conserver

XXXVII. — LA TERRE VÉGÉTALE

La terre végétale, formée par la trituration et le transport des roches qu'elle recouvre, ainsi que par l'accumulation des débris tombés et charriés à sa surface, est un mélange fort complexe dont les éléments fins, séparables par le tamisage, sont surtout formés d'argile, de calcaire, de silice et d'humus. Ce sont ces éléments que nous allons mettre en évidence.

Matériel de la leçon. — De la terre végétale. — Une passoire. — Deux assiettes. — Cinq verres. — Un ou deux seaux pleins d'eau. — Une petite pelle de foyer ou une cuiller de fer pouvant être fortement chauffée. — Du vinaigre. — Un peu de terre tamisée et calcinée.

J'ai apporté pour chacun de vous une poignée de terre du jardin. Pouvez-vous, comme à l'ordinaire, me dire quelle est la couleur, la forme, la grandeur de cette poignée de terre?

— Cette poignée de terre n'a pas de grandeur fixe, puisqu'on peut la faire à volonté plus ou moins grosse. Elle n'a pas de forme non plus, puisqu'elle est émiettée et qu'on peut la verser dans des vases quelconques. Nous nous amusons souvent à en faire des pâtés : on la tasse dans de petits seaux qu'on retourne ensuite. La couleur de la terre est brune quand on la regarde de loin. Mais de près elle a toutes sortes de couleurs, selon les corps qui la composent.

La terre végétale est, en effet, un mélange. Essayez d'en distinguer et d'en séparer les principaux éléments.

— Dans cette terre, je trouve un morceau de pot à fleur, des cailloux blancs et des cailloux jaunes, des morceaux de brique, des débris de coquillages, de la fiente d'oiseau, des graines, des brindilles de bois, de petites mottes faciles à écraser entre les doigts, des morceaux de charbon de terre, des feuilles séchées, des tortillons de vers de terre, des feutrages de racines, des lambeaux d'écorce....

Il est bien long de séparer tous ces matériaux à la main, un à un. Ne sauriez-vous m'indiquer un moyen commode pour mettre à part la poussière et les grains plus volumineux?

— On pourrait mettre la terre sur un tamis ou dans une passoire. Tout ce qui est fin passerait à travers les trous.

— 37ᵉ LEÇON —

Je suis votre conseil, et j'obtiens dans cette assiette une poudre qui ressemble à du poivre moulu. Examinez cette poudre.

— Cette poudre est brune quand on la regarde de loin. Mais quand on la regarde de plus près, on y distingue des grains blancs, des jaunes, d'autres foncés et presque noirs, des points brillants, des filaments qui sont des débris de petites racines.... Si on secoue l'assiette, cette terre tamisée s'étale; sa surface est unie, sans toutefois devenir tout à fait plate et horizontale comme la surface de l'eau et des liquides en général.

Mettez le dos de la main sur cette terre.

— Cette terre est fraîche au toucher.

Essayez d'en prendre une pincée.

— Elle glisse entre les doigts comme du sable.... Les doigts s'enfoncent dedans très facilement et y laissent leur trace.... On peut même y graver des lettres avec le doigt ou avec une baguette fine.

Fig. 72. — L'attelage nivernais.

La terre a-t-elle une odeur?

— Cette terre sèche n'a pas beaucoup d'odeur; mais la terre humide sent beaucoup plus.

Avant de mouiller celle-ci pour contrôler votre dire, soufflez légèrement de côté sur l'assiette.

— La terre s'envole en poussière.

Qu'y a-t-il surtout dans cette poussière?

— Dans cette poussière, il y a surtout des grains très petits et des filaments provenant des racines.

Comment expliquez-vous cela?

— Ce sont les grains les plus légers qui doivent s'envoler les premiers quand il fait du vent.

— 37ᵉ LEÇON —

Je laisse tomber une seule goutte d'eau sur cette terre tamisée.

— A l'endroit où est tombée la goutte, on voit une sorte de petit pâton noirâtre, lisse à la surface, mais qui se ternit bientôt. Toutefois cet endroit reste plus foncé.

Je recommence l'expérience plusieurs fois et vous faites toujours les mêmes remarques. J'ajoute maintenant une quantité d'eau plus grande, de manière à **couvrir la moitié de la surface.**

— L'eau séjourne sur la terre. Ses bords sont arrondis en bourrelets, comme dans l'expérience où vous avez mis beaucoup de sous dans un verre plein d'eau.... Mais peu à peu l'épaisseur de ce bourrelet diminue.... L'eau semble pénétrer dans la terre qui l'entoure, et cette terre, de son côté, semble envahir peu à peu la place de l'eau.... Voici maintenant que la surface de l'eau est creuse sur les bords.... L'eau disparaît petit à petit.... La terre a bu toute l'eau.

Maintenant que la terre est humectée, essayez de répéter quelques-unes des expériences précédentes. Ainsi, **soufflez à la surface.**

— Les grains de terre ne s'envolent plus.

Pourquoi?

— C'est sans doute qu'ils sont collés ensemble par l'eau.

Qu'est-ce qui vous fait penser cela?

— Quand on mouille un morceau de papier, on peut le coller contre une muraille; il y tient jusqu'à ce qu'il soit sec.

Prenez une pincée de terre entre vos doigts.

— Cette fois la terre ne glisse plus comme le sable. Elle salit les doigts et on peut en former des espèces de petites boulettes.

Avec quoi avez-vous déjà pu faire de semblables boulettes?

— J'ai pu faire de semblables boulettes avec de la terre glaise.

Nous verrons tout à l'heure, en effet, qu'il y a de l'argile dans la terre végétale. J'ajoute un peu plus d'eau. **Pétrissez la terre.**

— Cette terre forme une sorte de pâte.

— 8e LEÇON —

J'ajoute plus d'eau encore.

— La terre est devenue une bouillie noirâtre : c'est de la boue.

Mettons un peu de cette boue dans un verre et remplissons celui-ci d'eau....

— Quand l'eau est redevenue tranquille, elle est moins brune que pendant l'agitation, tout en restant trouble. Il s'y forme de la mousse, et sur le bord on voit se rassembler les débris de racines, de feuilles, etc., qui avaient pu traverser les trous de la passoire. En même temps on voit tomber des grains dans le liquide et il se produit un dépôt au fond du verre. Dans ce dépôt on distingue des grains clairs et des grains foncés.... Ce dépôt a à peu près un centimètre d'épaisseur.... Les grains les plus gros sont tout au fond et les plus fins à la surface.... Au-dessus du dépôt grenu il s'en forme un autre, blanchâtre, où l'on ne distingue pas les grains. Ce dépôt a moins de deux millimètres d'épaisseur.... Il est surmonté d'un autre dépôt à grains invisibles, mais de couleur sombre, de deux millimètres d'épaisseur.... Au-dessus on voit une couche plus claire, très mince, puis une couche sombre.... Tout cela s'est formé peu à peu, et l'eau reste trouble au-dessus, quoique de couleur plus claire qu'au début.

Observons de même ce qui est resté dans la passoire. Je plonge à diverses reprises celle-ci dans un seau d'eau pure, de manière qu'il ne puisse rien passer par-dessus ses bords.

— L'eau du seau devient trouble. Il se forme au fond un dépôt de terre.

Mais si je fais couler maintenant de l'eau sur le dépôt de la passoire, cette eau coule limpide. Versons le contenu de la passoire dans un verre, et remplissons celui-ci d'eau.

— Tous les débris de plantes viennent se rassembler à la surface avec un peu de mousse. Au fond du verre sont les cailloux, petits ou gros, avec le sable qui a été retenu par la passoire. Dans l'intervalle, l'eau est limpide et l'on y voit flotter quelques débris de racines.

Je donne de petites secousses verticales au verre.

— On voit s'élever, du dépôt du fond, de nombreuses bulles d'air.

— 3i^e LEÇON —

Avec ce crayon, j'agite le dépôt pour le mélanger au liquide.

— Le dépôt retombe rapidement au fond, mais l'eau reste un peu trouble.

Je jette cette eau en gardant le dépôt (c'est ce qui s'appelle décanter) et, en remplissant le verre d'eau claire, je recommence l'expérience précédente.

— Le dépôt retombe plus vite encore, l'eau reste moins trouble, et les secousses ne font plus dégager de bulles.

En répétant plusieurs fois la même opération, l'eau va finir par ne plus se troubler du tout. A quoi est dû le trouble? Pour le savoir, versons dans deux verres l'eau trouble qui surmonte le dépôt tamisé, et ajoutons du sel dans l'un de ces verres. L'expérience nous répondra tout à l'heure. Déterminons en attendant la nature du dépôt; et pour cela mettons un peu de terre tamisée sur cette petite pelle que nous allons chauffer fortement. Mais pour ne pas rester à rien faire pendant cette expérience, traitons, en même temps un autre échantillon que j'ai chauffé par avance de la même manière. Vous remarquerez qu'il est de couleur plus claire que la terre naturelle. Je l'arrose de vinaigre.

— Le vinaigre se met à bouillir, puis se calme.... Il recommence à bouillir.

Et cela peut durer ainsi longtemps. Dans une heure, par exemple, si j'agite un peu le verre, l'ébullition recommencera. Elle n'est donc pas due, comme tout à l'heure, à un peu d'air emprisonné, mais bien à un gaz qui se forme. — Regardez ce qui se passe sur la pelle chaude.

— On voit quelques points devenir rouges comme du charbon qui brûle. Un peu de fumée s'élève du petit tas de terre. Cette terre sent mauvais. Elle devient claire comme celle que vous aviez brûlée d'avance.

Regardons l'eau trouble des deux verres. Celle que j'ai salée est déjà plus translucide que l'autre, et elle a formé un dépôt plus épais et plus net.

Résumons-nous :

Dans la terre végétale, nous avons trouvé une substance qui trouble l'eau ordinaire, mais qui tombe plus vite au fond de l'eau salée : à ce caractère nous reconnaissons l'*argile*. Nous avons encore trouvé une matière combustible, une sorte de *charbon*, nommé *humus*, qui fonce la couleur de la terre. Une troisième matière dégage un gaz quand on l'arrose de vinaigre : c'est du *calcaire*. Enfin, il reste un sable de couleur claire, brillant par places, et qu'on nomme *silice*. Ce sont là les composants les plus remarquables de la terre végétale.

<hr>

--- 81ᵉ LEÇON ---

XXXVIII. — LA FLANELLE

Si la leçon sur la flanelle est faite, comme nous le supposons ici, lorsque les élèves ont pris déjà quelque habitude d'observer méthodiquement, il devient moins nécessaire que le maître intervienne continuellement pour diriger l'exercice. Son rôle principal est de compléter les indications fournies par les enfants d'après l'étude préalable qu'ils ont dû faire de la flanelle, et de donner, en terminant, quelques explications extrêmement simples sur le principe du tissage.

Matériel de la leçon. — Échantillons de flanelle apportés par les enfants; un certain nombre de ces échantillons découpés en petits fragments, pour l'étude. — Décimètre. — Rubans de papier à tresser. — Balance. — Cuvette pleine d'eau. — Bougie. — Quelques échantillons de grosse ficelle.

Les échantillons de flanelle que vous avez apportés ont des couleurs bien diverses. Sont-ce des étoffes différentes ?

— Ce ne sont pas des étoffes différentes, mais des pièces qu'on a plongées dans des teintures variées, ou qu'on a faites avec des fils colorés, ou sur lesquelles on a imprimé des dessins. La flanelle non teinte est d'un blanc jaunâtre, qui rappelle la couleur de la crème.

La surface de la flanelle est toujours mate, c'est-à-dire qu'elle ne forme nullement miroir, et qu'il n'y a pas de contrastes brusques et accentués entre les parties éclairées et les parties dans l'ombre. La soie, au contraire, a des reflets changeants, chatoyants.

— Tantôt les deux faces de l'étoffe sont pareilles, et tantôt on y distingue un endroit et un envers.

Regardons fortement de biais un morceau de flanelle.

— Nous voyons se dresser à sa surface un grand nombre de filaments frisés, surtout abondants et plus serrés du côté de l'endroit, quand celui-ci se distingue. On dit que la flanelle est une étoffe pelucheuse.

Suspendez un lambeau de flanelle du côté du jour et portez le doigt en arrière.

— 38e LEÇON —

— L'ombre du doigt est parfaitement visible : la flanelle laisse passer la lumière.

On pourrait dire que la flanelle est translucide.

Vous expliquez-vous pourquoi ?

— La flanelle est formée de fils entrecroisés, et, bien que ceux-ci soient serrés, la lumière peut passer dans leurs intervalles. Même s'ils se touchaient, l'étoffe serait moins épaisse entre eux et la lumière la traverserait comme elle traverse la main entre les doigts réunis.

— Un morceau de flanelle peut avoir une longueur et une largeur quelconques, car on peut le couper à volonté avec des ciseaux; mais son épaisseur est ordinairement très petite, souvent plus petite même qu'un millimètre.

Pour mesurer commodément cette épaisseur, nous aurons recours, par exemple, à l'artifice qui nous a servi déjà pour peser des haricots. Nous allons plier l'étoffe en deux, en quatre, huit, etc., jusqu'à ce que les épaisseurs superposées et serrées les unes contre les autres donnent une somme voisine d'un demi-centimètre ou d'un centimètre.

Je trouve, avec cette flanelle mince, 7 millimètres pour 16 épaisseurs. Je dis donc que l'épaisseur de cette flanelle est 7/16 de millimètre.

Est-ce plus ou moins qu'un demi-millimètre ?

— C'est moins, puisque 16 épaisseurs d'un demi-millimètre feraient 8 millimètres au lieu de 7.

Ce *molleton*[1] me donne 9 millimètres pour 8 épaisseurs.

— L'épaisseur de ce molleton est de 9/8 de millimètre, un peu plus, d'un millimètre.

Je jette négligemment sur la table cette feuille de papier un peu grande (de 2 ou 3 décimètres carrés au moins) et cette pièce de flanelle de même grandeur. Faites-vous à ce propos quelque remarque ?

— La feuille de papier s'étale, tandis que le morceau de flanelle fait des plis.

1. Flanelle un peu épaisse.

— 55ᵉ LEÇON —

J'étale aussi la pièce de flanelle, puis je rabats l'un de ses bords sur le bord opposé. J'essaie la même expérience avec le papier.

— La flanelle reste repliée, mais non le papier.

Nous dirons que l'étoffe est plus souple que le papier, mais que le papier est plus élastique que l'étoffe. Y-a-t-il quelque avantage à faire des étoffes souples? L'expérience suivante va nous fournir la réponse : Je froisse modérément dans ma main une pièce de flanelle d'abord et une feuille de papier ensuite.

— La flanelle ne conserve pas trace du froissement, tandis que le papier est tout fripé. Si les vêtements étaient en papier, on ne pourrait faire un mouvement sans les chiffonner et bientôt sans les déchirer, car le papier se déchire très facilement aux plis.

Montrons par une expérience comment se déchire le papier et comment se déchire la flanelle.

— Il n'est pas aisé, en général, de déchirer une feuille de papier en la tirant simplement par les deux bords opposés. Pour déchirer une feuille de papier, on met les deux pouces et les deux index, en les rapprochant beaucoup, le long d'un bord, puis on fait tourner les deux mains en sens contraires; la déchirure est très irrégulière et toute pelucheuse. On peut déchirer une feuille de papier en ligne droite en prenant soin de faire un pli bien marqué suivant la ligne de séparation qu'on veut obtenir, puis en opérant comme précédemment. On déchire de cette manière une feuille de papier dans une direction quelconque avec une égale facilité. La flanelle se comporte d'une façon tout autre : à moins qu'elle ne soit très vieille et tout usée, auquel cas on la déchire en tirant dessus n'importe comment, on ne peut la déchirer que suivant certaines directions, qu'on y fasse ou non des plis au préalable. Au reste, les plis se marquent difficilement. Pour déchirer une pièce de flanelle comme une feuille de papier, il faut avoir soin de choisir le bord d'où partira la déchirure : du côté de la *lisière*, la chose est à peu près impossible; du côté opposé, c'est encore très difficile, et l'on sépare les fils sans produire de véritable déchirure; c'est seulement à partir des deux autres bords que la pièce se laisse diviser avec assez de facilité. La déchirure se fait alors en ligne droite, dans la direction même de l'une des deux séries de fils qui forment l'étoffe. Elle ne se fait jamais en biais. On facilite beaucoup la

— 38ᵉ LEÇON —

déchirure d'une étoffe en amorçant d'un coup de ciseaux la ligne de séparation. D'ailleurs ce sont toujours les ciseaux qu'on emploie lorsqu'on veut tailler une étoffe avec netteté.

Ces différences entre la flanelle et le papier s'expliquent aisément, puisque le papier est une sorte de feutre, dont les filaments sont enchevêtrés dans toutes les directions, tandis que la flanelle est un tissu, autrement dit un entrecroisement de fils disposés suivant deux directions seulement.

Passons l'ongle sur l'un des bords effilochés de la flanelle.

— En répétant plusieurs fois cette manœuvre, nous formons une frange de plus en plus longue. Nous remarquons aussi que les fils entraînés par les doigts s'entrecroisent avec ceux qui restent. Ils passent tantôt en avant et tantôt en arrière.

Pour avoir une bonne idée de cette disposition, le mieux est de tresser ensemble des rubans de papier.

— Sur un certain nombre des échantillons que nous avons sous les yeux, on peut observer la lisière, faite de fils plus gros et plus résistants. Le long de ce bord, il ne faut pas songer à effilocher l'étoffe, car les fils n'y sont pas coupés comme sur les autres bords, mais repliés sur eux-mêmes.

La direction de la lisière définit la longueur du tissu. Des fils qui forment la flanelle, les uns sont disposés suivant la longueur (fils de *chaîne*) et les autres suivant la largeur (fils de *trame*). Les deux directions suivant lesquelles la flanelle se déchire sont telles que l'une des deux séries de fils est simplement desserrée, tandis que l'autre seule est brisée. Les fils de trame se coupent plus facilement que ceux de chaîne ; c'est pourquoi il est plus aisé de faire une déchirure à la flanelle suivant la longueur que suivant la largeur. Une déchirure de biais casserait à la fois les fils de chaîne et les fils de trame : c'est pourquoi elle ne se produit pas.

Nous examinerons tout à l'heure avec plus d'attention les fils du tissu.

— La flanelle est douce au toucher, mais non glissante. Les filaments frisés qui recouvrent sa surface la rendent moins lisse que la soie ou même que la toile. C'est aussi une étoffe molle.

Mettons un morceau de flanelle sur la main et laissons-le en place pendant une minute ou deux.

— 38ᵉ LEÇON —

— Au moment où nous le retirons, nous ressentons très nettement la fraîcheur de l'air. C'est donc que la flanelle préservait du refroidissement la partie qu'elle recouvrait.

On dit en conséquence que la flanelle est chaude.

— Une flanelle épaisse posée sur la main produit du reste une sensation très appréciable de chaleur.

Voici maintenant un morceau de flanelle assez mince, de celle dont on fait des gilets. Ses dimensions sont 18 centimètres sur 14. Nous pouvons connaître ainsi sa surface :

$14 \times 18 = 252$ centimètres carrés.

Pesons-le.

— Nous trouvons 4 grammes.

Demandons-nous combien pèse le décimètre superficiel de la flanelle essayée.

— 252 centimètres carrés font 2 dmq. 52. En divisant les 4 grammes par 2,52 on trouve 1 gr. 58, poids du décimètre carré de cette flanelle.

— Les flanelles épaisses sont évidemment plus lourdes pour la même surface.

— La flanelle sèche flotte sur l'eau. Pressons entre les mains une pièce de flanelle qui flotte ainsi. En nous y reprenant à plusieurs fois, et malgré quelque difficulté, nous arrivons à la mouiller complètement. Mise sur l'eau, elle flotte encore; mais si nous l'enfonçons un peu au-dessous de la surface, elle tombe lentement au fond. On pourrait d'ailleurs la laisser indéfiniment dans l'eau sans qu'elle disparaisse, car elle n'est pas soluble dans ce liquide, dont elle s'imbibe seulement.

— L'accroissement de densité de la flanelle tient à ce que les intervalles des fils (intervalles bien visibles quand on regarde le soleil ou une flamme brillante à travers l'étoffe), d'abord occupés par de l'air, se remplissent d'eau quand l'étoffe se mouille. L'expérience nous montre, en effet, que la flanelle mouillée a notablement augmenté de poids, même quand on l'essore de son mieux entre les doigts.

Mettons un fragment de flanelle, tenu par des pinces ou au bout d'une plume, dans la flamme d'une bougie.

— 38ᵉ LEÇON —

— Aussitôt les bords de l'étoffe s'enflamment et noircissent. La combustion de la flanelle ressemble beaucoup à celle de la cire à cacheter. La flamme, qui est très agitée, sort d'une espèce de goudron bouillant. De temps en temps des anneaux de fumée blanchâtre sont lancés sur le côté et se dissipent aussitôt dans l'atmosphère. On perçoit une mauvaise odeur. Il reste enfin un charbon très léger, brillant, qui s'écrase avec la plus grande facilité en crépitant sous les doigts, et qui s'envole au moindre souffle. Les doigts, après avoir touché ce charbon, restent noirs et gras. Il faut les nettoyer à l'eau de savon.

Examinons de plus près les fils que nous avons isolés de la flanelle.

— Chacun d'eux ressemble à une petite corde formée de brins beaucoup plus fins.

Mais, le plus souvent, dans les cordes, on voit les brins monter de droite à gauche. Ici, au contraire, ces brins montent de gauche à droite.

— En les détordant et en les séparant avec une pointe d'épingle ou d'aiguille, on remarque qu'ils sont très nombreux. On ne se trompe guère en les évaluant à 50 ou 60 par fil.

— Les fils de chaine sont plus tendus et ceux de trame sont devenus plus sinueux par le tressage. Tous les filaments ne sont pas couchés régulièrement dans la torsade, beaucoup, au contraire, se dressent, tout frisés, autour du fil; ce sont eux qui rendent l'étoffe pelucheuse et chaude au toucher, car lorsque par l'usage ces filaments ont été cassés, la flanelle, devenue lisse, a perdu les qualités qui la font rechercher.

Fig. 73.

Brins de laine vus au microscope.

Ces filaments ont une double origine, puisque les ménagères distinguent soigneusement la flanelle *de laine* de la flanelle *de coton*. Par les échantillons qui nous ont été apportés, il est aisé de distinguer ces deux sortes d'étoffe. La flanelle de coton est plus rude au toucher et ses peluches sont formées de filaments plus raides, bien moins frisés que ceux de laine. Le coton vient de poils allongés qui entourent la graine du cotonnier, plante qui vit dans des pays plus chauds que le nôtre. La laine provient de la toison du mouton (fig. 73). — Les filaments, relativement courts, de coton ou de laine sont nettoyés, peignés, cardés, rangés en paquets réguliers qui chevauchent les uns sur les autres et forment par leur assemblage des rubans d'une longueur aussi grande que l'on veut. On presse ces rubans, on les étire pour accrocher en quelque sorte leurs brins ensemble et les réunir en un tout solide. On les tord enfin pour les transformer en fils. On tend les uns à côté des autres, sur un appareil appelé *métier à tisser* (fig. 74), les fils qui formeront la chaîne ; puis on soulève ensemble tous les fils pairs en

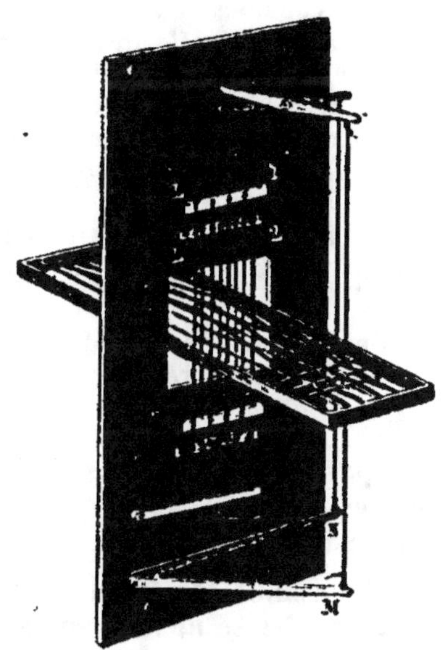

Fig. 74.
Théorie du métier à tisser.

abaissant tous les fils impairs, de manière à former deux nappes entre lesquelles on tend un fil de trame en travers ; on abaisse alors les fils de chaîne pairs en élevant les fils impairs et l'on fait revenir en travers, entre les deux nappes, un fil de trame qui n'est que la continuation du précédent. En alternant ainsi sans cesse, et en serrant les fils les uns contre les autres, on obtient une étoffe lisse dont on gratte la surface pour la rendre pelucheuse.

— 38ᵉ LEÇON —

XXXIX. — LE CAHIER ET LE LIVRE

Les écoliers se servent couramment des cahiers et des livres. Il leur est donc très facile de les décrire. Mais leur est-il possible, à la simple inspection, de deviner comment on les a faits? Oui, presque complètement, comme le montre l'étude suivante. Nous ferons porter ici nos explications sur un des cahiers de morale édités par la maison Hachette et sur un exemplaire de l'excellent cours moyen d'Histoire de France, de Gauthier et Deschamps. La transposition sera facile quand on ne disposera que d'autres livres ou cahiers.

Matériel de la leçon. — Devant chaque élève, le cahier et le livre faisant l'objet de l'exercice.

Je n'ai pas besoin de vous demander à quoi sert le cahier, ni en quoi il est fait. Mais savez-vous pourquoi on réunit les feuilles de papier en cahiers?

— On réunit les feuilles de papier en cahiers pour qu'elles s'égarent et se mêlent moins facilement, pour que tous les devoirs d'un même élève, pendant un certain temps, restent ensemble, rangés dans l'ordre où ils ont été faits, et pour que les progrès accomplis durant ce temps se constatent plus aisément.

Dans les grandes écoles, les élèves ont de gros cahiers sur lesquels ils écrivent tout ce que les professeurs leur enseignent. Ces cahiers leur tiennent ensuite lieu de livres.
Nous avons précédemment étudié les propriétés du papier. Il nous reste à apprendre comment on utilise cette matière première pour faire les livres et les cahiers. Toutes les feuilles du cahier sont-elles semblables?

— Non, celles du dehors forment la couverture.

A quoi sert la couverture?

— La couverture empêche les feuilles intérieures de se salir sur la table, à la condition qu'on laisse le cahier entièrement étalé. Si on replie la première feuille de la couverture et les pages déjà écrites, il faut mettre une feuille de papier bien propre sous le cahier.

— 39e LEÇON —

La couverture est-elle faite du même papier que le reste ?

— Non, elle est faite de papier plus solide.

Fig. 75. — Couverture de cahier.

Est-elle blanche comme les feuilles intérieures?

— Non, elle est ornée en avant d'un dessin bleu représentant une bonne grand'mère et sa petite-fille, avec un encadrement

— 89ᵉ LEÇON —

rouge (fig. 75). On lit en haut : *Cahier de...*, et l'élève devra ajouter : brouillon, dictées, problèmes, selon l'usage qu'il veut en faire. Un peu plus loin, on lit encore : *appartenant à...*; chacun doit écrire son nom à la suite de ces mots. Au bas de la feuille, on lit : LA FAMILLE. — LES GRANDS PARENTS. — *Devoirs des enfants envers leurs grands parents.* — Ce charmant tableau nous rappelle en effet nos devoirs envers nos aïeuls. — H et C⁴ est la marque de l'éditeur, et Nº 4 indique le rang du cahier dans la collection dont il fait partie. L'envers de la feuille est d'un blanc jaunâtre, sans aucun ornement. L'autre moitié de la couverture, qui protège la dernière page du cahier, est aussi encadrée de rouge. Elle est remplie par une explication écrite en bleu, qui se rapporte à l'image; en bas on relit, en toutes lettres, cette fois, le nom de l'éditeur où l'on peut se procurer des cahiers semblables, ainsi que le nom de l'imprimeur. Les mots : *La morale par l'image*, nous font connaître à quelle collection appartient la couverture, avec son dessin et son texte. L'envers de cette seconde feuille est aussi d'un blanc jaunâtre, sans ornement.

Qu'avez-vous à dire des feuilles mêmes du cahier?

— Elles sont blanches, avec des lignes bleues en travers.

Tracées horizontalement.

— Et une ligne rouge en long.

Tracée verticalement.

— Les premières, qui sont également espacées, servent à rendre l'écriture plus régulière; quant à la ligne rouge, elle fixe la largeur de la *marge*, c'est-à-dire de la partie où l'on n'écrira pas, mais où l'on pourra ajouter des notes ou des corrections.

Comptons les feuilles.

— Une, deux.... On remarque que chaque feuille passe sous la suivante. Cependant la huitième ne fait qu'un avec la neuvième, et dans le pli du milieu, on voit une boucle de fil nouée en bas. — En soulevant cette double page, on s'aperçoit aisément que la septième ne fait qu'un avec la dixième, et ainsi de suite. De sorte qu'on n'a pas besoin de compter les feuilles après la boucle de fil. Il y en a certainement huit,

— 39ᵉ LEÇON —

ce qui fait seize en tout. Et comme chaque feuille a deux faces ou pages, le cahier a 32 *pages.*

Combien y a-t-il de lignes dans une page?

— Il y en a 23.

Combien y a-t-il de lignes dans tout le cahier?

— $32 \times 23 = 736$.

Mesurons l'intervalle de deux lignes voisines.

— 8 millimètres.

Est-ce une largeur fixée pour tous les cahiers?

— Non, elle est parfois un peu plus grande et parfois un peu plus petite. Dans les cahiers *quadrillés*, les lignes sont beaucoup plus serrées et coupées par d'autres, verticales, rapprochées comme elles. Cette disposition est très commode pour les calculs.

Terminons en mesurant les dimensions du cahier.

— Le cahier est un rectangle de 22 cm. 1/2 sur 17 1/2.

Ces dimensions sont-elles bien choisies?

— Oui, car si les pages étaient beaucoup plus petites, elles ne contiendraient presque rien, et si elles étaient beaucoup plus grandes, il faudrait faire trop voyager la main pour écrire dessus. — Quant au nombre des feuilles, il est établi de manière qu'on puisse vendre le cahier un sou pièce.

Dites comment est fait votre livre d'histoire de France.

— C'est un livre bleu, à dos rouge. Il a environ 20 centimètres de hauteur sur 13 1/2 de largeur et 1 d'épaisseur. La première page de la couverture (fig. 76) représente une statue de Jeanne d'Arc et porte le nom de l'ouvrage, ceux des auteurs et éditeurs, avec quelques autres renseignements utiles. La dernière page contient une liste de livres qu'on vend à la même librairie. Sur le dos rouge, on a collé une étiquette qui permet de reconnaître le volume lorsqu'il est rangé dans une bibliothèque ou un casier. Cette couverture protège 160 pages d'un papier jaunâtre.

On a choisi du papier ainsi teinté pour que vos yeux ne se fatiguent pas en lisant. Mais nous devons renoncer à détailler

— 39ᵉ LEÇON —

tout ce que contient cet ouvrage, ses leçons, ses sujets de devoirs, ses tableaux-résumés, ses cartes, ses gravures : c'est en lisant et en regardant tout cela que nous apprendrons l'histoire de notre pays. Pour le moment, nous pouvons nous contenter de chercher comment on a pu assembler en livre toutes ces pages imprimées. Remarquons que chaque page porte en haut, à l'opposé du pli, un numéro d'ordre. Pensez-vous qu'on ait pris ces pages une à une pour les accoler ensemble? Cela semble très douteux, surtout quand on a regardé la tranche du livre, du côté du dos.

— On voit que les feuilles se séparent en éventail et qu'elles sont groupées en cahiers.

Le livre serait donc formé de cahiers cousus ensemble. C'est ce qu'il faut vérifier. Il doit y avoir, au milieu de chaque cahier, un fil qui en relie toutes les feuilles. Cherchons-le pour le premier cahier.

— On le trouve entre les pages 8 et 9. Jusque-là les pages de gauche passent sous celles de droite. Au delà, ce sont les feuilles de droite qui passent sous celles de gauche. Le cahier comprend donc 16 pages.

Regardez au bas de la **page 17.**

— On lit : *Cours moyen*, 2. Cela signifie sans doute que c'est le deuxième cahier qui commence. On a mis ces mots et ce chiffre pour que l'ouvrier qui assemble le livre reconnaisse tout de suite l'ouvrage et l'ordre des cahiers, sans avoir besoin de lire le texte.

Si vous ne vous trompez pas, vous devez retrouver des fils aux pages 24-25, 40-41... en un mot, toutes les 16 pages. Vous devez lire aussi, au bas des pages 33, 49.... toutes les 16 pages à partir de la 17ᵉ, les mots : *Cours moyen*, suivis des chiffres 3, 4....

— Il en est bien ainsi; et puisque le livre a 160 pages, il est formé de 10 cahiers cousus ensemble.

Où trouve-t-on le chiffre 10?

— Puisque le chiffre 2 se trouve à la page 17, le chiffre 10 doit se trouver 8 cahiers plus loin, soit $16 \times 8 = 128$ pages plus loin, soit encore à la page 145.

Observez encore avec attention le bord de la page 16 et celui de la page 145, le long du pli.

— 39ᵉ LEÇON

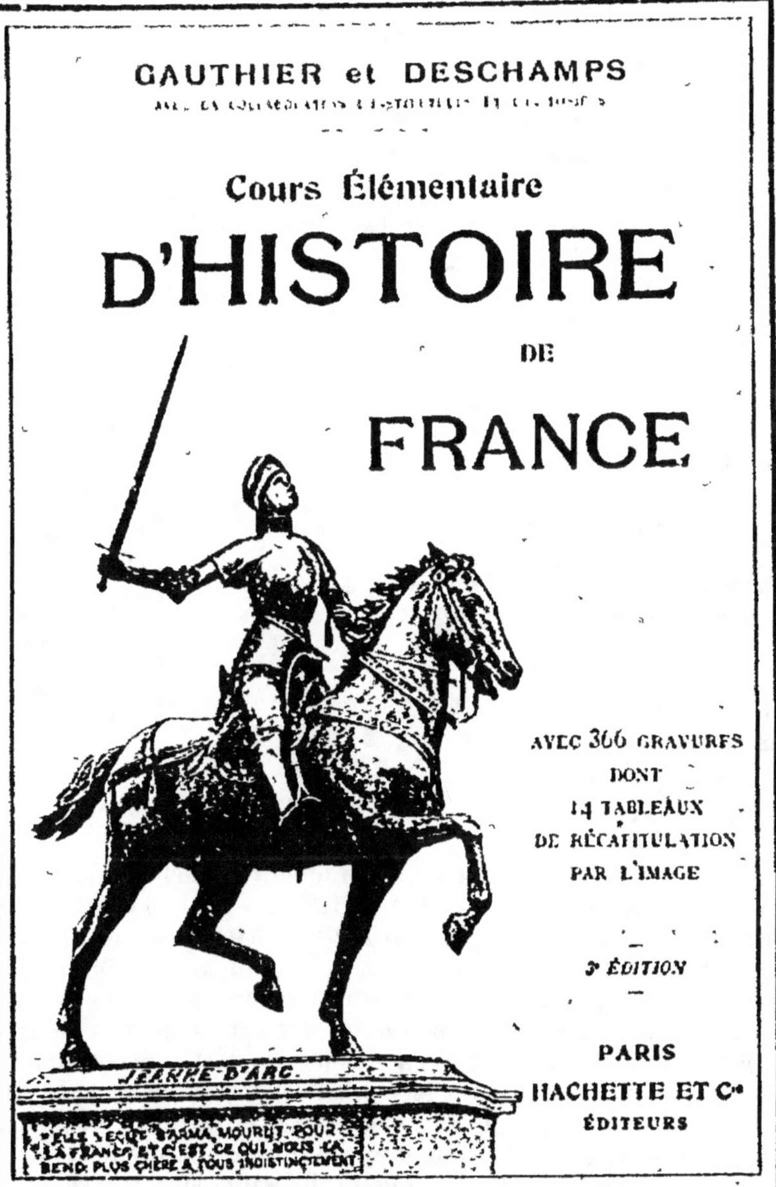

Fig. 76. — Couverture de livre.

— 89ᵉ LEÇON —

— Il y a là de **petites bandes** de papier blanc collées à la page. En regardant la tranche du livre, on voit que ces bandes sont les bords de feuilles blanches collées en dedans de la couverture, avant la première page et après la dernière.

Ces deux feuilles méritent d'être étudiées de près.

— Leur surface n'est pas lisse, mais présente des **rides**, comme si elles recouvraient d'autres feuilles pliées ou superposées. Les rides voisines du dos sont irrégulières, tandis que celle qui est voisine du bord opposé est au contraire bien droite.

Si vous savez réfléchir et tirer parti de ce que vous observez, il suffit de regarder la première page du livre pour deviner comment on a pu couvrir le livre une fois les 10 cahiers cousus ensemble.

— On a préparé la couverture. Pour cela, on a

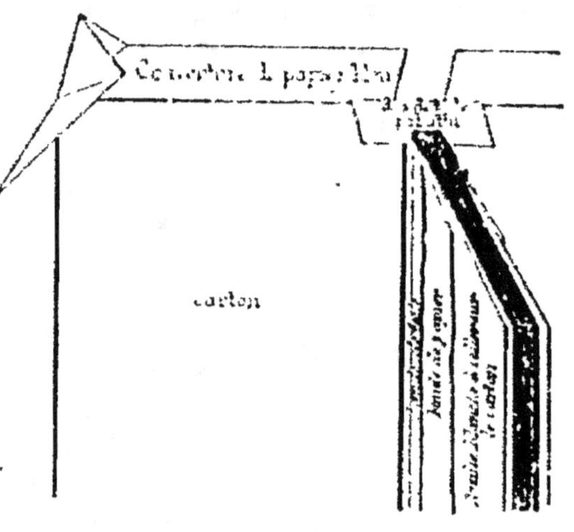

Fig. 77.

Cartonnage d'un livre scolaire.

pris deux feuilles de carton de grandeur convenable (fig. 77). On les a collées sur une bande de toile rouge de 6 centimètres environ de largeur sur 25 centimètres de longueur, en laissant entre elles un intervalle égal à la largeur du dos. On a collé sur la toile, dans la région intermédiaire restée libre, une bande (de papier fort sans doute) qui lui donne plus de fermeté. Puis on a rabattu en dedans du carton les bouts de toile qui dépassaient. On les voit former un bourrelet d'environ 15 millimètres en haut et en bas. Il a fallu alors retourner le tout et coller les feuilles de papier bleu qui revêtent la couverture. Ces feuilles étaient plus grandes que le carton. On les a étendues sur les plats en laissant à découvert 1/2 centimètre environ de toile de part et d'autre du dos. On a ensuite rabattu ce qui dépassait en haut et en bas, puis ce qui dépassait le long du bord vertical. Aux coins, ce papier mince a formé des plis superposés, parce qu'on n'a pas pris la peine de le couper en biais. — D'un autre côté, les cahiers étant cousus, on a collé sur leur dos une bande de papier de 8 ou 9 centimètres de largeur, à bord irrégulier, puis sur celle-ci une bande de toile grossière, de 5 centimètres environ de largeur. Il est évident qu'on a dû alors rogner avec un bon couteau les bords des pages, car les tranches du livre sont très lisses. Il a fallu ensuite coller la bande de papier sur les deux pages blanches, puis la bande de toile sur la bande de papier, et enfin les cartons de la couverture sur les pages blanches ainsi renforcées. On a mis le tout sous presse, car les rides des pages blanches se sont imprimées sur la page 1 et la page 160; mais on a eu soin de ne pas presser le dos, ce qui explique pourquoi les plis du cahier s'étalent en éventail de ce côté, et pourquoi le dos rouge du livre est plus large que son épaisseur.

C'est de cette manière, en effet, que le livre a été assemblé.

XL. — HORLOGES, PENDULES ET MONTRES

Les instruments destinés à marquer l'heure sont tous fort compliqués, et il ne saurait être ici question d'en examiner le mécanisme. Mais sans avoir cette ambition, nous pouvons déjà trouver, dans un premier aperçu, l'occasion d'acquérir quelques notions pratiques sur l'action des forces, la transmission des mouvements, la mesure du temps, etc.

Matériel de la leçon. — La pendule de la classe. — Une montre. — Clé de la pendule. — Un bout de crayon taillé aux deux extrémités, une épingle ou une aiguille, un fil de quelques décimètres. — Deux pendules égaux en longueur. — Une boîte ronde ou un cylindre d'assez grand diamètre.

Qu'est-ce qu'on voit d'abord, quand on regarde l'heure à une pendule, une horloge ou une montre?

— On voit d'abord le cadran et les aiguilles.

Décrivez le cadran de notre pendule de classe.

— Ce cadran (entouré d'un cadre de bois verni, en forme de couronne et orné de moulures) est rond et plat, blanc et brillant comme le fond d'une assiette.

Il est *émaillé.*

— Tout autour du centre, où sont attachées les aiguilles, les numéros des heures sont rangés régulièrement en cercle. Ils sont marqués en chiffres romains. Il y en a douze. Celui du haut est le numéro 12, qu'on appelle midi ou minuit. Celui du bas est le n° 6, celui de droite est le n° 3 et celui de gauche le n° 9. Ces numéros se suivent en partant de midi et en descendant vers la droite, pour continuer dans le même sens tout autour du cadran. Ils marquent les heures. Autour d'eux se trouve une autre rangée de chiffres plus petits. Au-dessus de midi, on lit 60 ; au-dessus de 1, on lit 5 ; au-dessus de 2, on lit 10, etc.

Les petits chiffres arabes valent cinq fois les chiffres romains auprès desquels ils se trouvent. Ils marquent les minutes. Entre 60 et 5, comme entre 5 et 10, entre 10 et 15, etc., il y a quatre petits traits pour les minutes intermédiaires.

— 40ᵉ LEÇON —

Quand vous regardez l'heure, prenez-vous la peine de lire le dernier chiffre des minutes devant lequel a passé la grande aiguille, et de compter les traits à la suite ?

— Non. Ces chiffres sont trop petits et on n'y fait jamais attention. On regarde le dernier chiffre des heures devant lequel a passé la grande aiguille et on multiplie par cinq. Du reste, quand cette grande aiguille pointe vers le haut, on sait qu'on est juste au commencement d'une heure. Quand elle pointe vers le bas, on est au milieu d'une heure. Quand elle pointe à droite, on est au premier quart de l'heure, et quand elle pointe à gauche, on dit qu'il est l'heure suivante « moins un quart ».

Certaines personnes se contentent de connaître l'heure à cinq minutes près, mais souvent on a besoin de savoir l'heure plus exactement.. Un écolier qui arrive en classe une minute après l'heure est déjà en retard; arriver une minute trop tard pour prendre le train peut avoir les conséquences les plus fâcheuses. Comment lit-on l'heure quand la grande aiguille n'est pas devant un chiffre ?

— Si elle est tout près d'un chiffre, on ajoute ou on retranche une minute à l'heure indiquée par ce chiffre; si elle est plus près du milieu de l'intervalle, on en ajoute où on en retranche deux, selon que le chiffre le plus proche est en arrière ou en avant de l'aiguille; mais ordinairement on ne prend pas la peine de regarder les traits et de les compter.

On pourrait ainsi les supprimer sans grand inconvénient dans la plupart des cas. Pourrait-on de même supprimer les chiffres des heures ?

— Il suffirait de mettre des repères à leur place, car c'est surtout par leur position et par leur figure que l'on connaît l'heure.

C'est pourquoi ce sont généralement des chiffres romains, moins lisibles que les chiffres arabes, mais préférables comme repères. Que voit-on encore sur le cadran ?

— On voit deux trous, l'un dans la direction de 4 heures, et l'autre dans la direction de 8 heures. Au milieu de ces trous ronds, il y a deux carrés d'acier.

Voici, d'autre part, une clé percée d'un trou de même forme et

— *40ᵉ LEÇON* —

de même grandeur que les carrés d'acier. Vous savez sans doute comment on s'en sert?

— Cette clé sert à « remonter » la pendule. Quand celle-ci est arrêtée, on enfonce la clé dans le trou de droite, et on tourne comme pour faire avancer les aiguilles. Puis on enfonce la clé dans le trou de gauche et on tourne dans le même sens pour mettre la sonnerie en état de fonctionner.

Nous apprendrons tout à l'heure pourquoi.

Que direz-vous des aiguilles?

— Il y a deux aiguilles, la grande et la petite. Toutes deux tournent autour du centre du cadran. La première fait un tour en une heure, la seconde en douze.

Comment peuvent-elles avoir ainsi des mouvements différents sans se gêner?

— La grande aiguille est en avant de la petite, ce qui lui permet de la croiser sans l'entraîner.

En outre, le pivot de la petite aiguille est creux : c'est un tube au milieu duquel passe le pivot de la grande, comme peut passer, par exemple, l'index de la main droite dans un tube formé par les doigts de la main gauche. — Qu'y-a-t-il encore en avant du cadran?

— Le cadran est protégé par un **verre incolore** qui permet de voir l'heure, mais qui empêche la poussière d'entrer dans la pendule et d'encrasser le mécanisme.

Qu'y-a-t-il en arrière du cadran?

— En arrière du cadran, il **y a** une **boîte** dont le fond est appliqué contre le mur et qui a huit faces sur son épaisseur. La face du bas forme une porte, fermée par un crochet. Quand elle s'ouvre en tournant autour de sa charnière, elle laisse apercevoir le **balancier** qui va et vient.

Cette boîte ne contient-elle pas autre chose?

— Elle contient encore le **mouvement d'horlogerie** et la sonnerie.

Nous avons maintenant à nous demander pourquoi les aiguilles tournent quand la pendule est remontée. Découpez une bande de papier de 20 centimètres de longueur sur 2 de largeur, par exemple, et faites-en une sorte de rouleau (fig. 78). Quand vos doigts abandonneront le papier, la bande se déroulera en partie.

Si une aiguille était fixée à la bande, elle tournerait évidemment pendant cette détente. Faites un pli à l'extrémité de la bande par laquelle vous commencez l'enroulement, et qui se trouve ainsi au centre de la *spirale*. Puis, quand la spirale est serrée, introduisez dans ce pli une bande de papier étroite (2 ou 3 mil-

Fig. 78.

Idée du ressort moteur d'une pendule.

limètres de largeur, pour 7 ou 8 centimètres de longueur) que vous plierez en équerre à quelque distance. Laissez enfin la spirale se détendre lentement entre vos doigts : l' « aiguille » tourne. Dans les pendules, la spirale est en acier, matière bien plus solide et bien plus élastique que le papier.

Dans les horloges de campagne et dans les « coucous », ce n'est pas un ressort qui fait tourner l'aiguille, mais bien la chute d'un poids qu'il faut remonter tous les jours ou tous les deux jours : Sur ce bout de crayon taillé aux deux extrémités, je fiche une aiguille, à la base de laquelle j'attache un fil tendu par une masse quelconque. J'enroule le fil autour du crayon, puis desserrant modérément les doigts, je laisse entraîner celui-ci par la masse qui tombe : l'aiguille tourne, comme dans un coucou.

Il ne suffit pas que l'aiguille tourne; il faut qu'elle tourne lentement et régulièrement. Or, si on laisse le ressort se détendre librement, si on laisse la masse tomber sans la retenir, l'aiguille tourne de plus en plus vite et s'arrête presque aussitôt. Une pendule ou une horloge ainsi construites s'arrêteraient de même, une fois remontées, dès que l'aiguille aurait tourné un instant avec une rapidité folle. Le mécanisme est donc combiné de manière à arrêter momentanément la détente du ressort ou la chute du poids, dès qu'elles commencent. C'est là le rôle du balancier. En allant et venant, celui-ci permet ou empêche la rotation des aiguilles. Et comme son mouvement est régulier, les aiguilles tournent lentement avec une vitesse constante.

Je viens de dire que le mouvement du balancier est régulier.

— 40° LEÇON —

Comment puis-je le certifier? Nous ne savons pas apprécier le temps au jugé; le même temps nous semble long quand nous nous ennuyons, et court quand nous nous amusons; il ne suffit pas que le balancier nous *paraisse* se mouvoir régulièrement pour qu'il en *soit* réellement ainsi. Mais formons deux balanciers avec deux fils et deux masses quelconques, et réglons leurs longueurs de manière qu'ils se balancent avec la même vitesse. Si nous les faisons partir ensemble dans le même sens, ils arriveront toujours ensemble au bout de leur course pour retourner en sens inverse après s'être arrêtés un instant. Nous pouvons répéter mille fois l'expérience; mille fois elle nous donnera le même résultat. Si donc le mouvement du premier balancier devenait de plus en plus rapide ou de plus en plus lent, nous serions sûrs que celui du second en aurait fait autant dans le même temps. Mais je puis faire partir un balancier bien avant l'autre et ne lancer celui-ci qu'à un moment d'arrêt du premier. Les deux balanciers vont encore ensemble. C'est donc que le premier balancement dure autant que le douzième ou le centième, c'est donc que tous les balancements dans le même sens durent autant. Les balancements de retour sont-ils plus longs ou moins longs que ceux d'aller? Pour le savoir, nous n'avons qu'à lancer les deux balanciers ensemble, mais en sens inverse. Nous voyons qu'ils arrivent toujours en même temps au bout de leur course. Donc tous les balancements ont bien la même durée, et les mouvements de l'aiguille d'une horloge sont bien réguliers.

Une circonstance mérite encore explication : nos balanciers s'arrêtent au bout de quelques instants, tandis que ceux des horloges remontées régulièrement de s'arrêtent jamais. Cela tient à deux causes : d'abord les balanciers des horloges sont mieux construits que les nôtres et frottent à peine contre leurs axes de suspension; ensuite, quand ils laissent échapper le mouvement des aiguilles, ils en reçoivent une petite impulsion qui entretient leur va-et-vient.

Il y a deux aiguilles au cadran d'une horloge ou d'une pendole; mais il n'y a qu'un balancier. Pourquoi? C'est que le ressort ou le poids n'agissent pas directement. Ils font mouvoir une roue qui en entraîne à la fois deux autres d'inégale grandeur. La plus grande tourne moins vite que la plus petite, et il est aisé de comprendre pourquoi : en marchant du même pas, on a plus vite fait le tour d'un puits que le tour d'un

— 10e LEÇON —

champ. Si je fais rouler sur la table un porte-plume et une grosse boîte ronde en les poussant d'un mouvement égal, avec l'une et l'autre main, le porte-plume fait bien plus de tours que la boîte. Dans l'horloge, les deux roues qui portent les aiguilles sont en outre placées de manière à tourner autour d'un même axe, et nous savons comment leurs mouvements sont pourtant indépendants.

L'action du poids ou du ressort commande encore la sonnerie. Quand la pendule sonne, c'est qu'un marteau métallique vient frapper sur un timbre. Il frapperait sans cesse à coups réguliers, grâce au ressort qu'on a tendu à gauche en remontant la pendule, sans une roue qui le maintient immobile presque tout le temps. Mais cette roue a des encoches et elle tourne en même temps que les aiguilles. Quand une encoche arrive dans une position convenable, le marteau est rendu libre pour un certain temps, pendant lequel il frappe autant de coups qu'il faut marquer d'heures.

Les montres, qui doivent être mises dans toutes les positions, debout, à plat, à l'endroit ou à l'envers, ne peuvent avoir leur mouvement réglé par un balancier pesant. Celui-ci est

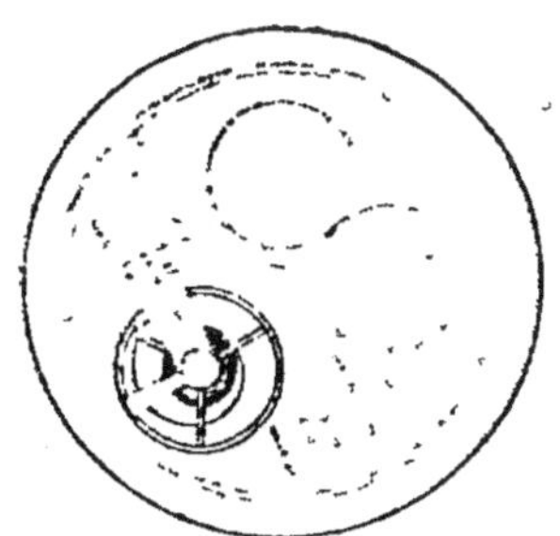

Fig. 79.
Spiral et balancier
d'une montre.

remplacé par une roue légère (fig. 79) que le ressort moteur lance dans un certain sens; mais en tournant ainsi, la roue tend un autre ressort qui la lance en sens inverse. Ce mouvement de va-et-vient arrête à chaque instant, pendant un temps très court, le mouvement des roues et des aiguilles, tout comme dans les horloges à balancier lourd.

Le tic-tac des horloges, des pendules et des montres est dû au choc du balancier contre le mécanisme dont il arrête le mouvement. Plus le balancier est petit, plus son va-et-vient est rapide : c'est pourquoi la montre bat si vite, tandis que nos vieilles horloges de campagne ne donnent même pas un coup par seconde.

— 40ᵉ LEÇON —

INDEX ALPHABÉTIQUE

DES QUESTIONS SCIENTIFIQUES ABORDÉES
ET DES
CATÉGORIES DE SUBSTANCES ÉTUDIÉES
DANS LES QUARANTE LEÇONS DE CE RECUEIL[1]

(Les chiffres se rapportent aux numéros d'ordre des leçons.)

[1]. Cet index permet d'apprécier comment se trouve exploré le domaine des sciences physiques et naturelles par les seules leçons que nous avons choisies comme exemples. — Mais il a surtout pour but de venir en aide aux maîtres qui traiteront d'autres sujets dans le même esprit, en appelant leur attention sur certaines explications à donner ou certaines expériences à effectuer.

Dissolution, 9, 11, 16, 20, 32, 33, 35, 36, 38.
Distillation fractionnée, 11.
Division du travail, 4.
Durée des périodes géologiques, 33.
Dureté, consistance des solides, 1, 2, 3, 4, 5, 7, 8, 12, 14, 15, 16, 20, 21, 26, 27, 28, 29, 30, 31, 32, 33, 35, 36, 38

Eau, 1, 4, 5, 7, 8, 9, 10, 11, 12, 15, 16, 17, 20, 27, 28, 29, 32, 33, 34, 35, 36, 37, 38.
Ébullition, 9, 10, 16.
Éclairage, 10, 11.
Égalité et symétrie, 13, 14, 19.
Élasticité, 5, 10, 15, 20, 33, 38, 40.
Encre, 11, 34.
Équilibre des liquides non miscibles, 10, 11.
État des surfaces, 1, 3, 6, 7, 8, 15, 20, 27, 28, 29, 30, 33, 35, 36, 38.
Évaporation, 9, 11, 16.

Fécule et amidon, 29
Fermentations, 17.
Feuilles, 26, 29, 30, 31, 32.
Feutrage, 6, 38.
Fil, ficelle, corde, 10, 21, 38.
Filtration, 17.
Flamme, 3, 6, 7, 8, 10, 11, 16, 35, 38.
Fleur, 26.
Flexion, résistance à la flexion, rigidité, 3, 4, 6, 12, 13, 20, 33, 35, 38.
Forces, 40.
Formes des corps, 1, 2, 3, 4, 5, 6, 7, 8, 12, 13, 14, 15, 16, 18, 19, 20, 23, 24, 27, 28, 29, 30, 31, 32, 33, 35, 36, 37, 39, 40.
Fossilisation, fossiles, 8, 35.
Fragilité, 1, 2, 4, 12, 16, 20, 21, 33.
Friabilité, pulvérisation, 7, 8, 16, 20, 33, 36, 37.
Frottement, 3, 5, 7, 10, 11, 12, 20, 27, 28, 33, 35, 36, 38.
Fruits, 15, 16, 26, 31.
Fumées, 3, 5, 8, 9, 10, 11, 17, 33, 37, 38.
Fusion, 2, 3, 16.

Gaz en général, 15, 27, 33.
Gaz d'éclairage, 8, 10, 11.
Germination, 32.
Goudrons et dérivés, 6, 8, 38.
Graines, 26, 31, 32.

Homme préhistorique, 20.
Huiles végétales, 10, 11, 34.
Humus, 37.

Incandescence, 3, 4, 7, 8, 12, 37.

Lait, beurre, fromage, 2, 10, 16.
Latex, résines, gommes, 4, 33, 38
Liquides, leurs propriétés générales, 9, 10, 11, 17, 34.
Locomotion et mouvements divers de l'homme et des animaux, 13, 14, 19, 21, 22, 23, 25.

Malléabilité, 12, 23.
Mammifères, 20, 22, 23.
Matières protéiques, 5, 16, 24.
Matières textiles, tissus, 1, 13, 17, 38.
Matières toxiques, 3.
Mélange des liquides, diffusion et émulsion, 10, 11, 16, 17, 34.
Mélanges détonants, 11.
Mesure des capacités, 9.
Mesure des dimensions, 1, 3, 4, 5, 6, 12, 15, 16, 18, 21, 25, 27, 28, 32, 33, 35, 38, 39.
Mesure du temps, 40
Mesure des volumes, 33, 35.
Métamorphisme, 1, 8.
Métaux, propriétés générales, métaux divers, 4, 5, 8, 12, 34, 40.
Mines et carrières, 1, 8, 35, 36.
Moulage, 36.
Muscles et tendons, 14, 21, 25.

Odeurs, 1, 3, 6, 9, 10, 11, 15, 16, 17, 20, 23, 26, 27, 28, 32, 33, 37, 38.
Œuf, 24.
Oiseaux, 20, 24.
Organes des sens chez l'homme et les animaux, 14, 19, 22, 23, 25.
Origine géologique des carbures d'hydrogène, 8, 11.
Orogénie, 1.
Os, cartilages, ivoire, 4, 14, 20, 22, 23.

Pain, 15, 33.
Papier, 3, 5, 6, 9, 10, 11, 12, 14, 17, 18, 19, 20, 27, 33, 34, 38, 39, 40.
Pendule, 40.
Pesanteur, 40.
Pesées, 1, 9, 32, 33, 35, 38.

TABLE DES LEÇONS

www.ingramcontent.com/pod-product-compliance
Lightning Source LLC
LaVergne TN
LVHW021946030726
842523LV00001B/298